国网浙江省电力有限公司"七五"普法依法治企丛书

U0643388

企业管理
法律风险防范
与典型案例评析

国网浙江省电力有限公司　组编

中国电力出版社
CHINA ELECTRIC POWER PRESS

图书在版编目（CIP）数据

企业管理法律风险防范与典型案例评析/国网浙江省电力有限公司组编. —北京：中国电力
出版社，2020.12
ISBN 978-7-5198-5039-5

Ⅰ. ①企⋯　Ⅱ. ①国⋯　Ⅲ. ①电力工程－电力法－案例－中国　Ⅳ. ①D922.292.5

中国版本图书馆 CIP 数据核字（2020）第 190829 号

出版发行：中国电力出版社
地　　址：北京市东城区北京站西街 19 号（邮政编码 100005）
网　　址：http://www.cepp.sgcc.com.cn
责任编辑：赵　鹏　马　静（peng-zhao@sgcc.com.cn）
责任校对：黄　蓓　王海南
装帧设计：郝晓燕
责任印制：钱兴根

印　　刷：北京天宇星印刷厂
版　　次：2020 年 12 月第一版
印　　次：2020 年 12 月北京第一次印刷
开　　本：710 毫米×980 毫米　16 开本
印　　张：17.5
字　　数：264 千字
定　　价：60.00 元

《企业管理法律风险防范与典型案例评析》
本 书 编 委 会

主　任　尹积军　杨　勇

副主任　吴国诚　曹　俊

委　员　施永益　田　京　谢宝江　周　晨　赵春源
　　　　邹志荣

本 书 编 写 组

组　长：曹　俊

副组长：田　京　林雷军

成　员：吴　奇　章　燕　余秀丽　罗　勇　柯甫勇
　　　　江汉武　郭　琦　龚天宁　吴海涛　蔡晓晴
　　　　江　轲　颜晨曦　胡　葳　郑思远　叶　敏
　　　　戴华杰　林安定　郑　昕　吕嘉慧　汤枭睿
　　　　覃金彩　胡婵婵　吴细题　周　婷　沙　力
　　　　谭云燕　周晓虎　蒋嘉明　徐　宽　石宏侠

总　序

　　党的十九大把坚持全面依法治国确定为新时代坚持和发展中国特色社会主义的十四条基本方略之一，对深化全面依法治国作出了一系列影响深远的决策部署，开启了全面依法治国新时代。国网浙江省电力有限公司（以下简称"公司"）作为具有普遍服务特征的国有企业、国家电网公司的骨干企业、浙江省能源领域的核心企业，肩负重大的政治、经济和社会责任，必须在建设法治浙江和法治央企中发挥骨干和表率作用，成为深化全面依法治国的践行者和带动者。

　　近年来，公司在国家电网有限公司的正确领导下，坚持"基业长青，法治先行"理念，围绕"争当法治央企排头兵"目标，以法治规划为引领，以提高法治力为核心，深入推进"三全五依"法治企业建设，健全法律保障体系，密织法律"防护网"，把法治要求贯穿公司决策、经营和管理全过程，保障公司长治久安。

　　随着行业政策和监管环境的不断变化，公司法治工作正在从"救火队"向"设计师""监理师"角色转变，从事务性向综合性、管理型业务转变，从支撑保障向价值引领和提质增效转变，依法治企被赋予新内涵、形成新秩序，对各级领导干部的法治思维和能力提出新要求。在公司统一组织和协调下，由经济法律部（体改办）牵头，动员公司各单位及相关专业人员，在梳理业务流程、提炼法律风险的基础上，提出法律风险防范措施。同时精选了与电网企业日常经营密切相关的典型案例进行深入的法律风险分析，并提出了警示和建议，体现了"以防为主"的工作要求。

　　这套丛书是公司贯彻落实公司"十三五"法治规划和"七五"普法要求，不断促进法律与业务专业融合，持续提升法律风险防范水平，全面建设法治企业的重要成果。相信这套丛书将对公司系统干部职工依法决策和运营管理提供警示和借鉴，推动各项工作走在前、作示范，打造具有中国特色国际领先的能源互联网企业的示范窗口，争当国家电网发展的排头兵、经济社会发展的先行官、推动能源革命的引领者！

国网浙江省电力有限公司董事长、党委书记　尹积军

前　言

　　为深入贯彻落实依法治国方略和国家电网有限公司"十三五"法治规划要求，助力公司中国特色国际领先的能源互联网企业建设，围绕"三全五依"法治企业建设总体目标，全面落实公司"七五"普法规划，国网浙江省电力有限公司经过广泛调研，决定编写"七五"普法依法治企丛书。

　　当前，随着国有企业所处的行业发展和监管环境的变化，依法治企被赋予了新内涵，形成了新秩序。尤其是企业改革的深入推进及内外部管理要求的变化，企业管理在"人、财、物"资源管理、国有企业改革等领域存在的法律风险日益凸显。鉴于此，我们组织编写了"七五"普法依法治企丛书中的《企业管理法律风险防范与典型案例评析》一书。本书从企业管理的人力资源管理、财力资源管理、物力资源管理、合同管理、知识产权管理、安全管理、国有企业改革、国有企业常见刑事法律风险八个专业领域入手，揭示各业务环节的法律风险并提出相应防范措施，同时对相关的典型案例进行深入评析，以进一步警示风险和提出管理建议。我们希望在有限的篇幅内为读者提供有效与有益的信息，并能对今后的企业管理工作提供帮助和借鉴。

　　本书在国网浙江省电力有限公司经济法律部（体改办）的组织下，由国网浙江省电力有限公司台州供电公司、国网浙江省电力有限公司培训中心牵头，与公司综合服务中心、检修分公司、物资分公司、国网绍兴供电公司、国网温州供电公司共同努力编写而成，同时公司人力资源部、财务资产部等部门、电科院、国网衢州供电公司、国网丽水供电公司对书稿提出了许多中肯的意见和建议，在此谨向参与本书编写、研讨、审稿和业务指导的各位领导、专家和有关单位致以诚挚的感谢！

目　录

导　　论

随着社会主义市场经济的发展，无论是国有企业还是民营企业都迸发出更为活跃的经济动力，然而企业在创造社会财富的同时，面临的内外部形势也不断变化。党的十九大提出，中国经济由高速增长阶段转向高质量发展阶段。高质量发展对企业及企业管理提出了更多的新要求。企业需要使自己的产品和服务高品质化，从而满足更高层次的需求，这需要高水平的管理作为保证；企业需要逐步拓宽经营活动范围，扩展发展空间，这会使企业的经营环境更加复杂，需要有效的战略管理、合规管理、法律风险防控；企业需要牢抓自主技术创新，增加研发投入，逐渐减少对外部技术的依赖，掌握自身转型升级的主动权。尤其是当代信息技术的不断发展，人工智能技术的应用和企业管理的信息化越来越成为当代企业生存发展的一个基本条件。因此，面对新的经济发展阶段，企业必须扎扎实实地提升管理水平，使企业的管理与企业转型升级相适应，并为企业发展提供保障。

与此同时，企业发展中面临的各类风险也比以往更加繁杂。国务院国资委发布的《中央企业全面风险管理指引》提出，企业风险是指未来的不确定性对企业实现其经营目标的影响。法律风险是诸多风险当中表现最为突出的风险之一，是市场经济条件下企业普遍存在的内在运行风险，企业的法律风险一旦转化为损害事实，不仅会造成企业的经济损失，甚至会造成社会资源浪费、国有资产流失等危害结果，因此，企业应当采取有效措施规避法律风险，减少法律风险对企业经营的影响。

根据《企业法律风险管理指南》（GB/T 27914—2011），企业法律风险是指基于法律规定、监管要求或者合同约定，由于企业外部环境及其变化，或者企业及其利益相关者的作为或者不作为导致的不确定性，对企业实现目标的影响。企业违反法律法规或者缺乏防范意识，都会产生法律风险。其中，企业管理法律风险存在于企业经营管理各个环节和各项业务活动。鉴于法律风险具有可防可控的特点，为有效预防各种法律风险并减少企业在管理中承担法律责任的可能性，企业迫切需要加强法律风险防范工作。通过采取强化组织机构、优化人力资源配置、完善重大经营活动的法律审查机制、加强合同管理等措施，以达到预防企业法律风险的目的。

本书所列案例，均有其相应的时代背景和地域特色，由于法不溯及既往，加之我国并非判例法国家，因此相关案例仅供参考。

一、企业管理概述

企业管理涉及专业多、覆盖面广，若对企业经营活动中产生的纠纷处理不恰当，极易引发一系列法律风险。为加强合规运营，维护公司健康稳定发展，必须加强企业管理风险的识别和防控，做好法律保障工作。

企业管理是对企业生产经营活动进行计划、组织、指挥、协调和控制等一系列活动的总称，是尽可能利用企业的人力、财力、物力、信息等资源，实现社会化大生产的客观要求。本书主要从人力资源管理、财力资源管理、物力资源管理、合同管理、知识产权管理、安全管理、国有企业改革和国有企业常见刑事法律风险管理八个方面展开介绍。

（一）人力资源管理

人力资源是指人所具有的对价值创造起贡献作用，并能够被组织所利用的体力和脑力的总和。人力资源管理，是指企业在发展战略的指引下，制定的一系列人力资源政策以及相应的管理活动。人力资源管理工作将人力资源规划和计划、机构设置和人员编制、劳动用工制度、薪酬福利制度、绩效考核制度、人才培养和开发作为核心，以适应企业生产经营和改革发展需要为目标，通过多种管理方式有计划地对人力资源进行合理配置，从而调动员工的积极性，激发员工的主观能动性，在推动企业目标达成的同时充分实现员工的自我价值。

（二）财力资源管理

财力资源是企业物质要素和非物质要素在货币上的体现，具体表现为能用货币加以计量，并通过会计方式记录在账的各种经济资源，包括资金、债权和其他权利。财力资源管理是对企业所拥有或控制的财力要素进行充分开发、合理配置、有效利用以实现企业价值最大化的过程，主要包括资产管理、资金管理、投资管理、筹资管理、债权债务管理、预算管理、会计信息管理等。电力企业的财力资源管理工作，主要涉及预算管理、会计核算管理、资产产权管理、资金管理、工程项目管理、稽核内控管理、财税管理、电价管理等方面。

（三）物力资源管理

物力资源管理是企业的核心管理要素之一，覆盖了企业生产的各个环节，物力资源管理主要包括物资的需求计划与招投标采购管理以及物资全供应链管理。物资的需求计划和招投标采购管理主要包括计划制订、招标采购方式和招标采购组织形式的管理。物资的全供应链管理包括物资的计划、采购、合同、质量监督、仓储调配、应急物资、废旧物资处置、供应商关系，以及与之配套的标准化、信息化、档案管理等支撑保障措施和监察、考核机制等。物力资源管理可以有效地提升企业管理的水平和运营效率，减少企业在经营过程中不必要的损失。

（四）合同管理

合同管理是企业管理的一项重要内容，做好合同管理，对于公司经济活动的开展和经济利益的取得，具有积极的意义。企业合同管理是指以企业自身为一方当事人，依法进行合同的订立、履行、变更、解除、转让、终止等活动，以及对合同实行审查、监督、控制等一系列行为的总称。其中订立、履行、变更、解除、转让、终止是合同管理的内容；审查、监督、控制是合同管理的手段。合同管理应该是全过程的、系统性的、动态性的。

（五）知识产权管理

知识产权是指著作权、专利权、商标权、商业秘密专有权等人们对自己创造性的智力劳动成果所享有的民事权利。广义知识产权指的是一切人类智力创造成果，兼具人身权与财产权的属性；狭义知识产权指的是工业产权、文学产权及其他。当前知识产权运营的产业形态不断丰富，呈现出参与主体日趋多元、产业规模不断扩大、产业层次不断提升等特点。对于企业而言，必须将知识产权管理工作与企业的市场拓展、研发创新、品牌维护、保密工作等加以协调衔接，更好地发挥知识产权管理对企业高效经营的促进作用。

（六）安全管理

安全管理是企业管理的重要组成部分，它是指以安全为目的，通过合理有效的组织、指挥、协调、控制，落实有关安全工作的方针、计划和决策，达到预定的安全防范效果而进行的各种活动的总和。安全管理的内容是对生产中的人、物、环境因素状态的管理，有效地控制人的不安全行为和物的不安全状态，消除或避免事故。进行安全管理的目的是预防、消灭事故，防止或消除事故伤害。电力行业具有高度危险性，其电力生产和传输具有特殊性，其高风险的工作性质要求将安全管理、员工的人身安全置于首位。安全管理不仅是企业生存、发展的需要，也是履行社会责任的具体表现。

（七）国有企业改革

国有企业改革，是指依法改变企业原有的企业性质、股权结构、组织形式、经营管理模式，使其在客观上适应企业发展新需要的行为或过程，主要涉及公司制改制和混合所有制改革。国有企业公司制改制，是指全民所有制企业依法改制成为符合《公司法》（2018 年修订）设立条件的有限责任公司或股份有限公司。国有企业混合所有制改革，是指国有企业通过引入非公有资本、集体资本、外资等多元化资本形式，将企业改革为公有制和私有制并存，各类资本共同参与企业经营管理，实现企业出资结构相互促进、共同发展。

（八）国有企业刑事法律风险管理

随着市场经济的建立和不断完善，企业的法律风险防范意识需要不断加强。在企业管理的过程中，不仅要遵守《公司法》《合同法》（1999 年颁布）等民商事法律法规，同样也要遵守刑事的相关法律法规；不仅要在民事活动中做到合规，同时要防止出现刑事的违规。企业刑事法律风险，是指企业及其工作人员在企业经营过程中存在的触犯刑事法律规范，应受刑罚惩罚的风险。刑事法律风险是企业面临的最严厉的法律风险，无论是企业主动犯罪还是企业被动遭遇犯罪，均会对企业的发展产生重大的影响。

二、企业管理法律关系

法律关系，是指法律规范在调整人们的行为过程中所形成的具有法律上权利义务形式的社会关系，其构成要素有三项：法律关系主体、客体以及内容。其中，法律关系主体是指参加法律关系、依法享有权利和承担义务的当事人。法律关系客体是指法律关系主体之间的权利和义务所指向的对象。而法律关系的内容是指主体间的权利和义务。法律关系基于法律规范和法律事实产生，存在于各种行为过程中，企业作为独立的经济组织，在生产经营管理中，最常见的法律关系是民事法律关系，同时也存在行政法律关系和刑事法律关系。

（一）主要民事法律关系

民事法律关系是指由民事法律规范所调整的社会关系，也就是由民事法律规范所确认和保护的以民事权利和民事义务为基本内容的社会关系。凡法律规定可成为民事主体的，不论其为自然人还是组织，都属于民法上的"人"。因此，自然人、法人和其他组织都为民事主体。企业在生产经营过程中，民事法律关系是最为常见的，如在第一章人力资源管理中，企业的人员流动、薪酬福利发放等事项就会涉及劳动合同法律关系；又如在第四章合同管理中，合同从签订到履行完毕的过程中，均会产生合同法律关系；总之，作为市场经济中的经济组织，民事法律关系是最为常见的。

1. 劳动合同法律关系

劳动合同法律关系是劳动合同法律法规所调整而形成的权利与义务关系，是劳动法律规范在实际生活中的体现。

企业的生产经营离不开人，因此劳动合同法律关系是最为常见的民事法律关系，其主体要素是劳动者和用人单位，即一方是固定的劳动力所有者和支出者，另一方是生产资料的占有者和劳动力使用者，客体是工资、社保、休息休假等主体双方的权利义务共同指向的对象。在劳动法律关系中，劳动者将其劳动力使用权让渡给用人单位，由用人单位对劳动力进行分配和安排，以同其生产资料相结合。另一方面，劳动者仍然享有劳动力所有权，用人单位在使用劳动力的过程中应当为劳动者提供保障劳动力再生产所需要的时间、物质、技术、学习等方面的条件，不得损害劳动力本身及其再生产机制，也不得侵犯劳动者转让劳动力使用权的自由和在劳动力被合法使用之外支配劳动力的自由。

2. 合同法律关系

本书中的合同法律关系，主要是指狭义上的合同法律关系，即指由合同法律规范调整的当事人在民事流转过程中形成的权利义务关系。

合同法律关系的主体是依法享有权利、承担义务的当事人，包括自然人、法人和其他组织。合同法律关系的客体是主体的权利和义务所指向的对象，包括行为、物、财产、智力成果等。权利主要是指权利主体依据法律规定或约定，在意思自治的前提下做出某种行为或不作为，同时要求义务主体做出某种行为或者不得做出某种行为，以实现合法权益。当权利受到侵犯时，法律将予以保护。一方面，权利受到国家保护，如果一个人的权利因他人干涉而无法实现或受到了他人的侵害时，可以请求国家协助实现其权利或保护其权利；另一方面，权利存在行为界限，超出法律规定的要求就是不合法的或不被视为合法的权利。权利主体不能以实现自己的权利为目的而侵犯他人的合法权利或侵犯国家和集体的利益。而合同法律关系中的义务是指合同法律关系主体依法必须做出某种行为或者不得做出某种行为，承担的必须履行的责任。一方面，义务人履行义务是权利人享有权利的保障，法律规范为了权利人权利的实现规定了具体的法律义务，如强制性规范对义务作了法律规定。另一方面，法律义务对义务人来说是必须履行的，如果不履行，将可能面临依法强制执行的不利后果，因不履行造成后果的，还要追究其法律责任。

3. 侵权损害赔偿法律关系

侵权损害赔偿法律关系是指侵权行为侵害他人人身或财产，致使他人的人身或财产利益受到损失，权利人请求侵权行为实施者予以财产赔偿从而形成的权利义务关系。侵权损害赔偿法律关系的主体，就是损害赔偿的赔偿权利人与赔偿义务人。前者是指因侵权行为直接遭受损害的受害人，后者是指因自己或者他人的侵权行为以及其他致害原因依法应当承担民事责任的自然人、法人或者其他组织。侵权损害赔偿的客体是"赔偿行为"，即赔偿权利人享有请求侵权行为人对其损失给予赔偿的权利，以及赔偿义务人负有对自己的侵权行为给赔偿权利人造成的损失进行赔偿的义务，权利义务共同指向的对象，就是赔偿义务人对其侵权行为所造成的损害给予赔偿，它以财产的给付作为标志。

（二）行政法律关系

行政法律关系，是指受行政法律规范调整的因行政行为而形成的各种权利义务关系。

对于企业而言，在市场经济活动中，除了受市场这个"无形手"影响外，还受到政府这个"有形手"的监督与调控。第一章人力资源管理中，约定超长的试用期或工资未足额发放、社会保险未足额缴纳等情况出现时，会由相关的行政主管部门予以纠正或处罚；第三章物力资源管理中，某些招标项目是依法必须进行招标的项目，需要向有关行政监督部门备案后，才可以自行招标；第六章安全管理中，如在人员密集场所使用不合格的消防产品或者国家明令淘汰的消防产品，会被责令限期整改，情形严重的，要对主要负责人进行行政处罚，这些都会产生行政法律关系。

（三）刑事法律关系

刑事法律关系是国家与犯罪人之间因犯罪行为而产生的、受刑法规范调整的权利义务关系。企业在生产经营过程中，存在刑事法律风险。例如企业未足额支付劳动报酬的，一般情况下属于劳动纠纷，产生民事法律关系，如果有关行政管理部门对此进行纠察，则产生了行政法律关系，而一旦经过有关部门责令支付但仍然不支付且有支付能力的，此时符合拒不支付劳动报酬罪的构成要件，由此产生刑事法律关系。又如企业在生产经营中产生污染物，均应按法律法规的要求进行预处理，达到排放标准后再排放。违法违规排放污染物，如果情节特别严重构成污染环境罪等罪名的，将面临公益诉讼，从而产生刑事法律关系。

三、企业管理法律风险概述

企业管理法律风险是指企业在经营管理过程中，因自身及各利益相关方未按照法律规定、监管要求或合同约定作为或者不作为，或者外部环境及其变化，给企业带来负面法律后果的可能性。

企业法律风险的产生存在多方面的原因：一是有的企业治理结构不够完善，存在决策违规，企业的决策、执行和监督层面的职责不清晰，运行不规范，未形成有效运转、相互制衡的机制，导致企业重大战略、经营决策和重要经济活动没有制度保障，在对外投资、对外担保等重大经营决策上缺乏必要的工作程序，决策的前期论证工作不充分、不科学，从而引发法律风险。二是有的企业内部风险控制体系不健全，不少企业未设立专门的法律事务机构或未配备专门的法律工作人员，缺少对内部经营可能会出现的风险进行评估分析，导致诸如企业订立与履行合同不规范、出现民事违约、违法经营等风险。三是有的企业未建立和完善企业防范机制，没有根据自身及市场的内外部环境，以企业规章制度的形式，对企业自身可能涉及的法律风险以及事前预防、事中控制和事后补救等防范机制作出明确规定，不能及时有效地对企业在生产经营中存在的风险进行全过程管控。四是有的国有企业由于对管理层的约束机制不健全，导致国有资产流失和腐败现象频频发生，从而产生法律风险。

既然企业在经营管理中存在着各种法律风险，那么对这些法律风险进行管控与防范就显得尤为重要。存在法律风险并不可怕，关键是如何防范和化解风险，降低企业可能面临的损失。

（一）人力资源法律风险管理

企业的生产经营离不开"人、财、物"，人力资源是推动企业发展的原动力。随着企业对人力资源的需求不断提高，多种用工性质在企业中变得十分常见，无论是劳动关系还是劳务关系，均潜伏着法律风险。劳动关系中，企业需要在劳动合同的签订、履行、解除以及终止的各个阶段，严格依照法律规定行使权利或履行义务，规避潜在的法律风险。劳务关系中，劳务派遣、业务外包、雇佣关系等不同类型的用工方式要求企业履行的法律义务也不尽相同，企业需厘清不同用工方式下法律关系的区别，注意相应的风险点，有针对性地采取措施规避一些极易触犯的法律风险。

（二）财力资源法律风险管理

财力资源的法律风险管理涉及企业资金管理、财税管理、企业经营退费管理等多个环节，需要企业加强自身的内部管理。企业在资金管理中，需要建立健全资金支付授权审批制度，明确审批权限，同时加强内部管理人员的风险意识、加强警示教育；认真审查票据，提高资金安全防范意识。在财税管理过程中，企业需要合理选择购货对象，强化依法经营意识和防范意识，要关注货物的来源、发票的来源以及货款的去向，避免虚开增值税发票的风险。在企业经营退费管理中，企业需要规范退费审批流程，建立财权和事权双重审批流程，保证退费业务管控到位。

（三）物力资源法律风险管理

物资采购过程涉及采购方式选择、组织形式选择、招标代理机构选择、采购条件审批、招标文件编制、开评标过程等，各个环节均可能存在法律风险。在采购程序上，要明确依法必须进行招标的范围，合理制订招标计划，加强招标条件审核，避免应招未招法律风险。在履约管理中，应随时关注对方履约情况，如果对方出现违约行为，要及时采取相关救济措施。本书第三章在正确识别物力资源管理各个环节法律风险的基础上，结合相关法律法规和其他有关规定，针对采购程序管理、履约管理以及物资管理法律风险，提出对应的风险防范措施，减少物力资源管理过程中的法律风险。

（四）合同法律风险管理

对于企业来说，建立一套科学的合同管理及风险防范制度是十分必要的。本书第四章按照合同管理的过程，介绍合同管理的概念和合同管理的工作流程，并按照法律风险发生过程对合同准备、合同签订、合同履行的法律风险及防范逐一进行介绍。就合同准备阶段合同主体、资质、资信的法律风险，订立过程中要约、承诺、合同形式、合同条款、合同签署的法律风险，履行过程中违约、抗辩权、保全措施相关法律风险进行详细阐述，并结合案例提出了风险防控的实用策略，为企业加强合同风险防控及管理工作提供参考。

（五）知识产权法律风险管理

知识产权管理作为企业管理的重要组成部分，要深刻理解知识产权法律的立法宗旨、基本原则，强化知识产权事前防范、事中控制和事后救济相结合的全过程保护。坚持事前以风险评估为基础、风险防范为核心；坚持事中以监测评价为手段、风险控制为抓手；坚持事后以救济维权为保障，规范知识产权管理，保持企业知识产权战略优势。我国法律对于知识产权保护是多层次、多角度的，本书第五章详细阐述著作权、专利权、商标权、商业秘密四个方面的法律风险防范措施及侵权救济措施。

（六）安全法律风险管理

安全是企业生产经营的生命线，企业应加强安全法律风险管理。本书第六章从消防安全、环保安全、安全生产、网络与信息安全等方面展开分析，提出相应的法律风险防范措施。在消防安全管理方面，应制定相关制度，在员工入职培训时对员工进行消防安全知识的培训。在环保安全方面，应严格执行环境影响评价制度，对环境可能造成重大影响的建设项目，建设单位应当举行论证会、听证会，或者采取其他形式，征求有关单位、专家和公众的意见，以防范相关法律风险。在安全生产方面，应提高安全作业人员风险防范的法律意识，制定相应的公司规章制度，建立生产安全事故处理机制，投入相应的资金，落实责任主体，确保施工方具有相应资质，并加强日常安全管理，合理设置警示标识。在网络与信息安全方面，应夯实信息化基础建设，建立信息系统安全机制，提升信息安全理念，强化信息技术的安全管理和保障，加强对包括设备安全、网络安全、数据安全等信息化建设的安全管理，以信息化促进企业生产经营管理的科学化和精细化。

（七）国有企业改革法律风险管理

国有企业改革的过程并非一帆风顺、一蹴而就，各种各样的法律风险隐含其中，特别是在公司制改制以及混合所有制改革的推进过程中，因为涉及原有企业性质、股权结构、组织形式、经营管理模式的变化，必须在改制和改革前对法律风险开展提前研判与分析，为企业改革发展及经营管理筑牢"防火墙"。为了使国有企业在改革过程中建立高效规范的现代企业制度，本书第七章从公司制改制法律风险防范和混合所有制改革法律风险防范两个方面出发，结合国有企业改革过程中的法律风险点进行逐一的防范，为公司制改制和混合所有制改革工作提供参考。

（八）国有企业刑事法律风险管理

企业不仅要在日常民事活动中做到规范，同时，也要注重防范刑事法律风险。对于国有企业来说，因企业及其工作人员的性质或身份不同于一般的民营企业，因此有的企业工作人员或管理人员利用职务便利侵占企业财物、私自以分红的名义将企业资产分发给个人或者严重不负责任导致企业签订、履行合同被骗等，就可能会构成贪污罪，私分国有资产罪，签订、履行合同失职被骗罪等，而企业的刑事风险一旦转化为实际的刑事危害结果，会给企业造成重大的损失，甚至造成企业的"死亡"。因此企业不仅要强化刑事法律风险的防范意识，还应在生产经营的各个环节建立相应的防范机制，以便企业在面临刑事法律风险时减少企业的损失。

第一章　人力资源管理法律风险分析及防范

"以人为本"的企业管理，是指在管理过程中以人为中心，充分考虑人的需求，充分调动人的主动性、积极性和创造性，以实现人与企业共同发展的管理活动。人是企业中的最小单位，但同时也是构成企业的最重要元素之一。人才资源已经成为企业在市场竞争中的一个重要筹码，也是企业能否在未来的竞争中脱颖而出的决定性因素。因此，人力资源管理逐渐成为现代企业最关注的一个问题，人力资源管理中的法律风险也是企业需要重点规避的风险之一。本章主要针对劳动关系和劳务关系中产生的法律风险进行分析，旨在为读者提供具有参考价值的意见。

第一节　人力资源管理概述

人力资源是企业最为重要的资源，人才已成为当代科技进步和社会经济发展最主要的资源之一。企业经营活动的动力来自企业内部的人力资源，人力资源的素质及能力对企业的可持续发展有着直接影响。因此，为了实现组织目标，企业需通过对人力资源的管理，从而充分发挥人的主观能动性，使人尽其才、人事相宜。

一、人力资源管理的概念

人力资源管理，是指根据企业发展战略的要求，有计划地对人力资源进行合理配置，通过对员工的招聘、培训、使用、考核、激励、调整等一系列过程，调动员工的积极性，发挥员工的潜能，为企业创造价值，给企业带来效益。人力资源管理主要包括人力资源规划与计划、劳动组织管理、劳动用工管理、薪酬福利保障、绩效管理、培训与人才开发、劳务用工管理、人力资源基础管理等内容。

在人力资源管理中，主要涉及两种法律关系，即劳动关系与劳务关系。劳动关系是劳动者与用人单位依法签订劳动合同而在劳动者与用人单位之间产生的法律关系。劳务关系是劳动力提供者根据口头或书面合同，向用工者提供约定的劳务服务，用工者依约向合同相对方支付合同价款的一种民事法律关系。本章第二节和第三节分别针对劳动关系和劳务关系，进行法律风险分析及防范研究。

二、人力资源管理工作要求

人力资源工作政策性强、牵涉面广，热点、难点和焦点问题多，因此人力资源管理工作必须始终坚持依法管理、以人为本。

（一）人力资源规划和计划

人力资源规划是指根据企业发展规划，对规划期内的人力资源情况进行分析、预测、控制和开发，制定人力资源规划目标并提出工作措施与行动计划，为企业发展提供人才支持和智力保障。人力资源计划是指根据企业人力资源规划和年度重点工作要求，对年度人力资源主要指标进行分析、预测与控制，实现人力资源优化配置、控制人工成本和提高劳动效率等目标。人力资源规划与计划管理包括人力资源中长期规划、年度计划的编制、滚动修订、应用落实、检查评估等。人力资源规划与计划的内容不仅包括劳动用工，还包括劳务用工，出于人力资源稳定性的要求，在做好劳动用工的规划与计划的前提下，做好劳务用工规划与计划，实现以劳务用工的形式补充用工。

（二）劳动组织管理

劳动组织管理包括机构编制管理、岗位管理和劳动定员管理。机构编制管理是指对机构设置、职责分配、人员编制等资源进行优化配置的过程。对于非核心业务和技术，企业可以通过劳务外包、业务外包的形式满足经营需求，无须设立独立的机构运营，使企业能够集中资源专注于核心业务和技术，创造更高的价值。岗位管理是指为落实企业组织机构设置方案和职责体系，细化企业内部分工协同关系，通过开展工作分析、岗位价值评估等工作，建立并完善岗位体系的管理过程。通过岗位管理，区分经营类、管理类、技术类、技能类、服务类岗位，关键重要岗位必须由与用人单位订立劳动关系的员工任职，而在一些临时性、辅助性、替代性岗位上，可以安排劳务派遣员工上岗。劳动定员管理是指综合考虑地域特点、地形地貌、企业生产装备、技术水平、劳动组织、员工素质等条件，制定和实施劳动定员标准，推进企业按定员定额组织生产的过程。

（三）劳动用工管理

劳动用工管理包括劳动关系管理、员工入口管理和员工配置管理。劳动关系管理是指用人单位通过制定和执行规章制度，对劳动关系双方的行为进行规范和管理，以维护稳定和谐的劳动关系。员工入口管理是指用人单位对拟进入本单位的劳动者进行识别、筛选、确认等管理行为。员工配置管理是指用人单位通过内部岗位竞聘、岗位轮换、晋升降职等形式对劳动者的岗位进行优化配置，促进内部劳动者有序流动。用人单位应当及时与建立劳动关系的劳动者订立或续订劳动合同，并加强劳动合同订立、续订、变更、解除和终止等关键环节的规范化、书面化管理。劳动合同应当严格界定和明确用人单位与劳动者双方的权利和义务，内容应当明确具体。

（四）薪酬福利保障管理

薪酬福利保障管理包括薪酬分配管理和福利保障管理。薪酬分配管理是指用人单位根据人工成本和经济效益自行建立薪酬体系，进行薪酬分配。福利保障则是指企业为员工提供的除工资、奖金、津贴、纳入工资总额管理的补贴、员工教育经费以外的福利保障待遇。就福利项目而言，国家有明确政策规定或国家明确由地方政府制定政策规定的，用人单位应严格按照政策规定执行。同时用人单位应按照社会保险法、住房公积金管理制度等法律法规，按时足额缴纳社会保险和住房公积金。

（五）绩效管理

绩效管理是指各级管理者和员工为了达到组织目标，共同参与的绩效计划制订、绩效计划实施、绩效考核评价、绩效反馈和改进提升的持续循环过程。

以战略导向、业务融合，分级分类、覆盖全员，注重实绩、科学量化，强化应用、持续改进是绩效管理的原则。

（六）培训与人才开发

培训与人才开发是企业应对经济与技术变化的第一道防线，企业为员工提供充分的培训与开发的条件和机会，最终目的是为了增强员工自身的竞争优势，同时满足企业发展的需求，提高企业的竞争力。培训与人才开发包括培训计划管理、培训资源开发、师资队伍建设、人才队伍建设、员工培训考试、专业技术资格评定和职业技能鉴定等。

（七）劳务用工管理

劳务用工管理包括劳务队伍筛选、岗前培训管理、全过程管控。劳务队伍筛选是指根据劳务用工需求，筛选出符合要求的劳务队伍或劳务人员，需对劳务派遣机构、外包单位或受雇人的经营资质、履约能力等进行审核筛选，对于需要招标的项目依法依规进行招标。岗前培训管理是指用工单位应要求劳务人员在上岗前必须经过技能操作培训、安全技术培训等岗位所必需的培训及考核，对劳务人员"持证上岗"进行严格监督管理。全过程管控是指用工单位在劳务用工过程中对劳务队伍进行必要的指导、监督和管理，但针对不同类型的劳务用工需采取不同的管控形式。

（八）人力资源基础管理

人力资源基础管理包括人力资源统计和诊断分析、人力资源信息化建设等。人力资源统计和诊断分析工作的主要任务是及时系统地收集整理人力资源状况数据，结合人力资源各专业工作重点，开展科学有效的统计调查和分析研究，为企业人力资源管理工作提供决策支持。人力资源信息化是指综合应用各种信息化手段，建立和完善覆盖企业全口径的人力资源管理信息系统，辅助企业各级人力资源管理部门相关业务开展及管控的过程。

第二节 人力资源管理法律风险分析

人力资源管理法律风险主要集中于劳动关系法律风险与劳务关系法律风

险。劳动关系的法律风险主要体现在用人单位与劳动者之间从订立、履行乃至解除、终止产生的争议。随着新形势下多种用工方式的产生，劳务关系成为人力资源管理方面新的法律风险点。

一、劳动关系法律风险分析

（一）订立劳动合同法律风险

订立劳动合同是劳动关系确立的第一步，也是劳动关系法律风险防范的始发站。劳动合同的签订时间、劳动合同类型的选择，以及劳动合同条款的设计都有可能引发风险。在这一阶段，主要值得注意的有以下几点：

1. 签订劳动合同与建立劳动关系不同步的法律风险

《劳动合同法》（2012 修正）明确了用人单位自用工之日起即与劳动者建立劳动关系。同时规定，建立劳动关系，应当订立书面劳动合同。因此，书面劳动合同是劳动关系建立的必备形式要件。但在实践中，劳动合同的签订与劳动关系的建立可能存在不同步的情况，包括在开始用工前、开始用工后签订劳动合同两类情况。而法律风险则集中产生于用工之日起超过一个月不满一年、用工之日起满一年签订劳动合同两种特殊情形之下。

结合《劳动合同法》与《劳动合同法实施条例》（2008 年国务院令第 535号）的规定，自用工之日起超过一个月不满一年再签订书面劳动合同的，用人单位应当在用工之日起满一个月的次日开始至签订书面劳动合同前一日，向劳动者每月支付两倍的工资；自用工之日起满一年未签订书面劳动合同的，自用工之日起满一个月的次日开始至满一年的前一日，用人单位应当向劳动者每月支付两倍的工资，满一年的当日视为订立了无固定期限劳动合同，并应当立即与劳动者补订书面劳动合同。

2. 使用劳动合同类型不正确的法律风险

劳动合同分为固定期限劳动合同、无固定期限劳动合同和以完成一定工作任务为期限的劳动合同。每一种劳动合同的适用条件均不相同，如未与劳动者签订正确的劳动合同，则会给用人单位带来法律风险。其中特别需关注固定期限劳动合同与无固定期限劳动合同的衔接问题。

根据《劳动合同法》第十四条规定，在用人单位与劳动者已经连续订立二次固定期限劳动合同后要续订劳动合同，且劳动者没有《劳动合同法》第三十九条和第四十条第一项、第二项规定的情形的，除劳动者提出订立固定期限劳动合同外，应当订立无固定期限劳动合同。第八十二条规定，用人单位违反本法规定不与劳动者订立无固定期限劳动合同的，自应当订立无固定期限劳动合同之日起向劳动者每月支付二倍的工资。

3．劳动合同约定试用期超期的法律风险

试用期是用人单位和劳动者建立劳动关系后为相互了解、选择而约定的不超过六个月的考察期。为了防止用人单位违法设定试用期限，保护劳动者的利益，《劳动合同法》对试用期进行了细化规定。劳动合同期限三个月以上不满一年的，试用期不得超过一个月；劳动合同期限一年以上不满三年的，试用期不得超过二个月；三年以上固定期限和无固定期限的劳动合同，试用期不得超过六个月。因此，在试用期最长期限法定的情况下，约定的试用期限超出法定最长时间的部分，将会作为正式合同期限，也就无法在超出的期间来证明劳动者是否符合录用条件。同时，除劳动行政部门责令改正外，若违法约定的试用期已经履行的，用人单位还应以劳动者试用期满后的月工资为标准，按已履行的超过法定试用期的期间向劳动者支付赔偿金。

此外，用人单位应当注意的是，试用期不得单独约定，即在劳动合同之外单独与劳动者签订试用期合同或试用期协议的，单独签订的试用期合同或试用期协议不仅无效，而且会被视为双方正式确立了劳动关系，用人单位可能会面临需支付双倍工资的法律风险。

（二）履行劳动合同法律风险

劳动合同订立之后，用人单位与劳动者应按照劳动合同的约定，履行各自的义务。如果用人单位在履行劳动合同的过程中未按约定和法律规定履行义务，则需承担相应的法律责任。劳动合同履行过程中用人单位主要存在以下几点风险：

1．规章制度制定程序瑕疵的法律风险

《劳动合同法》规定用人单位应当依法建立和完善劳动规章制度，保障劳动者享有劳动权利、履行劳动义务。用人单位规章制度作为企业内部的"法律",是全体劳动者的行为规范。《最高人民法院关于审理劳动争议案件适用法律若干问题的解释》(2008 调整)规定,用人单位的规章制度在满足内容合法合规、履行民主程序、履行公示环节三个条件的情况下才能作为人民法院审理劳动争议案件的依据。实践中,用人单位大部分会特别注意内容上的合法合规,而忽略了民主程序和公示环节,这会因规章制度制定程序存在瑕疵而不被法院采信。

根据《劳动合同法》的规定,在制定、修改或者决定有关劳动报酬、工作时间、休息休假、劳动安全卫生、保险福利、职工培训、劳动纪律以及劳动定额管理等直接涉及劳动者切身利益的规章制度或者重大事项时,用人单位应当履行民主程序与公示程序。民主程序,是指用人单位将规章制度草案提交职工代表大会或者全体职工讨论,提出方案和意见,与工会或者职工代表平等协商确定。因此,民主程序又包括征求意见和平等协商两个环节。公示环节,是指用人单位应当将直接涉及劳动者切身利益的规章制度和重大事项决定公示,或者告知劳动者。至于公示的方式,法律并未作出规定,用人单位可以通过宣传栏张贴、网站公告、邮件群发、专题培训、集体开会宣读等方式公示。

2. 单方变更劳动合同的法律风险

用人单位变更法定代表人、主要负责人或者投资人等事项时,发生合并或者分立等情况时,以及在《女职工劳动保护特别规定》(2012 年国务院令第 619 号)规定的女职工孕期,《工伤保险条例》(2010 修订)规定的职工享受伤残待遇等情况下,用人单位亦享有单方变更权。如未满足协商变更与法定变更的情形,用人单位作出单方变更劳动合同的行为被认定为无效的风险较大。

3. 未及时足额支付劳动报酬的法律风险

薪酬除了工资以外,还包括用人单位提供的福利待遇等。就履行劳动合同过程来看,薪酬的法律风险主要在于工资支付。

根据《劳动合同法》的规定,用人单位未及时足额支付劳动报酬的,劳动者可以解除劳动合同,并可根据第四十六条规定向用人单位要求支付经济补偿金。用人单位未按照劳动合同的约定或者国家规定及时足额支付劳动者劳动报酬的、低于当地最低工资标准支付劳动者工资的、安排加班不支付加班费的、解除或者终止劳动合同未依法向劳动者支付经济补偿的，由劳动行政部门责令限期支付劳动报酬、加班费或者经济补偿；劳动报酬低于当地最低工资标准的，应当支付其差额部分；逾期不支付的，责令用人单位按应付金额百分之五十以上百分之一百以下的标准向劳动者加付赔偿金。

4．未及时足额缴纳社会保险、住房公积金的法律风险

社会保险（养老保险、医疗保险、失业保险、工伤保险、生育保险）和住房公积金均为用人单位与劳动者建立劳动关系后需要办理登记并缴纳的法定项目。未及时足额缴纳社会保险、住房公积金，用人单位将可能要承担对劳动者的赔偿责任、系统内部处罚、行政处罚，甚至刑事责任。

就社会保险而言，用人单位发生不为职工办理社会保险登记或缴费申报、未按时足额缴纳社会保险费、非法处理个人社保信息、未将缴费情况告知职工本人、未按规定通报或公布单位全年缴费情况等行为，影响用人单位或劳动者社会保险权益的，单位和相关责任人员将受到上级主管单位给予的相应处理；给劳动者造成保险待遇损失的，将承担赔偿责任；承担社会保险行政部门的处罚；构成犯罪的，将被依法追究刑事责任。

就住房公积金而言，用人单位不办理住房公积金缴存登记、不为本单位劳动者办理住房公积金账户设立手续的，将由住房公积金管理中心责令限期办理，逾期办理的处以罚款。而不缴纳、少缴或逾期缴纳公积金的，将由住房公积金管理中心责令限期缴存，逾期不缴存的，住房公积金管理中心可以向人民法院申请强制执行。

5．专业技术培训服务期约定无效的法律风险

为了鼓励用人单位对劳动者进行培训和投资，同时对劳动者自由择业权进行一定的限制，《劳动合同法》在第二十二条第一款规定，用人单位为劳动者提供专项培训费用，对其进行专业技术培训的，可以与该劳动者订立协议，约定服务期。但在约定专业技术培训服务期时，可能存在以下约定无效的情形：

（1）将业务培训视为专业技术培训。专业技术培训是指为提高劳动者专业知识或职业技能而提供的培训，因此如果在服务期协议中约定的内容为岗前培训、日常业务培训等，则违背了服务期的前置条件。

（2）在试用期内约定了服务期。在试用期内，劳动者提前三日通知用人单位即可解除劳动合同，而无须承担其他责任。因此，在试用期内约定专业技术培训服务期的，对劳动者无法律约束力。

（3）约定的违约金超出了法定标准。《劳动合同法》规定了违约金的数额不得超过用人单位提供的培训费用，因此超出培训费用部分的违约金无效。

（4）服务期的期限超出劳动合同期限。《劳动合同法实施条例》第十七条规定，劳动合同期满，但用人单位与劳动者约定的服务期尚未到期的，劳动合同应当续延至服务期满，双方另有约定的，从其约定。因此，如双方无特殊约定，服务期期限超出劳动合同期限的，劳动合同顺延至服务期满为止。

（5）用人单位过错导致劳动者被动辞职。《劳动合同法实施条例》第二十六条规定了劳动者因用人单位的原因依照劳动合同法第三十八条解除劳动合同的，不属于违反服务期的约定。因此在劳动者被动辞职的情况下，用人单位无法向劳动者主张违反服务期的违约金。

6. 适用综合计算工时工作制的法律风险

根据原劳动部《贯彻〈国务院关于职工工作时间的规定〉的实施办法》（1995年制定），因工作性质或生产特点的限制，不能实行标准工时制度的，用人单位可以实行综合计算工时工作制，但需通过劳动部门的审批。综合计算工时工作制，是指企业因生产特点不能实行标准工时制，经劳动行政部门审批，对某些特殊行业的职工实行的分别以周、月、季、年等为周期，综合计算工作时间的工时制度。在实行综合计算工时工作制的情况下，用人单位需要注意以下几点：

（1）是否已进行综合计算工时工作制审批。原劳动部《关于企业实行不定时工作制和综合计算工时工作制的审批办法》（劳部发〔1994〕503号）规定，企业对交通、铁路、邮电、水运、航空、渔业等行业中因工作性质特殊，需连续作业的职工可以适用综合计算工时工作制。原电力工业部《关于印发〈电力劳动者实行综合计算工时工作制和不定时工作制实施办法〉的通知》（电人教〔1995〕335号）中也规定了电力企业可以适用综合计算工时工作制。但是，用人单位要对职工实行综合计算工时制，就必须要先经有关劳动部门的审批。中央直属企业实行不定时工作制和综合计算工时工作制等其他工作和休息办法的，经国务院行业主管部门审核，报国务院劳动行政部门批准。地方企业实行不定时工作制和综合计算工时工作制等其他工作和休息办法的审批办法，由各省、自治区、直辖市人民政府劳动行政部门制定，报国务院劳动行政部门备案。若未通过审批，在认定工时制时可能会根据标准工时制进行认定，用人单位将要面临支付超过法定工作时间加班工资的风险。

（2）综合计算工时工作制加班的认定。综合计算工时工作制与标准工时制在管理上有所不同，标准工时制一般的管理模式为定点定时上下班，在加班认定上只需卡准时间点即可。而综合计算工时制中某一日的工作时间可以超过 8 小时，某一周的工作时间可以超过 40 小时，但是综合计算周期内工作时间不能超过法定标准工作时间，超出部分应视为延长工作时间，用人单位应按规定支付劳动者延长工作时间的工资。因此在加班的认定上，综合计算工时制比标准工时制要复杂，用人单位可能会存在多支付加班费或未支付加班费的风险。

（三）解除劳动合同法律风险

解除劳动合同可以分为协商一致解除和单方解除，单方解除又可以分为用人单位单方解除与劳动者单方解除劳动合同。针对不同的解除方式，主要有以下几点法律风险：

1．协商解除劳动合同仍需支付经济补偿金的法律风险

协商解除劳动合同是指用人单位与劳动者协商一致提前终结劳动关系的法律行为。通过协商达成一致解除劳动关系，一方面可以扩大适用范围，避免了单方解除劳动合同的法律限制；另一方面也降低了法律风险，办理效率高。需要注意的是，如果用人单位先提出协商解除劳动合同的，用人单位需要向劳动者支付经济补偿金；如果是劳动者先提出协商解除劳动合同的，用人单位无须支付经济补偿金。

2．用人单位违法单方解除劳动合同的法律风险

用人单位违法解除劳动合同主要分两种情况，一种是实质性违法，即没有达到用人单位可以单方解除劳动合同的实体条件；另一种是程序性违法，即用人单位在单方解除劳动合同时程序不符合法律规定。

用人单位单方解除劳动合同是最容易引起劳动争议的解除方式。用人单位单方解除劳动合同分为过失性解除劳动合同、非过失性解除劳动合同和经济性裁员。如用人单位被认定为违法解除劳动合同，根据《劳动合同法》第四十八条规定，劳动者要求继续履行劳动合同的，用人单位应当继续履行；劳动者不要求继续履行劳动合同或者劳动合同已经不能继续履行的，用人单位应当依照本法第八十七条规定支付赔偿金。而第八十七条对赔偿金的规定标准是经济补偿标准的二倍。因此如用人单位被认定为违法解除，将产生相当高的解除成本。

在解除程序上，针对非过失性解除劳动合同，《劳动合同法》要求用人单位单方解除劳动合同的，应当事先将理由通知工会，研究工会的意见，并将处理结果书面通知工会。即使用人单位单方解除的劳动合同已经达到了法律规定的条件，然而没有履行上述程序，劳动者将有权请求用人单位支付赔偿金，但起诉前用人单位已经补正有关程序的除外。因此，如果用人单位单方解除劳动合同时程序违法，也会增加解除成本。

3. 劳动者单方解除劳动合同的法律风险

劳动者单方解除劳动合同简称员工辞职，其中又分为主动辞职与被动辞职。

《劳动合同法》对于劳动者主动辞职的规定较简单，主要是对劳动者在试用期内和非试用期内解除劳动合同作了不同的规定。试用期内的劳动者只需提前三日通知用人单位即可解除劳动合同，口头通知或书面通知均可实现。非试用期内的劳动者则需提前三十日通知用人单位进行劳动合同的解除，且必须通过书面形式。

被动辞职是因用人单位过错，劳动者提出的辞职。《劳动合同法》第三十八条对于被动辞职的情形作了详细规定，其中第一款为随时通知解除，第二款为无须通知的立即解除。与主动辞职最重要的区别在于，劳动者被动辞职的，用人单位需要根据法律的规定向劳动者支付经济补偿金。

（四）终止劳动合同法律风险

劳动合同的终止与劳动合同的解除虽然都会产生用人单位与劳动者劳动关系消灭的法律后果，但仍有本质区别。第一，适用条件不同。劳动合同终止是指在法律规定的情形产生后，劳动关系消灭的法律行为，因此只有在法定情形下劳动合同才能终止。而劳动关系的解除一般是由用人单位或劳动者一方提出，或者双方经过协商才会发生。第二，效力不同。劳动合同终止是指对将来发生效力，且不会产生恢复原状的情况。而合同的解除不仅可以对将来发生效力，同时具有溯及力，即可以产生使合同关系溯及既往消灭的后果。以下是劳动合同终止及终止之后在实务中容易出现的法律风险：

1. 用人单位违法终止劳动合同的法律风险

与用人单位违法解除劳动合同类似，对于用人单位违法终止劳动合同的情况，也会产生高额的违法成本。劳动者要求继续履行劳动合同的，用人单位应当继续履行；劳动者不要求继续履行劳动合同或者劳动合同已经不能继续履行的，用人单位应当依照经济补偿标准的二倍支付赔偿金。

2. 女职工退休年龄界定法律风险

根据《国务院关于工人退休、退职的暂行办法》（国发〔1978〕104号）的规定，全民所有制企业的女工人，年满五十周岁且连续工龄满十年的，应该退休。原劳动和社会保障部《关于制止和纠正违反国家规定办理企业职工提前退休有关问题的通知》（劳社部发〔1999〕8号）则强调了企业职工中女工人年满50周岁，女干部年满55周岁，即到达了国家法定退休年龄。

原劳动部《关于印发关于贯彻执行〈中华人民共和国劳动法〉若干问题的意见》的通知》（劳部发〔1995〕309号）规定，关于在企业内录干、聘干问题，劳动法规定用人单位内的全体职工统称为劳动者，在同一用人单位内，各种不同的身份界限随之打破。用人单位全部职工实行劳动合同制度后，职工在用人单位由转制前的原工人岗位转为原干部（技术）岗位或由原干部（技术）岗位转为原工人岗位，其退休年龄和条件，按现岗位国家规定执行。因此，以"干部"和"工人"身份进行退休年龄界定应当转为以岗位进行界定。

虽然近年来退休年龄有延迟的可能性，然而在政策未调整的情况下仍应延续现有规定。涉及女职工退休时，特别是以岗位作为界定退休年龄的依据时，极易引起法律风险。

3. 特殊工种提前退休法律风险

根据《国务院关于工人退休、退职的暂行办法》第一条规定，全民所有制企业、事业单位和党政机关、群众团体的工人，从事井下、高空、高温、特别繁重体力劳动或者其他有害身体健康的工作，男年满五十五周岁、女年满四十五周岁，连续工龄满十年的，应该退休。根据该文件以及其他相关文件，在特殊工种目录范围内的人员，且符合年龄与工龄条件的，应当提前退休。然而特殊工种人员往往认为所从事岗位不属于特殊工种，进而不同意提前退休，即使用人单位为其办理了提前退休手续，其也会通过法律途径提出诉求。

（五）竞业限制法律风险

竞业限制是指用人单位与高级管理人员、高级技术人员和其他负有保密义务的劳动者通过劳动合同或保密协议进行约定，劳动者在解除或者终止劳动合同后的一定期限内不得到与本单位生产或者经营同类产品、从事同类业务的有竞争关系的其他用人单位工作，也不得自己开业生产或者经营同类产品、从事同类业务。竞业限制协议的签订易引发如下风险：

1. 未签订竞业限制协议的法律风险

竞业限制不同于劳动者法定的保护商业秘密义务，只有在用人单位与劳动者约定后才会产生竞业限制义务。因此，在当前人力资源自由流动的情况下，如果用人单位未与关键岗位人员签订竞业限制协议，一旦出现重要人员流失的现象，用人单位的商业秘密难以得到有效保护，不利于用人单位的持续发展。

2. 竞业限制协议主体不适格的法律风险

《劳动合同法》对竞业限制适用的范围、地域和期限作出了明确规定，竞业限制仅适用于特定的主体，即用人单位的高级管理人员、高级技术人员和其他负有保密义务的人员。由于用人单位的高级管理人员、高级技术人员等关键岗位人员往往对用人单位的经营信息、技术信息等商业秘密有着深入掌握，一旦离开原用人单位极有可能选择从事与原用人单位同产品、同业务的工作，存在着泄露商业秘密的可能性。而对于一般工作岗位上的劳动者，如果约定了竞业限制协议也是无效的，用人单位无权限制劳动者的择业权，劳动者也无权请求用人单位支付经济补偿。

二、劳务关系法律风险分析

随着我国经济的快速发展，目前已形成的用工类型包括：劳动合同制用工、劳务派遣制用工、外包用工、退休返聘、实习生、非全日制用工形式。一般我们所指的劳动关系就是指劳动合同制用工，劳动关系是由《劳动法》（2018 修正）、《劳动合同法》等劳动相关法律法规进行约束。但是单一的劳动合同制用工往往无法满足企业经营对于人力资源的需求，因此就产生了更为多元化、灵活化的劳务关系，这些法律关系更多的则是由民事法律进行调整。因此，企业的人力资源管理就变得更为复杂，不同的用工关系有不同的法律风险，下文将重点讨论劳务派遣、业务外包、雇佣关系中的法律风险。

（一）劳务派遣用工法律风险

劳务派遣是指劳务派遣机构根据用工单位的要求为其派遣劳动者，由劳务派遣机构和被派遣劳动者建立劳动关系，而用工单位实际使用劳动者并向派遣机构支付服务费用。所以，在劳务派遣中存在以下三个法律关系：一是劳动者与劳务派遣机构的劳动关系；二是劳动者与用工单位的劳务关系；三是劳务派遣机构与用工单位的劳务派遣协议关系。根据上述法律关系，结合法律法规和实际情况，劳务派遣用工主要存在以下几点法律风险。

1. 选择无资质劳务派遣机构的法律风险

根据《劳动合同法》第九十二条和《劳动合同法实施条例》第三十五条的规定，用工单位和劳务派遣机构对于应当承担的法律责任需要承担连带赔偿责任。因此，用工单位在与劳务派遣机构合作时，如若没有注意审查资质、经营能力等要件，而恰巧劳务派遣机构存在不具备相关资质、欠缺合同履行能力等不良情况，一旦发生劳动争议，劳务派遣机构没有能力承担其应负的责任，就会依据"连带责任"的法定标准，将责任转移到用工单位身上，而用工单位再向派遣机构追偿时，派遣机构又无力承担赔偿责任，最终给用工单位造成不必要的损失。

2. 同工不同酬的法律风险

依照《劳动合同法》的规定，被派遣劳动者享有与用工单位的劳动者同工同酬的权利。用工单位应当按照该规定，对劳务派遣工实行同工同酬的原则。实践中，在同一工作任务、甚至同一具体工作中，劳务派遣工与正式职工的工资待遇存在巨大差距的情况，这是单位劳务派遣用工稳定性的一大风险点。

3. 劳务派遣中岗位定位不当的法律风险

《劳动合同法》、《劳动合同法实施条例》以及《劳务派遣暂行规定》（人力资源和社会保障部令第 22 号）都明确规定，劳务派遣用工是补充形式，只能出现在临时性、辅助性和替代性（简称"三性"）的岗位上。并且也对临时性、辅助性以及替代性的标准作了一定的规定。临时性以岗位的存续时间为界定标准（6 个月），辅助性以工作岗位是为用工单位主营业务提供服务为界定标准，替代性工作岗位是指用工单位的劳动者因脱产学习、休假等原因无法工作的一定期间内，可以由其他劳动者替代工作的岗位。当用工单位违反《劳动合同法实施条例》与《劳务派遣暂行规定》中的相关规定时，劳动者向法院或者劳动仲裁机构主张其在用工单位从事的岗位并非临时性、辅助性和替代性的岗位时，相关机构很有可能认定劳动者与用工单位之间形成了事实劳动关系，将会给用工单位造成非常不利的法律后果。

4. 劳务派遣用工比例超过有关规定的风险

《劳务派遣暂行规定》规定，用工单位应当严格控制劳务派遣用工数量，使用的被派遣劳动者数量不得超过其用工总量的 10%。应当需要制定调整用工方案，2 年内降至规定比例，但在此之前，不得新用被派遣劳动者。该规定严格控制了劳务派遣用工数量，如未严格控制，则存在因违反法律规定而面临行政处罚的风险。

（二）业务外包用工法律风险

业务外包是指承发包单位通过签订业务外包合同，采取劳务外包或专业外包的方式，完成特定任务的企业间经济行为。业务外包是企业减少用工总量、优化员工队伍结构、提高劳动效率、节约成本的重要措施。劳务外包是指发包单位提供工作场所、机具设备、工器具、办公用品等，由承包单位安排相关人员按照发包单位的要求完成相应业务的外包方式。专业外包是指承包单位具备相应的承包资质与机具设备，独立完成业务的外包方式。业务外包用工主要存在以下几点法律风险：

1. 管理界限不明的风险

区分业务外包与劳务派遣的主要标准，是管理工作是否依然由发包方负责，即外包的管理工作如果仍由发包方负责的话，则容易与劳务派遣混同。目前企业的生产经营中，业务外包的管理界限比较模糊，普遍存在发包方积极地参与或者全面代替外包单位对具体业务进行管理，从而导致业务外包性质变为劳务派遣，即"假外包、真派遣"现象。一旦发生外包服务人员相关的劳动纠纷或安全生产事故，导致诉讼或者劳动仲裁，则不排除定性为劳务派遣的可能性，进而根据《劳动合同法》和《劳务派遣暂行规定》的相关规定，发包企业将面临承担连带赔偿责任甚至劳动行政部门处罚的风险。

2. 承包方不具备资质的风险

根据《安全生产法》（2014 修正）的规定，生产经营单位若将生产经营项目、场所、设备发包或者出租给不具备安全生产条件或者相应资质的单位或者个人，将可能面临限期整改、没收违法所得、对生产安全事故承担连带责任的不利后果。个人承包经营违反《劳动合同法》招用劳动者，给劳动者造成损害的，发包的组织也需与个人承包经营者承担连带赔偿责任。

3. 承包方与外包服务人员劳动关系不明确的法律风险

发包方在接受外包服务人员派驻时，如果承包方未与外包服务人员签订劳动合同甚至未缴纳社会保险费，发生纠纷时仲裁机关或人民法院极有可能认定事实劳动关系的存在，造成发包方承担报酬支付的责任。根据《劳动合同法》有关规定，用工之日起一个月未订立劳动合同应支付二倍工资，用工满一年不订立劳动合同即视为无固定期限劳动合同，且还需要补交社会保险等各类费用。除此之外，劳动行政部门还有可能予以处罚，对发包方来说存在极大的法律风险。

4. 签订不规范业务外包合同的法律风险

对于法律没有明确规定，可由发包方与承包方协商确定的内容，在双方签订业务外包合同时，需要作出明确的、具体的、具有可操作性的约定，若权利义务约定不清，对发包方而言存在责任扩大的法律风险。

（三）雇佣关系法律风险

雇佣关系是指由受雇人在一定或不特定的期间内向雇佣人提供劳务，雇用人按照约定支付相应报酬所形成的民事权利义务关系。雇佣关系的主体类型丰富，法人与法人、法人与自然人或者自然人与自然人之间都有可能发生。并且雇佣关系的双方之间具有平等的法律地位，可以通过口头、书面或其他形式达成雇佣协议，关于雇佣的详细内容只要不违反法律法规、公序良俗等，只要双方协商一致都可以成立。由于雇佣关系的自由度相对较高，在人力资源管理的过程中容易引发以下风险：

1. 被认定为劳动关系的法律风险

（1）雇佣关系与劳动关系的区别。雇佣关系是平等民事主体之间设立、变更、终止民事权利义务所产生的关系，民事主体双方之间只存在财产关系，不存在人身关系，即不存在行政隶属管理关系。劳动关系是劳动者与用人单位依法签订劳动合同所产生的权利义务关系，双方之间既存在财产关系，又存在人身关系，即行政隶属管理关系。劳动关系建立后，劳动者除提供劳动以外，还要接受用人单位的管理，服从其工作安排，遵守其规章制度。

（2）雇佣单位在雇佣关系管理上的混同。原劳动和社会保障部《关于确立劳动关系有关事项的通知》（劳社部发〔2005〕12号）第一条规定："用人单位招用劳动者未订立书面劳动合同，但同时具备下列情形的，劳动关系成立：①用人单位和劳动者符合法律、法规规定的主体资格；②用人单位依法制定的各项劳动规章制度适用于劳动者，劳动者受用人单位的劳动管理，从事用人单位安排的有报酬的劳动；③劳动者提供的劳动是用人单位业务的组成部分。"实践中，一些雇佣单位既为了灵活用工，又为了避免劳动关系在法律上的限制，与受雇人签订劳务合同，但是在具体工作安排、业绩量化考核、各项规章制度和工作纪律、劳动报酬等方面又参照劳动关系进行管理，而这些要件符合劳动关系的法律特征。一旦产生纠纷，极有可能被司法机关认定为事实劳动关系。

（3）认定为劳动关系的法律后果。一是需遵守《劳动法》《劳动合同法》等各项法律法规，从社会保险、福利待遇等方面均需按规定进行建立或缴纳，并且需受到劳动保障行政部门的劳动监察。二是雇佣单位与受雇人被认定为劳动关系，雇佣单位与受雇人未签订书面合同的情况下面临着双倍工资与视为无固定期限劳动合同的用工风险。三是劳动合同解除或者终止后，在符合一定条件下还需按标准支付经济补偿，增加了用工成本。

2．受雇人遭受人身损害的法律风险

在劳动关系中，若劳动者遭受到人身损害，首先考虑的是能不能适用工伤保险。但是根据《工伤保险条例》（2010 修订），对于雇佣关系，只有个体工商户的雇工才能享受工伤保险待遇。法人的雇工不适用《工伤保险条例》，只能适用民事法律规范。《中华人民共和国侵权责任法》（主席令第 21 号）第三十五条规定了个人之间形成劳务关系，提供劳务一方因劳务自己受到损害的，根据双方各自的过错承担相应的责任，即适用过错责任原则，但该条规定适用于双方当事人均为自然人的雇佣关系。针对具备用人主体资格的单位与自然人之间的雇佣关系，则应根据《最高人民法院关于审理人身损害赔偿案件适用法律若干问题的解释》（法释〔2003〕20 号）第十一条的规定。该条规定雇员在从事雇佣活动中遭受人身损害，雇主应当承担赔偿责任。雇佣关系以外的第三人造成雇员人身损害的，赔偿权利人可以请求第三人承担赔偿责任，也可以请求雇主承担赔偿责任。雇主承担赔偿责任后，可以向第三人追偿。因此在雇佣关系中，如果受雇人在提供劳务过程中受到人身损害，不属于工伤保险的范畴，雇佣人要承担无过错责任，即便是第三人的原因造成的损害，用工单位也面临先行赔偿的风险。

第三节　人力资源管理法律风险防范

为了防范人力资源管理方面的法律风险，用人单位一方面要处理好与劳动者的关系，注重全流程的管控，妥善完成劳动者从入职直至退出的管理。另一方面要处理好劳务的法律关系，分清不同种类用工在管理方式与管理模式上的区别，进而采取不同的防范策略。

一、劳动关系法律风险防范

（一）订立劳动合同法律风险防范

1．及时签订书面劳动合同

用工之前与劳动者同时签订劳动合同为常态。签订劳动合同与开始用工为同一天是订立劳动合同的最优情形，也是将劳动合同与劳动关系契合的理想状态。在实际操作中，可能存在用工之前签订劳动合同的情况，即劳动合同早于劳动关系的建立。正因为不存在劳动关系，用人单位此时与劳动者仍然是合同上的权利义务关系，无须承担劳动法相关义务。

用工之日起一个月签订劳动合同为底线。《劳动合同法》第十条第二款规定，已建立劳动关系，未同时订立书面劳动合同的，应当自用工之日起一个月内订立书面劳动合同。因此这一个月是宽限期，用人单位最迟应在用工之日起的一个月内与劳动者签订劳动合同，也是用人单位应当把握的底线。而对于经用人单位书面通知后，劳动者不与用人单位订立书面劳动合同的情况，用人单位应当书面通知劳动者终止劳动关系并支付劳动者实际工作时间的劳动报酬，但无需向劳动者支付经济补偿。

2．恰当选择劳动合同的类型

固定期限劳动合同，是指用人单位与劳动者约定合同终止时间的劳动合同。无固定期限劳动合同，是指用人单位与劳动者约定无确定终止时间的劳动合同。以完成一定工作任务为期限的劳动合同，是指用人单位与劳动者约定以某项工作的完成为合同期限的劳动合同。

在实践中，完成一定的工作为期限的劳动合同适用于临时性、季节性、项目化用工，因此范围有局限性。常规情况下，用人单位应当采用以固定期限劳动合同为主、无固定期限劳动合同为辅的使用方式。其中应特别关注签订无固定期限劳动合同的法定情形：劳动者在该用人单位连续工作满十年的；用人单位初次实行劳动合同制度或者国有企业改制重新订立劳动合同时，劳动者在该用人单位连续工作满十年且距法定退休年龄不足十年的；连续订立二次固定期限劳动合同，且劳动者没有《劳动合同法》第三十九条和第四十条第一项、第二项规定的情形，续订劳动合同的，除非劳动者提出订立固定期限劳动合同，在续订、订立劳动合同时，用人单位都应与劳动者订立无固定期限劳动合同。值得注意的是，《劳动合同法》规定连续订立二次固定期限劳动合同，劳动者享有无固定期限劳动合同续约的主动权，因此用人单位应将第一次固定期限劳动合同的期间作为考察劳动者素质的重要时间段，以此来决定是否续约第二次固定期限劳动合同。

3．合法约定劳动合同的试用期

试用期并非劳动合同必备条款，但新员工入职，用人单位一般会在劳动合同中约定试用期，以对新员工进行必要的考察。《劳动合同法》第二十一条规定："在试用期中，除劳动者有本法第三十九条和第四十条第一项、第二项规定的情形外，用人单位不得解除劳动合同。用人单位在试用期解除劳动合同的，应当向劳动者说明理由。"在其他条件法定的情况下，第三十九条第一项规定的在试用期间被证明不符合录用条件为用人单位考察新员工提供了渠道。但与此同时，同一用人单位与同一劳动者只能约定一次试用期，且试用期不可延长。因此，为了在法律框架下实现试用期效果的最大化，用人单位应当对录用条件进行设计和运用，并留存已向劳动者告知录用条件的相关依据，如在劳动合同中明确约定满足哪些指标为符合录用条件，并留存已向劳动者告知录用条件的相关依据，或者以其他书面方式确定录用条件并让劳动者签字确认。同时在试用期内开展针对性的考核，并根据考核结果确定是否符合录用条件，对于不符合录用条件的，用人单位应当有充足证据予以证明。若用人单位以劳动者不符合录用条件为由解除劳动合同，应当在试用期内解除，而不能在试用期满后提出，否则用人单位将可能被认定为违法解除。

（二）履行劳动合同法律风险防范

1．应注重规章制度制定程序的合法性

规章制度是用人单位管理员工的重要依据，相当于企业内部的"法律"。因此规章制度除了内容合法合规的要求之外，其制定程序也应该合法合规。针对一些直接涉及劳动者切身利益的规章制度，用人单位必须严格履行民主程序与公示程序。

一般来说民主程序的主要步骤可以总结为以下几步：

（1）拟定规章制度的草案。草案拟定的专业程度比较高，一般应由具有专业能力的人员成立制定小组，除了法律部门、人力资源部门，相关专业部门应共同参与，结合各部门工作实际情况提出草案建议，拓宽草案的信息来源。

（2）发布草案征求意见。用人单位可以通过电子邮件的形式，将规章制度草案发送给劳动者，并要求劳动者无论有无意见都进行回复，作为劳动者已经收到草案的证据。

（3）修改完善草案。征求意见之后，针对劳动者提出的意见，由制定小组分析讨论，采纳合理的建议，对草案进行进一步的完善，并通知劳动者召开职工工大会或职工代表大会。

（4）召开职工大会或职工代表大会。在会议中与劳动者进行沟通，充分听取劳动者后续提出的意见，能当场修改的内容尽量当场修改，并在会上表决通过。对于还需再次召开职工大会或职工代表大会的，应再次召开。召开会议时应制作会议签到表、会议纪要等文件，并要求与会人员签字确认。

规章制度定稿之后，需要进行公示。对于公示的方式用人单位可以结合实际情况进行选择，主要可以采取以下几种做法：通过邮件群发，并要求劳动者反馈回执；在用人单位公告栏、宣传栏张贴，并要求劳动者反馈浏览时的照片；组织规章制度学习培训或会议宣读，并保留参与人签到的文件、照片或其他记录。

2．满足特定条件时进行劳动合同的变更

协商变更是劳动合同变更最便捷、也是风险相对较小的方式，实践中无论是用人单位还是劳动者提出变更要求，都需要取得对方的同意。在达成变更意愿的一致后，双方应签署书面变更协议，同时用人单位与劳动者各执一份变更后的劳动合同文本。

法定变更是法律规定的条件满足后，用人单位按照程序对劳动合同进行的变更。《劳动合同法》第四十条规定了三种情形下用人单位可进行法定变更，同时这三种情形也是用人单位非过失性解除劳动合同的前置程序。即劳动者患病或非因工负伤，在规定的医疗期满后不能从事原工作的，用人单位可另行安排其工作；劳动者不能胜任工作的情况下，如不能通过培训提升胜任力，可以调整劳动者工作岗位；客观情况发生重大变化，致使劳动合同无法履行的，用人单位与劳动者可以协商变更劳动合同。

对于劳动合同变更还有一些特殊的规定。用人单位的一些工商登记事项发生变更时，劳动合同中的相应内容也应随之变更，且不用征得劳动者同意；用人单位发生分立或者合并后，原劳动合同继续有效，劳动合同由承继其权利和义务的用人单位继续履行；女职工在孕期不能适应原劳动的，用人单位应当根据医疗机构的证明，予以减轻劳动量或者安排其他能够适应的劳动；职工因工致残被鉴定为五级、六级伤残的，在职工未提出与用人单位解除或终止劳动关系的情况下，用人单位应保留与该职工之间的劳动关系，并根据劳动者的身体条件另行安排适当工作。

一般来说，劳动合同的变更需采取书面形式，但与逾期未签订书面劳动合同并不影响劳动关系的成立一样，虽然变更劳动合同未采用书面形式，但已经实际履行了口头变更后的劳动合同超过一个月，且变更后的劳动合同内容不违反法律、行政法规、国家政策以及公序良俗，这种劳动合同的实际履行变更也将被视为劳动合同的变更。

3. 依法合规开展劳动报酬的支付

为避免薪酬管理方面的法律风险，用人单位需要注意以下三点：

（1）工资的范围。根据《国家统计局关于工资总额组成的规定》（国家统计局令第 1 号），工资总额是指各单位在一定时期内直接支付给本单位全部职工的劳动报酬总额，包括计时工资、计件工资、奖金、津贴和补贴、加班加点工资、特殊情况下支付的工资。

（2）工资的支付形式与时间。结合《劳动法》与原劳动部《关于印发〈工资支付暂行规定〉的通知》（劳部发〔1994〕489 号）的规定，用人单位应当以货币形式按月支付工资，从而杜绝了用人单位以实物及有价证券支付工资的可能性。同时，为避免未及时支付劳动报酬的可能性，用人单位与劳动者可在劳动合同内约定按月支付工资的合理期间，在该期间内支付工资均属及时支付。

（3）扣减工资的条件。根据法律规定、劳动合同约定和用人单位规章制度等合法依据，用人单位可以扣减劳动者的工资。比如在劳动者请假情况下，用人单位根据实际出勤日支付工资；又如劳动者给用人单位造成经济损失的，用人单位可按照劳动合同约定要求其赔偿损失，经济损失的赔偿，每月可从劳动者工资中最高扣除 20%。但无论哪种情形，用人单位都应当做好扣减证据的留存，若劳动者离职则至少保存到离职后一年。

4. 完善社会保险、住房公积金的全过程管理

社会保险与住房公积金管理的风险防范主要在于登记、缴纳与转移。首先，不得为未签订劳动合同的人员缴纳社会保险费和住房公积金。其次，用人单位应当自用工之日起 30 日内为其职工向社会保险经办机构申请办理社会保险登记、到住房公积金管理中心办理缴存登记。同时应注意办理登记手续前，应核查新增职工进入本单位前的登记情况，杜绝新旧用人单位同时缴纳的情况。再次，在劳动合同履行过程中，用人单位应根据社保与公积金缴费文件，准确计算职工缴费基数，按时申报、足额缴纳应由单位承担的社会保险费和住房公积金，做到应保必保，依法代扣代缴，保障职工合法权益。最后，在出现解除或者终止劳动合同的情形时，用人单位应在出具解除或者终止劳动合同的证明后 15 日内为劳动者办理社会保险转移手续，并在 30 日内到住房公积金管理中心办理变更登记。此外，根据《国务院办公厅关于全面推进生育保险和职工基本医疗保险合并实施的意见》（国办发〔2019〕10 号），生育保险基金与职工医疗保险基金合并实施。对于用人单位来说，缴纳金额并不会发生变化，但是参保流程将有一定简化。

5. 依法开展服务期管理

鉴于服务期是保护用人单位的一项重要措施，因此在协商达成一致的前提下，用人单位可与劳动者在法律许可的范围内签订专业技术培训服务期协议。同时为了防范风险，在服务期管理中需要注意以下几点：

（1）提前进行培训项目梳理。为了防范培训类型的争议，建议在培训项目开始前完成培训的对象、内容、时间、方式等内容梳理，进而明确该项目是否属于专业技术培训。

（2）注意专业技术培训的时间点。为了防范劳动者在试用期内辞职，导致技术培训费用的损失，建议用人单位在劳动者试用期满后再为其提供专业技术培训。

（3）明确服务期约定。为了防范违约金超法定标准，建议在服务期协议中先约定培训可能产生的培训费、差旅费等其他直接费用的估算金额，并保留在培训结束后分人分项目结算培训费用的清单及相关费用单据。

（4）服务期限的确定。为了防范服务期限的争议，建议在确定服务期限时参考劳动合同期限，同时在协议中约定如劳动合同期满而服务期未届满时，劳动合同期限自动顺延至服务期满。但如果用人单位决定不再延续劳动合同的，在办理劳动合同终止手续后，协议也随之终止。

（5）违约金数额的确定。只有劳动者不按培训服务期协议约定，在专业技术培训结束后立即提出解除劳动关系时，用人单位才能依据协议的约定，要求劳动者全额承担培训费用。如劳动者并非立即提出解除，则违约金的标准为服务期尚未履行部分所应分摊的培训费用。

6. 依法实行综合计算工时工作制

（1）依法进行综合计算工时工作制申报。用人单位应根据自身行业的情况，以及职工岗位工作性质的需求，进行综合计算工时工作制的申报。审批通过是实行综合计算工时工作制的前置条件。中央直属企业实行综合计算工时工作制的，需经国务院行业主管部门审核，报国务院劳动行政部门批准；地方企业则由各省、自治区、直辖市人民政府劳动行政部门制定，报国务院劳动行政部门备案。以浙江省的企业为例，企业部分职工需参照综合计算工时工作制的办法实施的，应由企业按隶属关系报县以上劳动行政部门审批。不同地区的企业也应根据所属地区劳动部门的要求进行申报审批。

在电力企业中，根据原劳动部《关于电力企业实行综合计算工时工作制和不定时工作制的批复》（劳部发〔1995〕232号）的规定，发电企业主要运行、检修作业，供电企业变电运行、电力调度等岗位上以及电力建设施工企业的职工可以实行综合计算工时工作制。因此，在其他岗位上的职工，一般不允许实行综合计算工时工作制。

（2）明确综合计算工时工作制加班的认定。对于实行综合计算工时工作制的劳动者，只要实际工作时间未超过法定总的工作时间，其在非工作日或工作时段内的工作，无须支付超时劳动费用；工作日正好是周休息日的，属于正常工作，不认定为加班；工作日是法定节假日的，需支付不低于工资的 300% 的工资报酬。实行综合计算工时工作制的电力企业职工，全年月平均工作时间不超过 172 小时。对于像发电企业主要运行，供电企业变电运行、电力调度等实行轮班工作制岗位上的职工，在法定休假节日、休息日轮班工作视为正常工作。其中在法定休假节日工作的按其基本工资的 300% 计发加班工资；在法定休假节日休息的按其基本工资的 200% 计发加班工资。电力生产检修、修试人员在主设备大、小修期间需加班加点的，不发加班工资，事后在保证安全生产的前提下，可以给予同等时间补休。

（三）解除劳动合同法律风险防范

1. 优先采用协商解除劳动合同的方式

因为协商解除劳动合同与其他解除劳动合同方式相比优点突出，除非诸如劳动者被追究刑事责任这种较为明显的情形，建议优先采用协商解除劳动合同的方式，以避免可能的争议。在操作方式上，应由一方发出协商解除动议，再由另一方明确是否同意协商解除，如果双方达成一致则签署书面解除协议，最后办理离职手续。协商解除劳动合同需要由用人单位支付经济补偿金的，应按规定支付。

2. 满足特定条件后单方解除劳动合同

为避免单方解除劳动合同被认定为违法解除，用人单位应做到以下三个必须：

（1）条件必须成立。无论是过失性解除、非过失性解除还是经济性裁员，都必须符合《劳动合同法》规定的法定情形，且注重证据的收集确认。过失性解除应满足第三十九条，证明不符合录用条件、严重违反规章制度等；非过失性解除应满足第四十条，证明患病或非因工负伤超过医疗期等；经济性裁员应满足第四十一条，证明生产经营发生严重困难等。

（2）必须没有限制情形。《劳动合同法》第四十二条规定了女职工在孕期、产期、哺乳期等解除限制情形，在这些限制情形下，用人单位不可因非过失性解除和经济性裁员进行单方解除。

（3）程序必须合法。用人单位单方解除劳动合同的三种情形既有共性的程序要求，也有个性的程序要求。共性方面，在设立工会的情况下，都应当经过工会程序；同时解除都应当通知到个人。个性方面，如非过失性解除劳动合同还要履行"另行安排的工作"等前置手续，经济性裁员则有向当地劳动行政部门报告裁减人员方案等程序。

3．注重劳动者单方解除劳动合同的程序完整

在劳动者主动提出单方解除劳动合同的情况下，用人单位需要注意以下四点：

（1）进行面谈。务必在面谈的过程中将辞职的影响讲透，如劳动者坚持辞职，则必须由本人当面签署辞职报告。

（2）劳动者的主动辞职无须批准。劳动者的主动辞职满足法定的时间和形式即可，无须用人单位批准。

（3）用人单位应及时办理离职手续。例如及时出具解除劳动合同证明，并在十五日内为劳动者办理档案和社会保险关系转移手续。

（4）劳动者无权撤回解除通知。劳动者试用期内提前三日以及转正后提前三十日的法定通知期是对于用人单位权利的保护，因单方解除权为形成权，一经行使法律关系即发生变化，在此期间内若劳动者申请撤回辞职，而用人单位没有同意其撤回的，劳动者无权撤回解除通知。

劳动者被动提出单方解除劳动合同是用人单位需要重点防范的法律风险，需要用人单位从管理的源头做好规范。如用人单位应按照劳动合同约定提供劳动保护或者劳动条件；及时足额支付劳动报酬；依法为劳动者缴纳社会保险费；规章制度符合法律、法规的规定，不得损害劳动者权益；不可以欺诈、胁迫的手段或者乘人之危，使劳动者在违背其真实意思的情况下订立或者变更劳动合同；不可以暴力、威胁或者非法限制人身自由的手段强迫劳动者劳动；不可违章指挥、强令冒险作业危及劳动者人身安全。通过用人单位的规范管理，避免员工以上述用人单位违法违规的理由提出被迫解除劳动合同，并要求用人单位支付经济补偿金的法律风险。

（四）终止劳动合同法律风险防范

1. 关注劳动合同的终止条件

满足法定条件劳动合同才能终止，结合《劳动合同法》与《劳动合同法实施条例》，终止有如下几种情形：劳动合同期满；劳动者开始依法享受基本养老保险待遇或到达法定退休年龄；劳动者死亡，或者被人民法院宣告死亡或者宣告失踪；用人单位被依法宣告破产；用人单位被吊销营业执照、责令关闭、撤销或者用人单位决定提前解散；法律、行政法规规定的其他情形。用人单位与劳动者终止劳动合同的条件应严格限制在上述法定情形范围内，双方不得自行约定其他劳动合同终止的条件。

2. 关注劳动合同终止的限制情形

与用人单位单方解除劳动合同类似，《劳动合同法》在第四十五条设置了终止限制情形，即在劳动合同期满时，若出现从事接触职业病危害作业的劳动者未进行离岗前职业健康检查，或者疑似职业病病人在诊断或者医学观察期间；在本单位患职业病或者因工负伤并被确认丧失或者部分丧失劳动能力；患病或者非因工负伤，在规定的医疗期内；女职工在孕期、产期、哺乳期；在本单位连续工作满十五年，且距法定退休年龄不足五年；或者法律、行政法规规定的其他情形之一的，劳动合同应当续延至相应的情形消失时终止。但是《劳动合同法》第四十二条第二项规定丧失或者部分丧失劳动能力劳动者的劳动合同的终止，按照国家有关工伤保险的规定执行。在终止时，要具体分析劳动者的情况，区分不得终止与顺延终止，从而采取不同的应对方式。

3. 关注劳动合同终止时经济补偿金的情形

劳动合同终止经济补偿金有三种情形：

（1）固定期限劳动合同终止。固定期限劳动合同终止时，如用人单位维持或者提高劳动合同约定条件续订劳动合同，劳动者不同意续订的，用人单位无须支付经济补偿金，反之如果用人单位不同意续订或者降低劳动合同约定条件续订劳动合同，用人单位应当支付经济补偿金。

（2）完成一定工作任务为期限的劳动合同终止。以完成一定工作任务为期限的劳动合同因任务完成而终止的，用人单位应当支付经济补偿金。

（3）用人单位消灭。用人单位被依法宣告破产、被吊销营业执照、责令关闭、撤销或者用人单位决定提前解散，导致合同终止的，用人单位应当支付经济补偿金。

4．关注女职工退休年龄的界定

（1）了解各地女职工退休年龄的具体政策。如《浙江省劳动厅转发劳动部〈关于贯彻执行《中华人民共和国劳动法》若干问题的意见〉的通知》（浙劳政〔1996〕70 号）规定用人单位全部职工实行劳动合同制度后，在用人单位内，原工人聘用到干部（技术）岗位连续工作满五年，并在该岗位退休的，其退休年龄和条件，按现岗位国家规定执行，根据本人自愿，也可按工人退休；原干部聘用到工人岗位连续工作满一年，并在该岗位退休的，其退休年龄和条件，按现岗位国家规定执行，根据本人自愿，也可按干部退休。而《山西省劳动厅转发劳动和社会保障部〈关于制止和纠正违反国家规定办理企业职工提前退休有关问题的通知〉的通知》（晋劳险字〔1999〕78 号）第一条规定，实行全员劳动合同制的企业，女职工按退休时所在工作岗位确定退休年龄，退休时连续在生产岗位工作满三年或前十年在生产岗位累计满五年的为 50 周岁，管理岗位为 55 周岁。因关于女职工退休年龄的政策、规定存在地域性，应根据用人单位所在地的具体规定操作。例如，在浙江省仍保留了一定的原身份的界定，而在山西省，原干部身份的女职工退休年龄界定上，仅能依据退休时所在工作岗位进行确定。

（2）加强岗位管理。将完善岗位体系作为基础性工作，通过正式行文的方式明确管理岗位与生产岗位的设置。在签订劳动合同时明确岗位属性，而在员工发生岗位变动的，用人单位应当及时与其签订劳动合同变更书。在员工档案方面，应当及时、充分予以更新，确保档案的连续性与准确性，避免因资料不全引发的争议。

（3）赋予女职工一定的选择权。退休年龄产生纠纷的主要原因是因为职工实际的退休年龄与其期待或预计的退休年龄不符。针对采用类似浙江省规定的省份和地区，在一些情况下，女职工既可以依照五十周岁退休，又可以依照五十五周岁退休，用人单位可以请女职工在达到五十周岁时，对退休年龄作出书面选择。用人单位应将女职工的书面选择存档保管，避免在职工作出选择后反悔产生纠纷。

5．关注特殊工种退休年龄的界定

为了避免特殊工种提前退休的争议，用人单位应当细化特殊工种人员的管理。

（1）强化人事档案管理。在人事档案中完整记录员工的岗位情况，并进行动态调整更新，确保人事档案的资料与实际情况相符，为提前退休做好充足的证据储备。

（2）原则上按现工种执行。已经调换工种的职工，原则上按现工种退休年龄的规定执行。如本人申请，经组织批准，也可以按提前退休工种执行。因此，在特殊工种人员更换岗位至非特殊工种之后，可以按照现工种退休年龄执行。

（3）注意特殊工种申报。设有特殊工种的企业，每年要向地市级劳动保障部门报送特殊工种名录、实际用工人数及在特殊工种岗位工作的人员名册及其从事特殊工种的时间。

（五）竞业限制法律风险防范

1．关注竞业限制协议的签订对象

《劳动合同法》对竞业限制的人员作出了限定，并且用人单位要求劳动者履行竞业限制的应当支付经济补偿，因此宽泛进行竞业限制既无法受到法律保护，也无操作上的经济性。因此，在竞业限制主体受限的情况下，用人单位应当着重从保护企业核心秘密与经营信息的角度出发，明确竞业限制协议的签订对象。从形式的角度出发，可通过公司章程明确高级管理人员的范围、通过本单位专业技术资格信息明确高级技术人员的范围、通过书面《保密协议》明确负有保密义务人员的范围。从实质的角度出发，应明晰劳动者岗位职责与工作内容，选择与接触、了解或掌握商业秘密的人员签订竞业限制协议。

2．关注竞业限制协议的范围、地域和期限

《劳动合同法》规定了竞业限制的范围、地域、期限由用人单位与劳动者约定，但同时规定了竞业限制的约定不得违反法律、法规的规定，因此竞业限制不适合无限扩大。在竞业限制的范围上，首先，必须是"同类"，即无论是另谋职业还是自主创业，限制的范围都是同类产品、同类业务。其次，构成竞争关系，即在产品、业务上存在着利益冲突。在竞业限制的地域上，虽然《劳动合同法》未予规定，但应当以能够与用人单位形成实际竞争关系的地域为限。在竞业限制的期限上，用人单位与劳动者可以在解除或者终止劳动合同后两年以内进行自由约定，即竞业限制以两年为上限。

3．关注竞业限制期间的经济补偿

《劳动合同法》未规定经济补偿的标准，因此具体数额或计算方法可以由用人单位和劳动者协商确定。在支付经济补偿时，要在解除或者终止劳动合同后，在竞业限制期限内按月支付，不可在劳动关系存续期间以津贴等形式进行代替。值得注意的是，在双方约定了竞业限制但未约定经济补偿的情况下，如果劳动者履行了竞业限制义务，用人单位应按照劳动者在劳动合同解除或者终止前十二个月平均工资的30%按月支付经济补偿。若月平均工资的30%低于劳动合同履行地最低工资标准的，按照劳动合同履行地最低工资标准支付。

4．关注竞业限制协议的履行和解除

竞业限制协议在劳动者离职后才开始履行，用人单位可以在协议中约定用人单位有权在协议开始履行前解除协议，或者在协议中约定以用人单位另行发送履行竞业限制通知作为协议生效的条件，从而给予用人单位是否要求履行协议的选择权。在履行过程中，若用人单位额外支付三个月的竞业限制经济补偿金，则可单方解除竞业限制协议。若用人单位三个月未支付经济补偿金的，劳动者可以解除竞业限制协议。劳动者违反竞业限制约定，除了向用人单位支付违约金之外，仍需按照用人单位的要求继续履行协议。

二、劳务关系法律风险防范

（一）劳务派遣用工法律风险防范

1．审查劳务派遣机构的资质和能力

用工单位必须选择有资质的劳务派遣机构，可以通过审查劳务派遣服务机构的营业执照等资质证书经营范围中是否有派遣服务的内容，注册资金是否不少于二百万元人民币，以及与被派遣劳动者签订劳动合同的情况。

2. 建立分岗定薪管理制度

（1）制定合理的岗位、薪酬制度。用工单位可以根据自身的特点和部门设置情况，制定一套合理的岗位制度和薪酬制度。将不涉及核心技术要求等临时性、辅助性的岗位设计为专门的劳务派遣用工岗位，使其与劳动合同工的岗位相分离，采取岗位管理来解决劳动派遣工的身份问题，避免出现与劳动合同工同样或类似的岗位混淆问题。

（2）参照市场薪资水平。用工单位可以参照当地市场上同工种派遣工的薪资水平，在合理范围内制定派遣员工工资，避免发生薪资纠纷。

3. 仅在临时性、辅助性、替代性岗位实施劳务派遣

建立健全岗位制度，进一步划清主营业务和"三性"岗位的具体界限，严格按照有关规定在"三性"岗位上实施劳务派遣用工。同时，可以在某些岗位上适当采取业务外包代替劳务派遣用工，可在一定程度上满足单位用工需求。

4. 严格控制劳务派遣用工比例

将劳务派遣用工是劳动合同用工的补充用工形式这一理念贯穿始终，调整派遣岗位的用工数量，保证劳务派遣用工数量不超过用工比例的 10%。

（二）业务外包用工法律风险防范

1. 严格划分管理界限

由谁来管理外包人员是区别业务外包和劳务派遣的核心特征，发包方必须严格规范业务外包，分清与承包方的管理职责。

（1）发包方退出具体人员管理工作。业务发包后，其生产经营的管理职责应由承包方负责，发包方必须从具体人员管理工作中退出。在外包服务人员的招聘和选择上，发包方只需告知承包方对人员的专业要求，而人员招聘、与服务人员订立劳动合同、告知工作计划安排等都是承包方应履行的义务；外包服务人员在外包服务的过程中相应的日常管理、绩效考核应由承包方负责；外包服务人员的薪酬发放、社会保险的缴纳以及福利待遇的发放也是承包方的义务；承包方还应对外包服务人员提供相应的劳动保护。

（2）发包方需加强对承包方的监督管理。虽然发包方不对外包服务人员进行直接管理，但是对于外包项目不能放松管控。对于一些可能存在安全隐患的项目，发包方应监督承包方是否已经尽到了安全防护义务，对于一些不符合安全规定的行为应予以制止并要求更正；对于工作质量的监督，发包方可根据约定的工作质量验收标准进行定期与不定期的检查，最终项目验收时也应严格按照验收标准进行验收；对于商业秘密保护方面，发包方应与承包方提前约定好保密条款，并对涉密工作给予更多关注。

2．加强承包方的资格准入管理

企业在业务外包工作中应当做好以下几点防范工作：

（1）充分调查承包方的主体资质。调查是否合法成立、合法经营以及是否具有相应的经营范围。

（2）调查承包方的专业资质。凡是外包业务涉及的资质要求，承包商必须具备相应的资质。

（3）慎重选择自然人和个体工商户承包方。对自然人和个体工商户的业务外包要慎重选择，尤其是存在安全生产风险的业务，不应外包给自然人和个体工商户，否则很有可能使企业承担安全生产连带责任。

3．明确承包方签订劳动合同的义务

发包方在接受外包服务人员时，要明确与承包方约定需及时与外包服务人员签订劳动合同的义务，防范承包方不与外包服务人员签订劳动合同的风险，并且在接受外包服务人员时，要注意审查其劳动合同，并要求承包方提供被派驻外包服务人员签订的劳动合同复印件进行备案。

4．规范业务外包合同权利义务的约定

发包方在与承包方签订业务外包合同时，需要明确各自的权利义务。具体需要明确以下几点：遇到外包服务人员工伤、患病、死亡等特殊情形时，发包方与承包方的义务和责任分配；要明确约定承包方需要承担其没有依法缴纳社会保险的法律责任，防止承包方不交、漏交社会保险费，造成发包方承担连带责任；要明确人员退回机制，外包服务人员在出现退回情形时，承包方应对外包服务人员履行劳动法律法规规定的义务。

（三）雇佣关系法律风险防范

1. 被认定为劳动关系的法律风险防范

（1）控制雇佣形式的使用范围。基于雇佣关系不具有人身从属性，因此在后勤服务、生产辅助等非核心工作中可适当使用受雇人，而在核心岗位及涉密工作内容中应禁止使用。

（2）控制雇佣形式的工作时间。例如在管理中明确持续时间超过三个月的中长期工作禁止采用雇佣的形式，从而避免在常态化、中长期工作中使用。

（3）控制雇佣关系成立的审批流程。在内部管理上遵循提前审批原则，建立规范化的审批手续。例如使用时间在一个月以上的，须在使用前十天；使用时间在一个月以内的，须在使用前一周，由使用部门（单位）提出书面申请，由专业管理部门审核，分管领导审批后报人力资源部门备案。在审批过程中明确目的、工种、数量、工时、地点、金额等要素。

（4）区分受雇人的管理模式。应着重关注受雇人提供的服务成果，避免按照劳动关系对其进行管理。除了原劳动和社会保障部《关于确立劳动关系有关事项的通知》（劳社部发〔2005〕12号）第一条规定的劳动关系成立实质条件外，还要注意形式条件的管控，即在认定双方是否存在劳动关系时参照的凭证，包括：工资支付凭证或记录（职工工资发放花名册）、缴纳各项社会保险费的记录；用人单位向劳动者发放的"工作证""服务证"等能够证明身份的证件；劳动者填写的用人单位招工招聘"登记表""报名表"等招用记录；考勤记录；其他劳动者的证言等。其中，工资社保记录、劳动者填写的用人单位招聘"登记表""报名表"等招用记录以及考勤记录等有关凭证在发生争议或纠纷时，是由用人单位负举证责任。因此雇佣单位在接受受雇人提供的劳务时，应避免上述内容的混同管理与使用。

2. 受雇人受损法律风险防范

（1）企业可通过承揽等外包方式。在承揽合同中除了定作人对定作、指示或者选任有过失的情况外，承揽人在完成工作过程中对第三人造成损害或者造成自身损害的，定作人不承担赔偿责任。相比雇佣关系，承揽这一方式对企业风险较小。如果企业无需对提供劳务一方进行管理，或仅需要对方提供相应成果的，应优先考虑采用承揽合同形式，并签订承揽合同，可以规避一定的雇佣法律风险。

（2）企业应当加强对受雇人的安全教育。企业对受雇人应当进行进场的安全教育，通过口头、书面等方式告知在作业中可能存在的安全风险。通过完善安全教育培训，采用安全生产思想教育、安全知识教育、安全技能教育等方式提高受雇人安全意识与安全技能，从人的方面防范安全事故的发生。

（3）企业应当加强对受雇人工作的巡视。企业安全监察部门应当定期对各工作场所进行检查，对可能存在的安全隐患进行排查。受雇人在工作时，容易忽视自身的人身安全，安全监察部门应当在定期巡查中及时发现安全隐患降低安全事故发生的概率。

（4）企业可为受雇人购买商业保险避损。假如聘用了超出法定退休年龄的退休人员，在司法实践中通常会被认定为雇佣关系，被认定为劳动关系的可能性较低。但是在工作中，退休人员同样面临着人身损害的威胁。在条件允许情况下，企业可为受雇人统一购置商业保险，通过保险来分担风险。值得注意的是，在有些地区，企业是可以为退休返聘人员单独参加工伤保险、缴纳工伤保险费的❶，在这种情况下，企业则应该为其缴纳工伤保险。

第四节　典型案例评析

为了直观感受人力资源方面的风险点，本书选取了人力资源管理方面的六个典型案例，通过案情简述、法律分析、启示建议三个方面的阐述，为提升企业的法律风险管控能力提供案例指导。

案例一：用人单位单方调岗　合理协商避免冲突

🔹 **案情简述**

张某于 2013 年 8 月 1 日应聘至某电气公司工作，双方签订的劳动合同期限

---

❶　参见衢州市人力资源和社会保障局、衢州市财政局、国家税务总局、衢州市税务局关于印发《衢州市退休返聘人员参加工伤保险试行办法》的通知（衢市人社发〔2019〕50 号）第一条。

为 2013 年 8 月 1 日至 2016 年 7 月 31 日，约定岗位为"安装工"，工作地点为某市。2015 年 6 月 5 日该电气公司发出内部调动通知单，将张某的工作部门由"生产中心"调整至"工程管理部"，岗位仍为"安装工"，并要求张某于 2015 年 6 月 8 日前往工程管理部报到，张某自收到通知后一直未去工程管理部报到。2015 年 7 月 8 日，该电气公司向张某发出解除劳动合同通知书，以"旷工时间达 22 天"为由，解除了与张某的劳动合同。张某于 2015 年 7 月 20 日向劳动人事争议仲裁委员会提起劳动仲裁，要求该电气公司支付违法解除劳动合同的赔偿金。仲裁中，张某主张该电气公司在没有征求其本人同意的情况下单方面调动工作部门，在其未去新岗位报到的情况下以旷工为由解除劳动合同属违法解除，应当支付赔偿金。该电气公司辩称张某调岗前后都是安装工的岗位，未变更与张某劳动合同的主要内容，包括工作时间、工作地点、劳动报酬等。企业根据自身发展需要，可依法行使用工自主权，但张某并没有服从该电气公司的工作安排，拒不到岗长达 22 天，故某电气公司根据企业规章制度中"无正当理由不服从工作分配和调动，或调动工作未按规定时间报到的，按旷工论处"以及"连续旷工 15 天及以上的，或一年累计旷工 30 天及以上的，解除劳动合同"的规定，解除了与张某的劳动合同。劳动人事争议仲裁委员会经审理，驳回了张某的仲裁请求。

⚖ 法律分析

1. 用人单位是否具有法定情形外的单方调岗权

本案属于法定情形外用人单位对劳动者进行的单方调岗。一般来说法定情形外用人单位变更劳动者的工作岗位，应视为对劳动合同内容的变更，需双方协商一致后方可变更。但企业在生产经营过程中，往往会出于经营管理的需要单方调整劳动者的工作岗位，这是企业用工自主权的重要体现。故用人单位如没有变更劳动合同主要内容，或虽有变更但属用人单位经营所必需，且对劳动者的报酬及其他劳动条件未作不利变更的，劳动者有服从安排的义务。本案中，某电气公司虽然对张某的工作部门进行了调整，但其工作岗位、工作地点在双方约定的劳动合同范围内，未违反劳动合同的约定。因此，在没有证据显示某电气公司对张某的劳动报酬及劳动条件作出不利变更的情况下，张某应当服从某电气公司的工作安排。

2. 用人单位能否对张某解除劳动合同

根据《最高人民法院关于审理劳动争议案件适用法律若干问题的解释》（2008 调整）第十九条，用人单位根据《劳动法》第四条之规定，通过民主程序制定的规章制度，不违反国家法律、行政法规及政策规定，并已向劳动者公示的，可以作为人民法院审理劳动争议案件的依据。因此，在用人单位合法的单方调岗权受法律保护的情形下，张某收到调岗通知后未至新岗位工作，根据企业规章制度属于旷工。在满足解除条件的情况下，某电气公司的解除行为合法有效。

⊛ 启示建议

1. 调岗应以协商优先

用人单位需要对劳动者进行岗位调整时，应先开展双方协商，例如进行书面详细告知、给予劳动者考虑期限、听取意见等。协商后劳动者仍不同意调岗的，用人单位方可在调岗具有充分合理性的前提下实行单方调岗。

2. 调岗应具有合理性

在用人单位决定单方调岗后，应当证明其调岗行为具有合理性。一是目的合理，调岗是因为用人单位生产经营管理所必需，并非出于迫使劳动者辞职的目的；二是内容合理，对劳动者的职务、报酬、工作地点、劳动强度及其他劳动条件未作不利变更；三是无其他违反劳动合同或劳动法律、法规的行为。

3. 调岗后签订劳动合同变更协议

在劳动者同意用人单位调岗的情况下，双方应当签署变更劳动合同的书面协议，载明变更的内容、生效时间，并签字盖章。若劳动者口头同意但拒绝签订变更协议的，如已到新岗位上工作，根据《最高人民法院关于审理劳动争议案件适用法律若干问题的解释（四）》第十一条规定，已经实际履行了口头变更的劳动合同超过一个月，且变更后的劳动合同内容不违反法律、行政法规、国家政策以及公序良俗，用人单位的调岗行为受法律保护。

案例二：申请病假讲究证据 严格把关规范制度

案情简述

李某于 2015 年 8 月 1 日应聘至某电气公司工作，双方签订的劳动合同期限为 2015 年 8 月 1 日至 2018 年 7 月 31 日，约定岗位为"客户经理"，工作地点为某市。李某签收了某电气公司经民主程序制定的请假规章制度。2017 年 7 月，李某以治疗内科疾病为由凭某医院出具的疾病诊断证明书，通过微信向某电气公司申请 3 个月的病假。9 月 20 日，公司得到李某于 9 月 18 日外出旅游的消息，立即书面通知李某要求其在 9 月 30 日之前根据公司规章制度补交挂号记录、病历记录、检查报告、用药清单等就医资料，否则视其为虚假病假。李某电话回复公司其只有疾病诊断证明书，没有就医资料，因尚需卧床休息，无法到公司办理书面请假手续。之后李某也未向公司提供相关资料。9 月 30 日，某电气公司以李某骗取病假行为严重违反公司规章制度为由，解除了双方的劳动合同。2017 年 10 月 10 日，李某提起仲裁申请，要求某电气公司继续履行劳动合同。庭审中，李某表示没有就医记录系医生认为其病情简单只需卧床休息，也无须进一步检查和用药，便直接开具了病休证明；而判断是否需要病休的依据应当是加盖有医院印章的病休证明，公司认为病休证明有假，应当提供证据证明。电气公司则表示规章制度中明确规定申请病假必须提供详细的就医记录，李某未能提供相关记录，严重违反了公司规章制度，解除劳动合同行为合法。劳动人事争议仲裁委员会经审理，驳回了李某的仲裁请求。

法律分析

1. 员工请病假的审批流程

根据原劳动部关于发布〈企业职工患病或非因工负伤医疗期的规定〉的通知（劳部发〔1994〕479 号）第二条规定，医疗期是指企业职工因患病或非因工负伤停止工作治病休息不得解除劳动合同的时限。原劳动部、原国务院经贸办、原卫生部、原国家工商行政管理局、中华全国总工会《关于加强企业伤病长休职工管理工作的通知》（劳险字〔1992〕14 号）规定：职工因伤病需要休假的，应凭企业医疗机构或指定医疗机构开具的疾病诊断证明，并由企业审核批准。劳动者病情属实且有专业医疗机构开具的病休证明及完备的就诊记录，用人单位当然应该审核批准病假，但当用人单位对于医疗机构的病假证明真实性提出合理性质疑时，用人单位可对职工病情、就诊记录等进行审核，再决定是否批准或者撤销病假。本案中，李某主张其治疗内科疾病，却无法提供挂号记录和病历记录，明显与常规的就医流程不符，其病情存在虚假嫌疑，同时其也未提供其他证据证实其病情。

2. 用人单位能否对李某解除劳动合同

合法有效的规章制度是用人单位管理劳动者的依据，李某未按制度要求提供具体的治疗诊断记录，又未主动向公司解释具体原因的行为构成对公司管理的对抗，其病假不成立，且严重违反了公司规章制度，因此公司可以解除与李某的劳动合同。

❸ 启示建议

1. 完善病假管理制度

病假，是指员工本人因患病或非因工负伤，公司批准停止工作进行治病休息的时间。用人单位应建立严格规范的病假管理制度，明确申请病假的条件、所需提交的材料（病假申请书、挂号发票、病历记录本、医药费单据、检查报告、病假证明等）、请假的流程等。同时，用人单位应明确职工虚假病假的责任。如规定"请假理由经查不实，属于故意欺骗者按旷工论处"，"连续旷工15天及以上的，或一年累计旷工30天及以上的，解除劳动合同"，以及"用人单位有权要求劳动者返还虚假病假期间领取的病假工资"等。

2. 用人单位对劳动者病假予以审核

通常情况下劳动者因疾病需要就医的应事先履行请假手续。但因特殊情况本人无法事先履行书面报批手续的，可在事前通过其他方式或委托他人代为请假。特殊情况消除后，再由劳动者本人补办请假手续，由本人出具补假报告，根据请假程序追批。

用人单位应审慎认定虚假病假，加强对病假真实性的事实调查。对病假存疑人员，用人单位可针对病假合理性开展复查，到第三方医院进行病情核实；建立长期病假探望制度，既体现用人单位的关爱之情，也避免劳动者"泡病假"

的行为。

3. 强调医疗期的规定

《劳动合同法》规定，劳动者患病或者非因工负伤，在规定的医疗期满后不能从事原工作，也不能从事由用人单位另行安排的工作的，用人单位提前三十日以书面形式通知劳动者本人或者额外支付劳动者一个月工资后，可以解除劳动合同。而原劳动部《关于发布〈企业职工患病或非因工负伤医疗期的规定〉的通知》和原劳动部《关于贯彻〈企业职工患病或非因工负伤医疗期的规定〉的通知》（劳部发〔1995〕236号）对不同工作年限的劳动者可享受医疗期的期限和计算周期进行了规定。因此，在劳动者请病假之时，用人单位应将医疗期的规定进行告知并强调超出医疗期无法恢复工作的后果。

案例三：退休年龄能否选择　女性职工岗位定性

案情简述

徐某（女）于1979年10月被招录为A县供电局的学徒工、补充用工，1982年6月转为全民固定工。1995年实行全员劳动合同制后，徐某与A县供电局签订了无固定期限的劳动合同。1992年8月至2010年5月，徐某一直在A县供电局生产技术部变电运行管理岗位从事变电运行管理工作，先后4次被A县供电局聘任为技术员、电气运行助理工程师、工程类的助理工程师等。2008年7月，徐某取得电力工程专业中级职务任职资格。2010年4月，徐某在年满50周岁前，以书面形式分别向A县人力资源和社会保障局（以下简称"A县人社局"）以及A县供电局递交申请，要求选择按女干部退休年龄（55周岁）退休。2010年5月27日，A县供电局向A县人社局申报核准徐某于2010年5月起退休时，征询了徐某的意见，徐某在该核准表职工本人对退休意见栏内填写"本人不同意50周岁退休，按相关劳动法规规定选择55周岁退休"的意见。嗣后，徐某继续在A县供电局的生产技术部工作并享受原有的福利待遇。A县人社局于2011年5月17日作出核定编号为(2011)93号的核准决定，核准徐某从2010年5月起退休。2011年5月30日A县供电局发文通知徐某退休，徐某遂将A县人社局作为被告、A县供电局作为第三人提起诉讼。

一审法院认为，A 县供电局系国家电网公司的县级供电企业，徐某在 1995 年实行全员劳动合同制后，与 A 县供电局签订了无固定期限的劳动合同，其属工人身份毋庸置疑。但根据相关法律法规和其他规范性文件的规定，企业女工人在实行全员劳动合同制后，被聘任到管理或技术岗位满 5 年且到退休年龄时仍在该岗位，即享有按女干部法定退休年龄退休选择权。因此，本案争议的焦点是作为工人身份的徐某是否被 A 县供电局聘任到管理或专业技术岗位工作且是否具备退休年龄选择权的相应要求，至于是否担任行政职务或者获得何种技术职称与之并无必然联系，故 A 县人社局关于徐某"仅具有助理工程师任职资格，不属于中级技术职称"以及"未被用人单位聘任为工程师"的辩解不能作为徐某不具有选择权的理由。现有证据证明徐某自 1992 年 8 月起至 2010 年 5 月持续在专业技术岗位上工作。根据浙江省劳动厅浙劳复〔1998〕29 号《关于全面实行劳动合同制度后女职工退休有关问题的复函》规定："女职工按干部退休年龄，或女干部按工人退休年龄退休，需要本人 50 周岁时作出选择。"徐某在其满 50 周岁时，向 A 县供电局提交了选择 55 周岁退休的书面申请；在填写 A 县企业职工退休（退职）核准表时，也明确选择了 55 周岁退休的意向，符合规范性文件要求。因此，A 县人社局以《关于工人退休、退职的暂行办法》为依据核准徐某 50 周岁退休，属适用法律错误，应予纠正；引用有关文件的规定，与劳动法规、省劳动行政管理部门和省电力部门等规范性文件的相关规定不相符的部分，不能作为认定事实的依据。判决撤销 A 县人社局于 2011 年 5 月 17 日作出的核定徐某从 2010 年 5 月起退休的具体行政行为。

二审法院认为，查明的事实与原审法院一致，并认为原审判决认定事实清楚，证据充分，适用法律正确，审判程序合法。判决驳回上诉，维持原判。

⚖ **法律分析**

1. 能否选择退休年龄的界定依据

1987 年以来，国家对企业实行了资格评价和职务聘任相分离的专业技术职务聘任制度重大改革，尤其是劳动法实施给企业岗位用工带来了根本性的变化，用人单位各种不同的身份界限随之打破，出现了原干部在工人岗位工作，原工人被聘任到干部或技术岗位工作的情况。原劳动部《关于贯彻执行〈中华人民共和国劳动法〉若干问题的意见》第七十五条规定："用人单位全部职工实行劳动合同制度后，职工在用人单位内由转制前的原工人岗位转为原干部（技术）岗位，或由原干部（技术）岗位转为原工人岗位，其退休年龄和条件，按现岗位国家规定执行。"浙江省劳动厅《关于全面实行劳动合同制度若干问题处理意见的通知》（浙劳政〔1995〕103号）、浙江省劳动厅转发原劳动部《关于贯彻执行〈中华人民共和国劳动法〉若干问题的意见》的通知（浙劳政〔1996〕70号）同时规定，无论工人还是干部，在满足相应条件后，可根据本人意愿，选择干部或工人的法定退休年龄退休。根据上述法规和规范性文件的规定，女干部或工人可否选择退休年龄的归结点是岗位而非其他因素，与是否在企业内担任行政职务或是否获得某种技术职称并不相关。

2．企业内部规范性文件的效力

在本案中，某市电力局文件将"已取得中级及以上专业技术职称资格"为限制性条件，对女职工退休年龄选择权作出限制，而某县供电局也以此为依据否定徐某的退休年龄选择权。

一般来说，企业内部的文件在企业内部是有效的，对于企业内部人员都具有约束力，但这种约束力类似于合同的效力，且这种效力产生的前提是这种约定不与法律、法规、规章等其他规范性文件相冲突，也不与企业系统内部上级单位的规定相冲突。人民法院仅可以依据法律、法规，参照规章，引用经审查合法的其他规范性文件审理案件。合法有效的企业内部文件，并不具有普遍的效力，法院也不会以此为依据审理案件，但是可能将其作为证明事实的证据或者在说理时适当引用或评述。

💡 启示建议

1．完善岗位体系管理

一是用人单位应统筹构建岗位体系，梳理岗位名录，完善岗位说明书，发文确定管理岗位、生产岗位的界定。二是建立个人岗位属性档案，通过在劳动合同或者岗位协议中约定劳动者的岗位属性，为办理退休手续提供充分依据。三是及时变更劳动合同，在岗位发生变更，特别是岗位属性发生变更时，及时签订书面变更协议。

2．关注各省具体政策

《关于贯彻执行〈中华人民共和国劳动法〉若干问题的意见》制定的时间较早，原劳动部另行允许各省根据实际情况制定相关细则。各省在涉及女职工退休年龄往往有具体的文件依据，因此需要特别关注各省的具体规定，从而提前掌握政策，提前准备材料，依法合规处理。

3．提前向职工宣贯

女职工因退休年龄问题引起的法律争议近年来不占少数，女职工本人往往是临近 50 周岁才了解具体规定，从而心有不满。因此用人单位可通过各种方式向女职工做好政策宣贯，耐心解释政策，使个人提前建立、心理预期，避免队伍不稳定的情况发生。

案例四：劳动关系成立与否　隶属关系判断关键

📖 案情简述

2009 年上半年，A 电力设计院（被告）项目经理蔡某在网站上发帖招聘信息资料员，黄某（原告）前去应聘。经蔡某面试后，黄某自 2009 年 7 月起在 A 电力设计院上班，在蔡某负责的项目中从事资料整理等工作，并由蔡某进行管理。蔡某每月以现金形式支付黄某 2000 元劳动报酬，2009 年 10 月起，增加至每月 2500 元，而 A 电力设计院的工资支付方式为由 A 电力设计院直接打入员工银行卡内。蔡某每月以 A 电力设计院名义从税务机关开具黄某的劳务费发票，因工程中还有其他小额开销无法开具正式票据，所以就和黄某的报酬一起开发票记账，用于最终工程决算，共计每月 4000 万元，并代缴黄某个人所得税。A 电力设计院实行考勤制度，但对黄某不考勤。2010 年春节后，黄某未再上班。此后，黄某曾向蔡某及 A 电力设计院相关领导提出签订劳动合同的要求，均遭拒绝。2010 年 5 月 11 日，黄某向该省劳动争议仲裁委员会申请仲裁。5 月 13 日，该委以"不符劳动争议受理条件"为由，决定不予受理。

黄某不服仲裁委员会的决定，于 2010 年 5 月 26 日以 A 电力设计院为被告诉至某区人民法院。A 区人民法院经审理认为：原告并非通过被告正式招聘渠道进入被告单位，不受被告的规章制度的约束，与被告之间亦不存在身份上的隶属关系，原被告双方之间为劳务关系，不存在劳动关系，判决驳回黄某的诉讼请求。

一审宣判后，黄某不服，向 A 市中级人民法院提起上诉，并附加提起蔡某克扣其工资的问题，A 市中级人民法院经审理认为：原审判决认定事实清楚，实体处理和适用法律正确，判决驳回上诉，维持原判。

⚖ 法律分析

本案争议的焦点是双方之间的关系是属于劳动关系还是属于雇佣关系。

劳动关系中的劳动者与用人单位存在隶属关系，接受用人单位的管理，遵守用人单位的规章制度，从事用人单位分配的工作和服从用人单位的安排。而雇佣关系中，双方当事人地位平等，不存在隶属关系，风险一般也由提供劳务者自行承担。关于劳动关系的界定，原劳动和社会保障部《关于确立劳动关系有关事项的通知》（劳社部发〔2005〕12 号）作了明确的规定。

本案中，首先，黄某由项目经理蔡某通过在互联网论坛中发帖招用，仅为蔡某负责的项目工作，而非经 A 电力设计院人事部门正式招聘；其次，黄某的劳动报酬系与蔡某约定，并由蔡某从工程经费中以现金形式按月支付，而 A 电力设计院的工资发放方式为直接打入员工银行卡；再次，A 电力设计院正式员工需要考勤，而黄某不参加被告的考勤；最后，以 A 电力设计院名义开具的税务机关发票中载明为"劳务费"。结合 A 电力设计院提交的发票和完税证明所反映的黄某每月领取的劳动报酬实际是以劳务费形式由某电力设计院进行完税的事实，黄某与 A 电力设计院不存在劳动关系。

👤 启示建议

1. 规范雇佣人员的使用

雇佣关系是由两个或两个以上的平等主体，通过劳务合同建立的一种民事权利义务关系，其适用的法律主要是《合同法》。在雇佣关系中，往往以税务局代开发票，按人数、工时数和单价进行劳务报酬结算。在企业基于工作需要使用受雇人时，要注意以下四点规范：一是要控制雇佣用工的使用范围，在后勤服务、生产辅助等工作内容中可适当使用劳务用工，而在核心岗位及涉密工作内容中应禁止使用；二是控制雇佣用工的使用时间，避免在常态化、中长期工作使用劳务用工；三是控制雇佣用工的使用流程，建立规范化的审批手续，在审批过程中明确目的、工种、数量、工时、地点、金额等要素；四是控制雇佣用工的使用方式，应着重关注受雇人提供的服务成果，避免按照劳动关系对其进行管理。

2. 严禁企业内设机构或员工私自用工

企业内设机构及员工不是有效的用工主体，不能承担违规用工带来的不利后果。一方面，私自招工容易引发受雇人向企业提出事实劳动关系的纠纷，从而要求企业订立劳动合同，补缴社保及给付赔偿金等。另一方面，私自招工一般未缴纳社会保险，一旦出现患病甚至是工伤情形，企业将承担相应的赔偿责任。因此私自用工既会影响企业用工的稳定性，也存在给企业造成较大损失的可能。

案例五：雇员遭受人身损害　赔偿责任具体分析

案情简述

2010年8月中旬，A电建公司相关人员告知吴某其处有水电安装工程需人进行安装，并承诺每人每天工资150元，按实际工作日结算。吴某称该工程一人无法完成，需多人进行安装，A电建公司同意吴某的意见。吴某便告知康某等人此工程及工资等情况，自2010年8月16日起康某等人便至A电建公司处进行工作。

同年8月23日康某及案外人孙某根据A电建公司的工作要求进行工作，上午康某及孙某将A电建公司出资租借的白铁管搭建成架子。为了不影响下午某电建公司的正常生产，电建公司要求康某及孙某在中午完成安装气管工作，故康某及孙某中午进行气管安装。康某及孙某站立在不同的架子上进行气管安装，康某站立的架子晃动倒下，康某随架子一同倒下摔伤。某电建公司派人将康某送至医院治疗，并支付了医疗费5.03万元，因双方对赔偿未达成一致意见，故康某以某电建公司、吴某为共同被告向法院提起了诉讼。

法院经审理认为：雇员在从事雇佣活动中遭受人身损害的，雇主应当承担赔偿责任。提供劳务一方因劳务过程中自己受到损害的，根据双方各自的过错承担相应的责任。本案原告对事故的发生有过失，应承担一定的责任，判决被告 A 电建公司赔偿原告康某医疗费、住院伙食补助费、误工费、护理费、营养费、残疾赔偿金、交通费、精神损害抚慰金、鉴定费、律师费合计 12.7686 万元中的 80%，计 10.2149 万元，扣除被告某电建公司已支付的 5.03 万元，被告某电建公司应支付原告康某 5.1849 万元。

法律分析

1. 区别雇佣合同和承揽合同

雇佣合同是指当事人一方（受雇者）向对方（雇主）提供劳动力以从事某种工作、由对方提供劳动条件和劳动报酬的协议（或契约）。承揽合同是指承揽人按照定作人的要求完成工作，交付工作成果，定作人给付报酬的合同。雇佣合同与承揽合同的一方当事人都要为完成工作付出一定的劳动，但两者存在本质的区别。雇佣合同的标的是受雇人提供的劳务本身，雇佣人按照受雇人的劳动质量或者数量或者时间支付报酬，只要受雇人付出了劳动，雇佣人就必须支付报酬；而承揽合同的标的是承揽人完成的工作成果，而不是完成劳动的过程，并且承揽人只有在交付工作成果后才能取得报酬。

本案中，原告为被告 A 电建公司提供劳务，被告 A 电建公司支付相应的报酬，按日支付报酬，原告与被告 A 电建公司之间已形成事实上的雇佣关系。被告吴某与原告之间并未约定完成一定的工作内容，交付相应的工作成果，故并不构成承揽合同关系，故被告吴某对原告的损失不应承担赔偿责任。

2. 民事侵权有不承担或减轻责任情形

侵权责任是指民事主体因实施侵权行为而应承担的民事法律后果。但是，在一些特定情形下，侵权人可以不承担责任或者减轻责任，具体包括以下几种情形：①被侵权人对损害的发生也有过错的，可以减轻侵权人的责任。②损害是因受害人故意造成的，行为人不承担责任。③损害是因第三人造成的，第三人应当承担侵权责任。④因不可抗力造成他人损害的，不承担责任。⑤因正当防卫造成损害的，不承担责任。但是正当防卫超过必要的限度，造成不应有的损害的，正当防卫人应当承担适当的责任。⑥因紧急避险造成损害的，由引起险情发生的人承担责任。如果危险是由自然原因引起的，紧急避险人不承担责任或者给予适当补偿。紧急避险采取措施不当或者超过必要的限度，造成不应有的损害的，紧急避险人应当承担适当的责任。本案中，原告在为被告 A 电建公司提供劳务过程中也有过错，因此可以减轻被告某电建公司的责任。

💡 启示建议

1．企业可采用承揽方式防范风险

根据《最高人民法院关于审理人身损害赔偿案件适用法律若干问题的解释》（法释〔2003〕20 号）的规定，雇员在从事雇佣活动中遭受人身损害，雇主应当承担赔偿责任，而在承揽合同中除了定作人对定作、指示或者选任有过失的情况外，承揽人在完成工作过程中对第三人造成损害或者造成自身损害的，定作人不承担赔偿责任。相比雇佣，承揽这一方式对企业风险较小。如果企业无需对劳动方进行管理，或仅需要对方提供劳动成果的，应优先考虑采用承揽合同形式，并签订承揽合同，可以规避一定的劳务用工风险。

2．企业应实行业务外包全过程管控

在诸如承揽等业务外包关系中，发包单位虽无须对承包单位提供的人员进行管理，但对外包业务应进行全过程管控，防范法律风险。一是要审查承包单位的资质，确保业务与资质的匹配，杜绝违规用工；二是及时与承包单位签订规范的业务外包合同，并附安全协议，或签署专项安全协议；三是合同中必须明确业务外包的内容、工作量以及与工作量匹配的结算标准；四是落实对外包单位的监管职责，要求外包单位出具委派员工名单并进行现场资格核实，避免"以包代管"；五是做好外包业务的评价考核，根据评价考核结果支付结算价款，并对承包单位的服务质量进行定性评价。

案例六：外包派遣真假难辨　管理模式成为依据

📖 案情简述

2012 年 5 月 31 日 16 时 30 分许，上海某物业管理公司的员工刘某在上海某集团公司门口担任保安值班期间，与程某发生冲突，后刘某追打程某，造成程某重伤。刘某因犯故意伤害罪被上海市嘉定区人民法院判处有期徒刑 6 年 9 个月，剥夺政治权利 1 年。在程某住院治疗期间，共发生医疗费人民币（以下币种均为人民币）232106.72 元（其中上海某物业管理公司垫付 19.9 万元）、辅助器具（轮椅）购置费 605.40 元。程某诉至法院，请求判令刘某及上海某集团公司、上海某物业管理公司赔偿其扣除上海某物业管理公司已经支付的 19.9 万元后，共计 1288161.01 元。本案经历了一审与二审，其中对上海某集团公司是否应承担赔偿责任产生了争议。

一审法院认为劳动合同与保安服务合同能够证明刘某与上海某物业管理公司之间的劳动关系及其与上海某集团公司之间的劳务派遣关系。刘某与上海某物业管理公司建立劳动关系时即明确从事保安岗位，并被派往上海某集团公司工作，对此三方均属明知，上海某集团公司认为其只是与上海某物业管理公司存在承包关系或委托合同关系，但因保安工作对上海某集团公司开展正常经营活动必不可少，属于该公司正常运营的必要保障和有机组成部分，具有连续性和稳定性，不同于可以一次性或阶段性外包的事项，应认定该公司与刘某之间存在用工关系。

二审法院则认为根据上海某集团公司与上海某物业管理公司订立保安服务合同以及员工手册、每周会议记录，可以证明上海某集团公司委托上海某物业管理公司对上海某集团公司厂区提供保安服务，上海某物业管理公司享有对劳动者和劳动生产的管理权，掌握对劳动及生产过程的管理控制，直接对厂区保安进行指挥、监督和管理。而上海某集团公司不直接参与厂区保安的管理，不对厂区保安实施指挥、控制，也并不直接向劳动者发放劳动报酬。显然，刘某、上海某集团公司、上海某物业管理公司三者之间不形成劳务派遣关系。刘某与上海某物业管理公司构成劳动合同关系，上海某集团公司、上海某物业管理公司之间形成服务合同关系，而刘某与上海某集团公司不构成任何直接的法律关系。刘某在工作时间、工作岗位，因工作原因与程某发生纠纷致程某受伤，鉴于刘某系在履行职务过程中致人损害，该赔偿责任应由用人单位承担。

⚖ 法律分析

本案的争议焦点之一为刘某、上海某物业管理公司和上海某集团公司三者之间的关系。因刘某与上海某物业管理公司之间签订了劳动合同，对于二者之间成立劳动关系并无太大争议。上海某物业管理公司与上海某集团公司之间签订了保安服务合同，而该合同属于劳务派遣合同还是劳务外包合同并不明确。这份合同的定性直接决定了刘某与上海某集团公司之间是成立劳务派遣关系或是无直接的法律关系。

对于判定是属于劳务派遣关系还是劳务外包关系，法院主要考量的因素有以下三点：一是用工单位与提供劳动者一方签订的是何种协议；二是劳动者的劳动报酬由谁支付；三是由哪一方对劳动者进行管理。

在劳务派遣关系中，用工单位与派遣单位之间签订的是劳务派遣协议；由派遣单位向劳动者支付报酬；由用工单位对劳动者进行管理。而在劳务外包关系中，用工单位与外包单位之间应存在委托合同；由外包单位负责管理劳动者；由外包单位向劳动者支付报酬。

🔵 启示建议

1. 外包合同约定应明确

企业在与外包服务机构签订外包服务合同时应对协议中的描述仔细斟酌。第一，在合同内应明确约定外包服务机构与其所提供的外包服务人员之间存在劳动合同关系，并且由外包服务机构向劳动者支付报酬并依法缴纳社会保险等。第二，不能在劳务外包合同中约定由企业对外包服务人员进行管理，例如要求外包服务人员遵守企业内部的规章制度，由企业对外包服务人员进行日常管理、绩效考核等。第三，对于外包服务费的核算上，不能采取按人数、按工作时间计费的方式，而应以完成一定工作目标、工作完成的进度核算费用。

2. 严格审查外包服务机构经营资质

前文提到，企业应实行业务外包全过程管控，并且在管控的过程中需要特别注意对外包服务机构的经营资质审查。第一，应尽量避免与有劳务派遣经营资质的外包服务机构签订外包协议，因为这将增加被认定为劳务派遣的可能性。第二，确保外包服务机构拥有提供特定外包服务的资格，尤其是一些特殊行业或特殊工作。如果外包服务机构不具备提供特定外包服务的资质而同时又具有劳务派遣资质的情况下，很有可能被认定为劳务派遣。而当两项资质都不具备的情况下，外包服务人员还有可能被认定为与企业存在事实劳动关系，将给企业带来极大的用工风险。

第二章 财力资源管理法律风险分析及防范

企业战略实施涉及人财物等多方面的资源整合。其中财力资源作为企业的重要资源，是企业开展生产经营活动的重要支撑。科学、合理地管理财力资源能够有效地促进企业战略目标的实现，因而做好财力资源管理法律风险防范尤为重要。广义上的财力资源包括财务人员素质、理财环境、财务制度、资本结构、会计信息等能影响或反映企业财力和管理水平的各要素。狭义的财力资源管理主要指资产管理、资金管理、投资管理、筹资管理、债权债务管理、预算管理、会计信息管理等。实践中，不同企业从经营需要出发，财力资源管理侧重内容各有不同，如电力企业的财力资源管理工作，主要涉及预算管理、会计核算管理、资产产权管理、资金管理、工程项目管理、稽核内控管理、财税管理、电价管理等方面。本章通过分析财力资源管理法律风险和研讨相关典型案例，明确资金管理、财税管理及电费电价管理中的风险点，对财力资源管理的法律风险进行分析，为电力企业财力资源法律风险防范提供参考。

第一节 财力资源管理概述

财力资源管理是企业管理中的重要一环。本节主要介绍财力资源管理的概念以及相关的工作要求。

一、财力资源管理的概念

财力资源是企业物质要素和非物质要素在货币上的体现，具体表现为能用货币加以计量，并通过会计方式记录在账的各种经济资源，包括资金、债权和其他权利。一个企业的财力资源状况既包括静态规模的大小，也包括动态周转状况，在一定程度上还包括企业获取和驾驭这些资源要素的能力和水平。

财力资源管理是对企业所拥有或控制的财力要素进行充分开发、合理配置、有效利用以实现企业价值最大化的过程。本章主要从资金管理、财税管理和电费电价管理三个角度，对财力资源管理的法律风险进行分析。

二、财力资源管理的工作要求

财力资源管理工作涉及企业生产运营、投资发展的方方面面，必须始终坚持诚信为本、操守为重。

（一）预算管理

预算管理负责公司系统预算管理、成本管理、资产经营考核、同业对标等工作。要求坚持以战略规划为导向，正确分析判断市场形势和政策走向，科学预测年度经营目标，合理配置内部资源，实行总量平衡和控制。正确预测预算年度现金收支、结余与缺口，合理规划现金收支与配置，加强对应收应付款项的预算控制，增强现金保障和偿债能力，提高资金使用效率。同时注重防范财务风险，严格控制担保、抵押和金融负债等规模。并应将逾期担保、逾期债务、不良投资、不良债权等问题的清理和处置作为重要内容，积极消化潜亏挂账，合理预计资产减值准备，不得出现新的潜亏。

（二）资金管理

资金管理负责公司系统资金管理、融资管理、银行账户管理等工作。各项收入必须统一纳入财务账内核算，严禁拖延入账、账外设账，严禁隐瞒收入，严禁截留、转移、挪用资金及私设小金库，不得坐支现金。同时所有对外支出必须纳入年度及月度预算，无预算不得对外支付。未纳入预算的资金支出，必须按规定程序纳入预算后方可办理。不得对超越权限审批的支付申请予以支付；不得对不真实、不合法、不准确、不完整的单据予以支付。

（三）财税管理

财税管理负责财税政策研究和纳税申报等工作。应当按照税务机关确定的申报期限、内容，如实办理纳税申报，报送纳税申报表、财务会计报表及其他纳税资料。如实报送代扣代缴、代收代缴税款报告表以及税务机关根据实际需要要求报送的其他有关资料。

（四）电费电价管理

电价管理属于电力企业财力资源管理所特有的部分，负责公司系统电价电费管理。相关管理人员应根据公司电价研究要求，并结合本地区电价管理的需要，开展电价研究工作。同时应按照公司规定做好有关电价测算与报批工作，积极参与政府价格主管部门核定，按规定程序适时提出电价调整建议。严格执行国家电价政策，不得擅自或变相调整电价，不得执行违规出台的电价政策。积极落实国家节能减排、节能降耗政策，严格执行差别电价、可再生能源电价等国家出台的各类专项电价政策。对用电企业违规电价行为要坚决予以纠正，对地方有关部门越权或违规出台的电价政策要坚决抵制并积极向上级反映。

第二节　财力资源管理法律风险分析

财力资源管理的法律风险可以说涉及企业经营的多个环节，本节将重点就资金管理、财税管理以及企业经营退费管理三方面进行相关法律风险分析。

一、资金管理法律风险分析

资金管理是财力资源管理的核心，资金风险是企业最重要的风险之一，企业内部一旦发生与资金相关的案件，后果往往极为严重。电力企业资金管理制度相对比较完善，但法律风险仍不容忽视，决不能在工作中掉以轻心。在此选取资金管理过程中的资金支付授权、票据背书、担保行为存在的法律风险进行分析。

（一）资金支付授权的法律风险

在企业的经营过程中，法定代表人不可能直接参与每一笔资金支付的审批。出于内部控制管理的需要，法定代表人往往选择分级授权的方式，授权公司的其他人员代理自己履行支付审批职责。

在企业管理实践中，资金支付授权审批权限的获得往往是基于制度或职务的规定，该职务授权行为属于有相对人的单方法律行为。根据《民法总则》（中华人民共和国主席令第 66 号）第一百七十条对职务代理的规定：执行法人或者非法人组织工作任务的人员，就其职权范围内的事项，以法人或者非法人组织的名义实施民事法律行为，对法人或者非法人组织发生效力。法人或者非法人组织对执行其工作任务的人员职权范围的限制，不得对抗善意相对人。这就意味着只要是被授权人在职务授权范围内对外实施的行为，该行为的法律效果直接归属于公司。除此之外，《民法总则》还对越权行为加以规定，如果公司员工超越职务范围的限制，对外实施民事法律行为，则公司不得以内部制度规章为由对抗善意相对人。根据以上关于授权的法律规定，资金支付授权的风险主要存在于被授权人未实际履行职责以及超越职务范围两方面。

部分财力管理人员由于合同管理、费用管理的意识不强，审批流于形式，不注重业务真实性审核，容易发生下属员工利用以大拆小等形式规避审批，未能有效发挥监管、监督作用，容易引发相关资金风险。除此以外，部分企业由于资金支付授权体系不健全，没有明确各级领导的审批权限，审批流程不规范，未能落实相关人员职责，内部控制制度没能有效执行，容易导致越权审批、无权审批的情况发生。

（二）票据背书的法律风险

票据作为一种金钱债券凭证，代表一定数量的货币请求权。票据通过背书转让得以流通，一般情况下背书转让的次数越多，票据付款的担保人越多，票据流通的价值也就越高，代替货币的效应也就越大。

票据背书通常是指持票人转让票据权利或者将一定的票据权利授予他人，在票据背面或粘单上记载有关事项并签章，然后将票据交付给他人的一种附属票据行为。

之所以说背书是一种附属票据行为，是因为出票行为是背书的前提和基础，没有出票就没有背书，背书无效并不影响出票的效力，但出票无效则背书当然无效。

1. 出票效力存在的法律风险

无论是背书人还是被背书人，首先必须得关注出票是否有效。就汇票而言，根据《票据法》（2004 修订）第八条、第九条、第二十二条的规定，汇票在出票时必须记载的事项有七项，分别是表明"汇票"的字样、无条件支付的委托、确定的金额、付款人名称、收款人名称、出票日期以及出票人签章。汇票缺乏上述必要记载事项之一的，汇票无效。除此之外，票据金额大小写未同时记载或不一致，日期、收款人名称、票据金额更改也是导致票据无效的情况，也需要加以特别关注。

2. 背书人存在的法律风险

对背书人而言，依背书转让票据权利，不必通知债务人，也无须被背书人签名承诺就可以发生效力。根据《票据法》第三十七条的规定，背书人转让汇票后，即承担保证其后手所持汇票承兑和付款的责任，背书人在汇票得不到承兑或者付款时，应当向持票人清偿相应的金额和费用。虽然背书转让相较于一般债权转让方式更加便捷，但与之相伴的法律风险依然不容忽视。

（1）空白背书的法律风险。对于实务中片面追求便捷性而记载事项不完整的背书行为，虽然《票据法》第三十条规定汇票以背书转让或者以背书将一定的汇票权利授予他人行使时，必须记载被背书人名称，但未就被背书人名称是否可以补记加以明确。根据《最高人民法院关于审理票据纠纷案件若干问题的规定》（法释〔2000〕32 号）第四十九条的规定，背书人未记载被背书人名称即将票据交付他人的，持票人在票据被背书人栏内记载自己的名称与背书人记载具有同等法律效力。由此导致的相关法律风险由背书人承担。

（2）期后背书的法律风险。对于背书转让瑕疵票据的期后背书等行为，根据《票据法》第三十六条的规定，被拒绝承兑、被拒绝付款或者超过付款提示期限的汇票，不得进行背书转让，如果发生背书转让行为，则相关汇票责任由背书人承担，被背书人可以将背书人列为被告行使追索权。因而背书人在背书前应当明确票据有无瑕疵缺陷，避免可能造成的诉讼风险。

（3）附条件背书的法律风险。对于附条件背书的行为，《票据法》第三十三条明确规定背书时附有条件的，所附条件不具有汇票上的效力。因而在办理票据转让时，不能将订立合同中的生效条件、失效条件等约定内容附加在背书之上，即便将相应条件附于背书之上，在法律上也视为没有约定，票据权利自签章交付完成即发生转移，背书人不得以所附条件未成就或成就为由，要求被背书人返还票据或者要求确认背书行为无效。由此造成的相关损失由背书人承担。

（4）票据质押的法律风险。票据质押是一种常见的质押方式，《票据法》第三十五条明确规定汇票可以设定质押。票据质押是以票据为标的物而成立的一种质权，所确立的是设质背书的被背书人一种附条件行使票据权利的资格。但票据质押时应当注意，以汇票设定质押时，出质人在汇票上只记载了"质押"字样未在票据上签章的，或者出质人未在汇票、粘单上记载"质押"字样而另行签订质押合同、质押条款的，不构成票据质押。在实务中，后一种情况极易产生法律风险，导致票据质押行为无效，权利人人无法实现质押权利。

3．被背书人的法律风险

（1）背书连续记载的法律风险。对被背书人而言，票据上背书的连续记载既是显示他取得票据权利的证明，又是显示追索权对象的一种方式。对于带有"不得转让"字样的票据，被背书人需要格外注意。《票据法》第二十七条和第三十四条规定：出票人在汇票上记载了"不得转让"字样，则该汇票不得转让，即便背书真实、完整、连续，被背书人也无法因背书转让行为获得票据权利。背书人在汇票上记载了"不得转让"字样，则发生其后手再背书转让的，原背书人对后手的被背书人不承担票据责任，这就意味之后的被背书人在发生拒绝承兑、拒绝付款的情况时，不能向所有的前手进行追偿，只能向记载"不得转让"字样的原背书人的后手行使追索权，背书转让的信用作用会因此受到影响，从而产生追偿风险。

（2）回头背书的法律风险。除此以外，回头背书行为也是被背书人需要留意的情形，该背书行为以票据上的原债务人为被背书人。根据《票据法》第六十九条的规定，当持票人为背书人时，对其后手无追索权，即仅能对其作为背书人时的前手行使追索权，该情况下背书转让的信用利益无疑也会受到影响。

（三）企业担保的法律风险

企业担保管理是资金管理中风险较大的一环。担保行为很容易引起民事诉讼和经济纠纷，对外担保存在的法律风险隐患较大且往往被管理层所忽略。

《担保法》（主席令第50号）规定的担保方式包括保证、抵押、质押、留置和定金。担保合同具有从属性，是从属于主合同的从合同，主合同无效，担保合同当然无效。担保合同另有约定的，按照约定。担保合同被确认无效后，债务人、担保人、债权人有过错的，应当根据其过错各自承担相应的民事责任。本节在此选取较为常见的保证，对担保管理法律风险进行展开梳理。

保证涉及债权人、债务人和保证人三方主体，保证人和债权人根据保证合同的约定，当债务人不履行债务时，保证人按照约定履行债务或者承担责任。

对于公司作为保证人的情形，《公司法》《担保法》及相关司法解释均作出了相应规定。根据《公司法》第十六条的规定，公司作为保证人为他人提供担保，应当依照公司章程的规定，由董事会或者股东会、股东大会决议，且不得超过公司章程对担保的数额的限额规定。根据《担保法》第二十九条以及最高人民法院关于适用《担保法》若干问题的解释（法释〔2000〕44号）第十七条的规定，企业法人的分支机构（分公司）以自己的名义提供保证的，需经过企业法人的书面授权，否则保证合同无效。如果相应的书面授权范围不明，则分支机构应当对保证合同约定的全部债务承担保证责任，一旦分支机构经营管理的财产不足以承担保证责任的，剩余部分的保证责任将由企业法人承担责任。在分支机构未经法人书面授权或者超出授权范围与债权人订立保证合同的情形下，该保证合同无效或者超出授权范围的部分无效，债权人和企业法人有过错的，各自承担与其过错相应的责任，债权人无过错的，由企业法人承担全部过错责任。

保证的方式分为一般保证和连带责任保证。一般保证是指债权人和保证人在保证合同中约定，保证人仅对债务人不能履行的债务承担补充责任的保证。根据《担保法》第十九条的规定，一般保证必须在合同中明确约定，当事人对保证方式没有约定或者约定不明确的，推定为连带责任保证，承担相应的保证责任。一般保证与连带责任保证最大的区别在于一般保证人享有先诉抗辩权，即在主合同纠纷未经审判或者仲裁，并就债务人财产依法强制执行仍不能履行债务前，一般保证人可以拒绝向债权人承担保证责任。在此要关注《担保法》规定的一般保证人丧失先诉抗辩权的情形，特别是保证人向债权人和债务人放弃先诉抗辩权的需以书面形式作出，口头形式的放弃并不发生法律上的效力，保证人仍可以主张先诉抗辩权。连带责任保证是指债权人和保证人在保证合同中约定在债务人不履行债务时，保证人与债务人对债务承担连带责任的保证。

不同于其他类型的债务，保证人对债权人的保证债务要注意三个特殊时间，分别是保证期间、保证债务诉讼时效期间和主债务诉讼时效期间。这就意味着，从时间上看，保证人会有三次免于承担保证责任的机会。

首先是因债权人未在保证期间内按照法定的方式向保证人主张权利，保证责任消灭。保证期间为除斥期间，不因任何事由发生中断、中止、延长，保证合同有约定的按约定，未约定保证期间或者约定的保证期间早于或等于主债务履行期限视为没有约定的，保证期间为主债务履行期届满之日起六个月。保证合同约定保证人承担保证责任直至主债务本息还清时为止等类似内容的，视为约定不明，保证期间为主债务履行期届满之日起二年。保证期间的目的在于督促债权人以法定方式积极行使债权，对于一般保证而言，债权人须在保证期间内对债务人提起诉讼或者申请仲裁，对于连带责任保证，债权人须在保证期间内请求保证人承担保证责任。否则，保证责任将会因保证期间经过而消失，从而造成债权可能无法得到全部清偿的风险。

其次是保证人因其对债权人的保证债务的诉讼时效期间届满，而获得自己的抗辩权。根据《最高人民法院关于适用〈中华人民共和国担保法〉若干问题的解释》第三十四条的规定，一般保证的债权人在保证期间届满前对债务人提起诉讼或者申请仲裁的，保证合同的诉讼时效自判决或者仲裁裁决生效之日起开始计算。连带责任保证的债权人在保证期间届满前要求保证人承担保证责任的，保证合同的诉讼时效自债权人要求保证人承担保证责任之日起开始计算。债权人如果不积极主张债权，将会承担不利的法律后果。

最后是因主债务的诉讼时效期间经过，由于保证债务在内容和范围上的从属性，即使保证合同的诉讼时效期间尚未经过，保证人亦可以援用债务人的抗辩权，拒绝承担保证责任。对此还要关注主债务诉讼时效中断、中止对保证债务诉讼时效的影响，根据《最高人民法院关于适用〈中华人民共和国担保法〉若干问题的解释》第三十六条的规定，主债务诉讼时效中止的，一般保证和连带责任保证的保证债务的诉讼时效同时中止。主债务诉讼时效中断的，一般保证的保证债务诉讼时效中断，但连带责任保证的保证债务诉讼时效并不中断。债权人在要关注主债务诉讼时效期间是否经过的同时，对于连带责任保证不能因主诉讼时效中断而怠于向保证人主张权利，否则将会使保证人对保证债务有权主张诉讼时效期间经过的抗辩权，从而导致保证债权无法得到法院支持的法律风险。

二、财税管理法律风险分析

财税管理的法律风险是电力企业的一项重要的外部风险，主要涉及税务管理、发票管理等方面。法律纠纷往往产生于相关法规政策的变动，因而企业要时刻重视税法政策的宣贯落实，规避法律风险。

（一）税务管理的法律风险

税务管理主要包括增值税管理、企业所得税管理以及印花税等小税种管理。增值税是税务的重要内容，在此选取增值税管理中的税率变更、进项税额、销项税额进行法律风险梳理。

1. 税率调整的法律风险。

增值税属于价外税，增值税税率的适用是以纳税义务发生时点执行的税率为准。增值税的固有特性决定了税率调整可能会给企业合同履行带来潜在的法律风险。我们通常看到买卖合同中有商品的单价、数量、金额以及税率、税款，价税合计即为我们出售给买方的最终的价格。根据商业惯例，企业报价一般为含税价格，在税率没有调整前，对于企业来说，通常是已知的固定的税率，据此可以推算商品不含税的价格，即不含税价格＝含税价格/（1＋税率），如果税率发生调整，则商品不含税的价格就会发生变化。由于 2019 年 4 月 1 日起增值税相关税率下调，如果含税价格仍然不变，意味着不含税价格上升。对于 2019 年 4 月 1 日之前签署的合同，并在 2019 年 4 月 1 日以后开具增值税发票的情形，如果在合同中未就增值税税率调整事项进行明确约定，买方仍按照原合同约定的总价支付价款，则可以认证抵扣的税款减少，企业的利益将因此受到损失。

2．进项税额确认中的法律风险。

进项税额是指纳税人购进货物或应税劳务时所承担的增值税税额。对于高新技术企业，由于该类型企业在研发初期存在大量的研发费用、技术转让费用等无形资产的支出，而且高新技术产品多为高附加值产品，增值率可高达50%以上，但其原材料消耗少，因而准予抵扣的进项税额少，并且根据《增值税暂行条例》（2017修订）第十条的规定，购入专利权、非专利技术等无形资产不属于企业进项税额的抵扣范围。因此，如果企业无法合理筹划相关费用或是通过编造会计科目以转嫁这些费用，则可能会触犯法律红线，受到行政处罚，乃至刑事处罚，法律隐患不容小觑。

3．销项税额确认中的法律风险。

销项税额是纳税人销售货物或应税劳务时，按照销售额计算并向购买方收取的增值税税额。在实际账务处理中，很多企业时常对销售货物或提供应税劳务实现的收入价款不入账或少入账，漏记销售价款，减少销项税金。实务中存在将销售的货物和应税劳务不记收入账，而是冲减"原材料""产成品"等科目的做法，从而不作销项税额的处理。除此以外，对税法明确规定的应当视同销售货物行为直接冲减"产成品"科目，而不作销项税额的账务处理；对购货人尚未支付货款，但已实现的销售不作销售处理，有意挂账一部分销售收入，等到销售淡季再转作收入。根据《税收征收管理法》（2015修正）第六十三条的规定，对于纳税人伪造、变造、隐匿、擅自销毁账簿、记账凭证，或者在账簿上多列支出或者不列、少列收入等偷税行为，税务机关将追缴其不缴或者少缴的税款、滞纳金，并处不缴或者少缴的税款百分之五十以上五倍以下的罚款。对于构成犯罪的，根据《刑法》（2017修正）第二百零三条、第二百一十一条的规定，单位欠缴应纳税款，采取转移或者隐匿财产的手段，致使税务机关无法追缴欠缴的税款，数额在一万元以上不满十万元的，单位处欠缴税款一倍以上五倍以下罚金，直接负责的主管人员和其他直接责任人员处三年以下有期徒刑或拘役；数额在十万元以上的，单位处欠缴税款一倍以上五倍以下罚金，直接负责的主管人员和其他直接责任人员处三年以上七年以下有期徒刑。由此可知，企业在确认销项税额时须依法合规进行，否则可能构成税收违法犯罪行为，并承担相应的法律责任。

（二）发票管理的法律风险

发票管理是财税管理法律风险防范的重要环节，相关法律风险通常存在于发票领用、开具、保管、交接、缴销等发票管理过程。本节在此选取开具发票中虚开增值税发票所涉及的法律风险进行分析。

虚开增值税专用发票是指违反国家税收征管和发票管理规定，为他人虚开、为自己虚开、让他人为自己虚开、介绍他人虚开增值税专用发票的行为。

虚开，是指行为人违反有关发票开具管理的规定、不按照实际情况如实开具增值税专用发票及其他可用于骗取出口退税、抵扣税款的发票之行为。根据《发票管理办法》（2019 修正）第二十二条的规定，应当按照规定的时限、顺序、栏目，全部联次一次性如实开具发票，并加盖发票专用章。任何单位和个人不得为他人或自己开具与实际经营业务情况不符的发票，不得让他人为自己开具与实际经营业务情况不符的发票，也不得介绍他人开具与实际经营业务情况不符的发票。如没有销售商品、提供服务等经营活动，却虚构经济活动的项目、数量、单价、收取金额或者有关税率、税额予以填写；或在销售商品提供服务开具发票时，变更经营项目的名称、数量、单价、税额、税率及税额等，从而使发票不能反映出交易双方进行经营活动以及应纳或已纳税款的真实情况。常见的情形包括：①没有货物购销或者没有提供或接受应税劳务而为他人、为自己、让他人为自己、介绍他人开具增值税专用发票；②有货物购销或者提供或接受了应税劳务但为他人、为自己、让他人为自己、介绍他人开具数量或者金额不实的增值税专用发票；③进行了实际经营活动，但让他人为自己代开增值税专用发票。

虚开增值税专用发票的具体行为方式有以下四种：

（1）为他人虚开增值税专用发票，指合法拥有增值税专用发票的单位或者个人，明知他人没有货物购销或者没有提供或接受应税劳务而为其开具增值税专用发票，或者即使有货物购销或者提供了应税劳务但为其开具数量或者金额不实的增值税专用发票的行为。

（2）为自己虚开增值税专用发票，指合法拥有增值税专用发票的单位和个人，明知自己没有货物购销或者没有提供或接受应税劳务的情况下，为自己开具增值税专用发票，或者即使有货物购销或者提供或接受了应税劳务但却为自己开具数量或者金额不实的增值税专用发票的行为。

（3）让他人为自己虚开增值税专用发票，指没有货物购销或者没有提供或接受应税劳务的单位或者个人要求合法拥有增值税专用发票的单位或者个人为其开具增值税专用发票，或者即使有货物购销或者提供或接受了应税劳务但要求他人开具数量或者金额不实的增值税专用发票或者进行了实际经营活动，但让他人为自己代开增值税专用发票的行为。

（4）介绍他人虚开增值税专用发票。指在合法拥有增值税专用发票的单位或者个人与要求虚开增值税专用发票单位或者个人之间沟通联系、牵线搭桥的行为。

根据《发票管理办法》第三十七条的规定，虚开增值税专用发票的，由税务机关没收违法所得；虚开金额在一万元以下的，可以并处五万元以下的罚款；虚开金额超过一万元的，并处五万元以上五十万元以下的罚款。构成犯罪的，根据《刑法》第二百零五条的规定，单位虚开增值税专用发票的，处二万元以上二十万元以下罚金；虚开的税款数额较大或者有其他严重情节的，处五万元以上五十万元以下罚金；虚开的税款数额巨大或者有其他特别严重情节的，处五万元以上五十万元以下罚金或者没收财产。对单位直接负责的主管人员和其他直接责任人员，处三年以下有期徒刑或者拘役；虚开的税款数额较大或者有其他严重情节的，处三年以上十年以下有期徒刑；虚开的税款数额巨大或者有其他特别严重情节的，处十年以上有期徒刑乃至无期徒刑。

由此可知，企业必须依法合规开具增值税专用发票，否则可能构成违法犯罪，并承担相应的行政处罚乃至刑事法律责任。

三、企业经营退费管理法律风险分析

当下水、电、燃气等费用在企业正常经营的费用中占有重要比例，水、电、燃气等有关公共资源管理的公司面临的退费管理法律风险值得重视。下面就以

电力企业的电费退费管理为例分析企业经营费用退费管理风险，电费退费业务由营销业务部门负责发起，并由其提供相关数据依据。电力企业电费退费管理，一方面既要积极主动办理退费手续，另一方面要严格遵守规范的审核审批流程，保证电费退费真实、准确、合规。常见的电费退费的原因有抄表误算、企业清算、企业破产以及用户多缴等情形。本节从财务管理的角度选取电费退费管理中企业破产退费以及租客申请退费两种情形的法律风险加以分析。

（一）企业破产退费的法律风险

通常在企业破产清算程序中，使用破产管理人的银行账户进行资金往来，企业银行账户中的资金需划转到管理人银行账户中，企业的债务人向企业交付的资金，需支付到管理人银行账户中，不得支付到企业银行账户中。企业破产发生电费退费，属于债务人对企业的债务清偿。因而在退费业务办理过程中，会遇到用电户名和要求的退费汇款账号所有人不一致的情形。

根据《企业破产法》（主席令第 54 号）的相关规定，企业法人在不能清偿到期债务，并且资产不足以清偿全部债务或者明显缺乏偿债能力的，可以向法院申请破产。《破产法》赋予了破产管理人对部分破产受理前债务清偿的撤销权，即根据《破产法》第三十二条的规定，企业法人在人民法院受理破产申请前 6 个月内，存在有上述规定的破产情形，仍对个别债务人进行清偿的，破产管理人有权请求人民法院予以撤销。本质上来讲，破产企业在上述时间段内支付电费的行为，也是属于对个别债务人即电力企业的清偿，但《最高人民法院关于适用〈中华人民共和国破产法〉若干问题的规定（二）》（法释〔2013〕22 号，简称《破产法司法解释二》）第十六条对此作了明确规定，债务人即破产企业为维系基本生产需要而支付电费的，管理人无权根据《破产法》第三十二条的规定请求撤销，即破产企业在上述期间内支付电费不属于可撤销的个别清偿行为，因而此期间的电费费用破产管理人不存在要求退还的法律依据。

对于破产受理后发生的电费费用，根据《破产法》第四十一条、第四十二条的规定，人民法院受理破产申请后发生的管理、变价和分配债务人财产的费用属于破产费用，发生的为债务人继续营业而产生的其他债务属于共益债务，破产企业在破产受理后的电费支出，基本上囊括在上述情形的破产费用以及共益债务中，对于破产费用和共益债务，《破产法》第四十三条规定，破产费用和共益债务由债务人财产随时清偿，由此可知企业在破产程序期间发生的电费支出，破产管理人非但不存在可以要求退还的法律依据，而且还可以要求破产管理人以破产财产随时清偿。

对于扣除上述电费费用以后的破产企业户上的电费结余，按照《破产法司法解释二》第一条的规定，属于破产企业依法享有的可以用货币估价并可以依法转让的债权，即认定为债务人财产。根据《破产法》第十七条、第二十五条的规定，在人民法院受理破产申请后，破产管理人依法履行管理和处分债务人的财产，破产企业的债务人应当向破产管理人清偿债务，破产企业的债务人故意违反前款规定向破产企业方清偿债务，使得债权人受到损失的，不免除其清偿债务的责任。因而在破产程序终结前，电力企业对于用户以企业破产为由，要求电费退费的情况应当格外留意，避免在无依据的情况下给予企业所有者办理电费退费。

对于公司在破产程序终结后办理完成注销登记，但电费账户尚有余存即存在公司破产清算程序遗漏债权的情形，《破产法》仅在第一百二十三条规定，破产企业债权人自破产程序依法终结之日起两年内，发现破产企业有应当分配供分配的其他财产的，可以请求人民法院按照破产分配方案进行追加分配。因而企业破产注销后，原股东无权要求退还破产企业户内的剩余电费，电力企业应拒绝向破产企业原股东办理相关退费手续。

（二）租客申请退费的法律风险

租客要求电费退费至本人账户是另一种较为常见的实际用电人与户名登记人不相符的情形。在实务中，租客与房东签订房屋租赁合同，约定水电费租客自理的情况十分普遍。当下随着掌上电力业务的拓展，租客通过手机 APP 线上代缴电费的情况变得尤为常见，随之而来的是租客常常会因误操作，导致金额填错、租赁合同提早解除等事宜，要求电力企业退还房东户号上自己代缴的电费。从法律关系上看，电力企业仅与房东就用电事宜签订了供用电合同，租客也仅与房东就租房事宜签订了房屋租赁合同，根据《合同法》规定的合同相对性原则，合同主要在特定的合同当事人之间发生法律约束力，只有合同当事人一方能基于合同向合同对方提出请求或提起诉讼，而不能向与其无合同关系的第三人提出请求，也不能擅自为第三人设定合同上的义务。由上可知，租客和电力企业之间并无合同关系，租客仅凭租赁合同和代缴费记录并不能要求电力企业将所代缴的电费退回至租客自己的银行账户。在租客与房东没有就电费退费进行事先约定的情况下，根据《民法总则》第一百二十二条的规定，租客因充值金额填错、租赁合同提早解除等事宜要求退还电费，房东应将相应的钱款退还给租客，否则将被视为取得了不当利益，由此而利益受损的租客有权请求房东返还不当利益，即租客代缴的尚未使用完的电费。据此，我们可知租客虽不能直接要求电力企业退还电费，但可以要求房东返还因自己代缴而获得的不当利益，因而租客跳过房东要求电力企业退款至其个人银行账户是没有法律依据的。电力企业如果仅凭租赁合同和租客的代缴费记录就将电费退至租客的银行账户，则可能会被房东起诉承担赔偿责任。

至于房东是否有权要求电力企业将电费退至他人的银行账户，则应当根据供用电合同的约定，如果仅凭房东与业务部门工作人员的协商同意就将户内电费退费至他人账户，则可能会被利害关系人要求承担相应的违规操作责任。

第三节　财力资源管理法律风险防范

财力资源管理法律风险防范归根到底还是要加强企业自身的内部管理，筑牢法律风险控制"防火墙"。针对本章第二节中分析的法律风险，本节将提出具体的风险防范措施供读者参考。

一、资金管理法律风险防范

（一）资金支付授权法律风险防范

资金支付授权的法律风险往往来源于内部管理人员的风险意识淡薄、相关人员审批把控不严、内部控制未执行到位以及超越职务授权或终止授权后仍然违规授权支付，从而导致企业可能承担不利的法律后果。

首先，应当建立健全资金支付授权审批制度，特别是规模较小的企业，如市县级电力企业以及部分集体企业，明确本单位各级领导审批的权限。涉及公司领导负责人的相关费用应当相互交叉审批，充分发挥管理层的相互监督作用。设置严格的资金支付业务程序，严禁超越权限或终止授权后仍办理支付审批，资金支付的申请、审批、复核、对外支付等各环节不相容岗位要相分离，严禁一人办理资金支付的全过程业务。

其次，应当加强费用报销审核力度，注重业务的实质性审核，提防以大拆小规避审批的情形发生，对于可疑问题及时提出意见，采取有效措施防范相应风险。同时完善电子报账系统审批流程，统一业务审核标准，完善信息系统应用，推进财务业务一体化。

最后，应当加强警示教育，提高企业工作人员尤其是负责人的风险管理意识，相关岗位人员应当加强对法律、法规以及行业规章制度的学习，提高理论水平，强化制度的执行力。

（二）票据背书法律风险防范

在票据背书的过程中，应当认真审查票据，首要关注的无疑是出票是否有效，就汇票而言，确保写明了表明"汇票"的字样，没有附加任何形式的支付条件，确定的票据金额、付款人名称、收款人名称、出票日期以及出票人签章，其中票据金额大小写同时记载并且一致，日期、收款人名称、票据金额不曾有过更改，保证汇票的有效性，避免公司可能面临资金损失的风险。

对于票据背书人，首先应当严禁记载事项不完整的背书行为。在背书转让票据时，必须由背书人在票据上记载被背书人的名称后，再将票据交付给被背书人，避免因持票人在票据被背书人栏内记载自己的名称，从而导致背书人可能承担相应的不利法律后果。其次，应当对被拒绝承兑、被拒绝付款或者超过付款提示期限的汇票进行严格管控，并及时向出票人、背书人、承兑人和保证人进行追索，避免因管理疏忽再次通过背书进入流转，杜绝因转让不得背书转让汇票导致的责任承担的现象发生。再次，对于票据背书涉及附条件的价款交付事宜的情形，应当单独就相关事宜订立书面协议，在相关条件成就前不得先行通过票据背书交付票据，更不得通过在背书上附上相关条件，避免相关条件成就或未成就但无法要求持票人返还票据导致的利益损失。最后，在涉及票据质押业务办理的过程中，出质人应当同时记载"质押"字样并在票据上签章，避免被背书人在依法实现质权前，利用出质瑕疵提前行使票据权利而导致出质人利益受损的风险。

对于票据被背书人，首先应当关注票据上的背书是否连续，就汇票而言，是否存在汇票被拒绝承兑、被拒绝付款或者超过付款提示期限也是需要关注的情形，应当拒绝接受存在上述瑕疵的票据背书，避免相关信用利益受损。其次，应当关注票据上是否存在"不得转让"字样。对于由出票人在汇票上记载"不得转让"字样的情形，根据《票据法》第二十七条的规定，该票据不得转让，被背书人应当拒绝背书人的票据交付。对于由背书人在汇票上记载"不得转让"字样的情形，为了避免信用利益受到损失，也应当拒绝背书人交付相应票据。最后，应当杜绝可能造成回头背书的情形发生，在接受背书票据交付时，票据的具体流转情况应仔细关注，避免持票人是出票人或是持票人是背书人的情况发生，规避信用利益受损风险。

（三）企业担保法律风险防范

在此专门就上节提到的企业担保管理中保证行为涉及的法律风险提供防范建议以供参考。

对于公司作为保证人的情形，公司应该完善对外决策会议机制，并建议公司在公司章程中明确担保数额的限额。在允许企业分支机构（分公司）以自己的名义提供保证的情况下，企业应当提供相应的书面授权，并在书面授权中写明授权范围，并对分支机构进行严格管理，避免因分支机构未经授权或者超越授权范围订立保证合同导致企业承担缔约过失责任的情形。

进行一般保证的保证人，应当在保证合同中写明提供的保证系"一般保证"，否则将会被要求承担连带保证责任。此外，在债权人未就主合同纠纷对债务人提起诉讼或仲裁，或者相关纠纷尚未判决或者裁决，并就债务人财产依法强制执行仍不能履行债务前，保证人享有先诉抗辩权，应当拒绝债权人要求承担保证责任的请求。对于保证期间经过，即普遍情况下主债务履行期届满之日起超六个月，债权人未对债务人提起诉讼或者申请仲裁的情况，一般保证人免除保证责任，有权拒绝债权人要求承担保证责任的请求。

进行连带责任保证的保证人，对于保证期间经过，即通常情况下主债务履行期届满之日起六个月内，债权人未要求保证人承担保证责任的，连带责任保证人免除保证责任，有权拒绝债权人要求承担保证责任的请求。

无论是一般保证的保证人还是连带保证的保证人，都应当关注保证合同的诉讼时效期间是否经过，一旦保证债务的诉讼时效期间经过，一般保证的保证人和连带保证的保证人都将享有诉讼时效经过的抗辩权。保证人可以援用的债务人的抗辩权主要包括主债务诉讼时效经过的抗辩权、同时履行抗辩权、顺序履行抗辩权以及不安抗辩权。对于债务人放弃对债权人的抗辩权的情况，保证人不应当然地承担保证责任，根据《担保法》第二十条的规定，保证人仍可以援用债务人对债权人的抗辩权。

二、财税管理法律风险防范

（一）税务管理法律风险防范

在此专门就上节提到的税务管理中增值税管理涉及的税率变更、进项税额、销项税额的法律风险提出防范建议。

税率调整无疑会对合同的履行带来影响，如在增值税下调的情况下，合同约定含税价对于卖方来说比较合算，不含税价对买方来说比较合算，为避免产生这种不必要的合同履行纠纷，应当在合同价款处增加一个特别条款，即价税特别条款，双方可以在合同中作如下约定：本合同约定的价格为含税价格，在合同履行期间，不因国家税率的调整而调整。或者本合同约定价格为不含税价格，不含税价格不因国家税率变化而变化，若在合同履行期间，如遇国家的税率调整，则价税合计相应调整，以开具发票的时间为准。不应当笼统地约定在合同履行期间，如遇国家的税率调整，则合同价格作相应调整，这样依旧无法确定相关的合同价款，无法彻底规避因增值税税率调整造成合同履行纠纷产生的风险。

企业应纳增值税额是当期销项税额扣除当期进项税额的差额，企业应当合理筹划，以防范应纳增值税额确认中的法律风险。在法律框架内尽可能增大进项税额。在销项税额一定的情况下，进项税额的金额直接影响当期的应纳税额，这就要求企业在支付购货款时应及时取得进项税发票，使当期进项税额能够足额计算。根据税法规定，发生运输费用的企业在取得铁路、航空、公路和水上运输单位开具的货运发票或非国有运输单位开具的套印全国统一发票监制章的货运发票后，可根据结算单据所列运费金额，按照 6%的扣除率计算进项税抵扣额。因此，企业在采购时应尽量取得正规的运输发票以增大进项税额，减轻税负。

同时，合理选择购货对象。企业在选择购货对象时应分情况而定，如果企业是小规模纳税人，由于不实行抵扣制，在贸易往来过程中应尽可能地选择和自己同身份的小规模纳税人进行合作。因为在同等卖价的前提下，一般纳税人销售价格中所含税额肯定高于小规模纳税人。如果企业是一般纳税人，由于可以进行抵扣，在价格相同的前提下应选择从一般纳税人处购进货物，但如果小规模纳税人的销售价格比一般纳税人低，就需将税率折算成价格计算后再选择购货对象。

此外，还可以利用关联企业转让定价进行进项税额、销项税额筹划。增值税的相关法律规定并未对企业市场定价的幅度作出具体的限制，因此企业在享有充分市场定价权的基础上，可以利用关联企业之间价格转移的方式合法控制自身的进项税额及销项税额。转让定价是指彼此具有独立法人资格有经济联系的企业各方在产品交换或买卖过程中，不按照市场买卖规则和市场价格进行交易，而是在最大限度地减少收入流失的前提下进行产品或非产品的转让。如：适用基本税率13％的增值税企业，将自制半成品低价售给适用低税率11％的联营企业，虽然减少了本企业的销售额，但却使联营企业多得了利润，企业也可以从中分得联营利润，从而在法律允许的范围内实现了减轻税负的目的；或者适用13％税率的企业，通过抬高买价的方式向适用低增值税税率的关联企业购进货物，将利润转移至其关联企业。这样既可以增加本企业进项抵扣税额，减轻增值税税负，又可以降低所得税税负。

（二）发票管理法律风险防范

本节将对上节所阐述的虚开增值税发票所涉及的法律风险进行分析。针对当前实务中虚开增值税发票案件所暴露出来的问题，企业需要从以下几点出发，提高防范意识、积极进行应对。

虚开增值税发票的犯罪主体可以是单位也可以是个人，企业在进行经营的时候，一定要把握一个大的原则：牢守法律底线。如企业内部出现虚开增值税发票的违法行为，应当及时处理，避免给企业带来更大的法律风险、造成更大的损失。在生产经营过程中，不为任何人提供虚开发票的便利，不留下虚开发票的死角。

如果企业善意获得虚开的增值税专用发票，应当根据《国家税务总局关于纳税人善意取得虚开的增值税专用发票处理问题的通知》（国税发〔2000〕187号）的规定："购货方与销售方存在真实的交易，销售方使用的是其所在省（自治区、直辖市和计划单列市）的专用发票，专用发票注明的销售方名称、印章、货物数量、金额及税额等全部内容与实际相符，且没有证据表明购货方知道销售方提供的专用发票是以非法手段获得的，对购货方不以偷税或者骗取出口退税论处。但应按有关规定不予抵扣进项税款或者不予出口退税；购货方已经抵扣的进项税款或者取得的出口退税，应依法追缴"。因此，纳税人即使是善意取得虚开的增值税专用发票，也要补缴有关税款。销售货物要依照法定的税率计算增值税，而取得的进项税金却不能抵扣，其负担是相当沉重的，造成的损失是巨大的。在购买货物时，如果掉以轻心，认为"只要对方交货给票就可以付款，取得的相关专用发票便可以抵扣税款"，既不关注货物的来源，也不关心发票的来源，更不关心货款的去向，由此取得对方虚开的增值税发票的风险将大大增加。因此，在购进货物时，一定要提高防范意识，从思想上重视虚开发票问题，积极主动地采取一些必要措施，有意识地审查取得发票的性质。

对供货单位应当做必要的考察。主要是要考察供货单位的经营范围、经营规模、生产能力、企业资质、货物的所有权等，对供货企业要有一个总体的评价，一旦发现供货企业提供的货物有异常情况，应当立刻提高警惕，有必要进行进一步的追查，要求供货企业提供有关的证明材料，避免购入存在重大疑点的货物。例如：通过考察发现，企业本身就是小规模纳税人的资格，而该企业却能够提供增值税专用发票；或者企业提供的货物不属于其经营范围之内；或者是供货的数量远远超出其生产经营能力，这些都属于异常情况，有必要进一步调查落实。一些企业在购进货物时，往往都是通过双方的业务员进行单线联系，缺乏对供货方必要的考察，不了解供货方企业的实际情况，很容易给虚开发票提供可乘之机。

尽量通过银行账户划拨货款。一些企业在购进货物时，经常使用现金进行交易，一手交钱、一手交货。这种付款方式有可能会造成开票是 A 企业，而实际收款却是 B 企业，即使是虚开发票也很难被发现。因此，在购进货物时，要尽量通过银行账户将货款划拨到供货企业的银行账户内，在这个过程中，可以再次对购进业务进行监督、审查，如果对方提供的银行账户与发票上注明的信息不符，就应当引起警惕，暂缓付款，先做进一步的审查。

要求开票方提供有关资料，审查内容的真实性和合法性。在这个过程中，要把供货企业的税务登记证、一般纳税人的申请认定表、发票领购簿、开具的发票、出库单、提供的收款银行账户、入库的账簿、凭证等资料，综合起来进行比对，查看其中的企业名称是否一致、手续是否齐全、审批是否合法、是否是本单位领购的发票、是否是本单位购进或生产的货物等。

对取得的发票存在疑点，应当暂缓抵扣有关进项税金，首先要通过自己的调查，确定发票的性质；而对有些问题，由于企业自身缺乏相应的技术和手段，无法进行深层次的调查，此时，可以及时向主管税务机关求助、查证，税务机关可以利用金税工程系统中的协查系统，向供货方企业所在地的税务机关发送协查函，请对方税务机关进行调查，确定发票的性质、来源和业务的真实性。对存在疑点的发票，一定要暂缓付款和暂缓申报抵扣其中的进项税金，待查证后再作处理。尤其是对大额购进货物，或者是长期供货的单位，更应当作重点审查，否则一旦出现虚开增值税专用发票的情况，企业将面临巨大的法律风险。

三、企业经营退费管理法律风险防范

针对企业经营退费管理可能存在的风险，首先应当规范退费审批流程，建

立财权和事权双重审批流程。严格检查附件是否完备齐全，将临时用户销户的装接单纳入退费流程的凭证附件，保证退费业务管控到位，并将超过 3 年且无法退回的临时接电费结转收入。下面就上节提到的电费退费管理中的退费用户账户审核遇到的企业破产退费和租客要求电费退费至本人账户情形下的法律风险提出防范建议。

（一）企业破产退费的法律风险防范

针对企业破产相关人员要求电力企业办理电费退费的情形。首先应当明确，根据《破产法》的相关规定，破产管理人无权要求电力企业退还破产受理前，以及破产程序中发生的电费。破产程序期间发生的电费依法属于破产费用或者共益债务，可以依法以债务人的财产随时清偿。其次，对于扣除上述电费费用后的破产企业户上的电费结余，依法应当由破产管理人向电力企业提出申请要求办理电费退费，对于破产企业的所有者等其他相关人员以企业破产提出的电费退费申请应当拒绝，并明确告知对方与相关破产管理人联系，并由破产管理人办理相关事宜，避免可能导致再次要求退还相应费用的风险。最后，根据现行法律的规定，在破产程序终结企业注销的情形下，唯有债权人可以通过人民法院要求追加分配破产清算程序遗漏的债权，因此应当拒绝相关破产企业所有者以公司破产注销为由，要求将剩余电费退费至其个人账户的情形，在实务中可建议其与原破产受理法院联系处理相关事宜。

（二）租客申请退费的法律风险防范

针对租客要求电力企业将电费退费至本人账户的情形。根据《合同法》的相关规定，电力企业与租客之间并没有合同上的权利义务关系，应当拒绝租客仅凭租赁合同和代缴费记录要求电力企业将所代缴的电费退回至自己的银行账户的申请，并明确告知其与户名登记人即房东联系，由房东协助其办理相关电费退费事宜。对于房东要求将电费直接退费至租客银行账户的要求，电力企业应当严格按照供用电合同的约定以及相关业务办理规定，在没有明确约定以及规定的情况下，仅允许退费至与户名登记人一致的银行账户，避免违规操作带来的风险，并明确告知房东与租客请另行协商所涉相关钱款的具体归属事宜。

第四节 典型案例评析

案例七：连带保证责任承担 保证期满依法免责

案情简述

2014 年 3 月 14 日，委托人新疆 A 有限公司与受托人郑州 B 电力有限公司以及担保人平顶山 C 电力有限公司达成了一份委托代理合同，委托人委托受托人为完成新疆电网建设项目某 110 千伏输变电工程接入电网系统等全部相关手续的项目代理人，代理委托人与目标客户国家电网公司进行接洽，2014 年 6 月 18 日前完成用电申请、接入手续、设计方案审批、入场施工、调试及竣工验收等国家电网公司要求的全部工作。委托期限自 2014 年 3 月 20 日至 2014 年 5 月 20 日。受托人按照本委托代理合同，完成委托事项的代理报酬为固定包干 100 万元。并在合同第七条约定了保证条款：①本合同项下，三方一致同意，由担保人平顶山 C 电力有限公司对受托人在本合同项下的合同义务承担连带保证责任。担保人同意并担保受托人因违约而产生的应向委托人承担的损害赔偿、违约责任及应返还的代理报酬等一切费用，委托人有权直接从委托人应向担保人支付的工程款中直接扣除。②连带担保期限：本合同项下委托期限届满（即 2014 年 5 月 20 日）之日起两年。新疆 A 有限公司在合同签章位置"委托人"处加盖印章，郑州 B 电力有限公司在"受托人"处加盖印章，"担保人"处加盖有"平顶山 C 电力有限公司"字样印章。合同签订后，新疆 A 有限公司于 2014 年 5 月 12 日向郑州 B 电力有限公司支付了 100 万元代理费用，但郑州 B 电力有限公司一直未办理任何合同约定事务，遂向法院起诉平顶山 C 电力有限公司，要求平顶山 C 电力有限公司承担保证责任，案件于 2017 年 1 月 11 日法院受理后，于 2018 年 1 月 24 日公开开庭进行了审理。

法律分析

本案焦点是原告是否有权要求被告承担保证责任。

根据《担保法》第二十六条规定，连带责任保证的保证人与债权人未约定保证期间的，债权人有权自主债务履行期届满之日起六个月内要求保证人承担保证责任。在合同约定的保证期间和前款规定的保证期间，债务人未要求保证人承担保证责任的，保证人免除保证责任。

本案中，委托代理合同约定"连带担保期限：本合同项下委托期限届满（即2014年5月20日）之日起两年"，据此约定，原告应于约定保证期间内即2014年5月20日至2016年5月20日向保证人主张保证责任，庭审中原告提交差旅费票据，证明原告于2015年3月向B公司、被告主张过合同权利。但法院认为，原告提交的差旅费票据仅可说明出差人于该时段前往郑州市、平顶山市，尚不足以证明出差人该时段前往郑州市、平顶山市系主张委托代理合同项下权利，原告未提交其他证据证明其在合同约定保证期间内即2014年5月20日至2016年5月20日向被告主张过保证责任，于2017年1月11人提起诉讼，则依据上述法律规定，涉案合同保证人即被告免除相应保证责任，原告要求被告对委托代理合同项下主债务承担连带给付责任的诉讼请求，本院不予支持。

🄳 启示建议

连带责任保证的保证人和债权人应当时刻留意保证期间是否经过。保证期间经过，债权人未要求保证人承担保证责任的，连带责任保证人免除保证责任，有权拒绝债权人要求承担保证责任的请求，债权人的利益可能由此受损。

案例八：票据背书日期未填　依法推定合理维权

🄱 案情简述

原告国电A股份有限公司持有一份出票日期为2015年2月4日的银行承兑汇票，出票人为广州B物流有限公司，付款行为交通银行C支行，收款人为D股份有限公司，汇票到期日为2015年8月4日，出票人签章处盖有广州B物流有限公司财务专用章和负责人的个人章，承兑行签章处盖有交通银行汇票专用章，并注明"本汇票已经承兑，到期日由本行付款"。汇票粘单显示该汇票经多次背书，但背书均未记载时间。汇票粘单的最后一联中载明：国电A股份有限公司委托招商银行E支行收款。现因票据过期，被告交通银行C支行拒付，原告为维护自身合法权益，遂向法院起诉。

法律分析

关于诉讼时效问题。案涉汇票到期日是 2015 年 8 月 4 日，因此票据权利丧失之日为 2018 年 8 月 4 日。根据《民法总则》第一百八十八条的规定，向人民法院请求保护民事权利的诉讼时效期间为三年。现原告于 2018 年 5 月 28 日提起诉讼，并未超过诉讼时效期间。

关于被告辩称案涉汇票转让至原告时已过票据权利期限的问题，根据《票据法》第二十九条的规定，背书未记载日期的，视为在汇票到期日前背书。因案涉汇票在背书时均未记载日期，故案涉票据的背书行为均视为在汇票到期日前所为。

根据《票据法》第二十七条的规定，持票人可以将汇票权利转让给他人，持票人转让票据权利时应当背书并交付汇票。案涉汇票载明原告为最后一手被背书人，且汇票由原告实际持有，在无相反证据反驳的情况下，法院依法认定原告为案涉票据的合法持有人，案涉票据合法有效。

根据《票据法》第十八条的规定，持票人因超过票据权利时效或者因票据记载事项欠缺而丧失票据权利的，仍享有民事权利，可以请求出票人或者承兑人返还其与未支付的票据金额相当的利益。如上所述，案涉汇票已超过票据权利时效，原告就涉案汇票向作为承兑人的被告主张返还其与未支付的票据金额相当的利益，于法有据，法院予以支持。

启示建议

在票据背书转让的过程中，应当确保票据出票真实有效，并在明确背书内容填写完整后交付给被背书人，避免引起不必要的诉讼纠纷。

第三章　物力资源管理法律风险分析及防范

物力资源管理是企业管理的重要内容之一，涵盖计划、采购、合同管理、质量监督、仓储调配、废旧物资处置等方方面面。本章主要从采购程序管理、履约管理、物资管理三个部分明确工作要求、分析风险并给出防范措施，旨在减少企业物力资源管理过程中不必要的损失，提升企业管理水平，提高运营效率。

第一节　物力资源管理概述

物力资源管理涉及企业生产的各个环节，本节将对物力资源管理的概念以及针对各个环节的工作要求展开阐述。

一、物力资源管理概念

物力资源管理是企业的核心管理要素之一，覆盖了企业生产的各个环节，物力资源管理主要包括物资的全供应链管理以及服务的需求计划与采购管理。物资的全供应链管理包括物资的计划、采购、合同、质量监督、仓储调配、应急物资、废旧物资处置、供应商关系以及与之配套的标准化、信息化、档案管理等支撑保障措施和监察、考核机制等。作为电力企业，物力资源管理要全面贯彻新时代国家电网有限公司战略体系，贯彻人民电业为人民的服务宗旨，为公司新时代的战略发展做好支撑工作。

二、物力资源管理工作要求

物力资源管理在企业管理中处于至关重要的地位，在坚持质量优先、优质服务的同时应始终把合法合规作为企业经营的重要保障。物力资源管理涵盖物资供应链全过程，主要涉及采购管理、物资合同管理、物资质量监督管理、仓储调配管理和废旧物资管理等方面。

（一）采购管理

采购是指以合同方式有偿取得货物、工程和服务的行为。采购活动是指公司系统为各单位为满足采购需求，依据法律法规，采用适当的采购方式、实施模式和组织形式，按照规定的程序组织实施采购的过程。采购管理是指对采购活动进行计划、组织、协调与控制，包括确定采购规则、明确采购程序要求、组织实施采购业务、审定采购结果等管理工作。

1．计划管理

物力的计划管理包括研究制定物资的战略目标、发展规划、确定物资和服务的采购实施模式、采购方式、采购组织形式，需求、采购计划管理，统计分析和计划考评等内容。企业需要依据现行法律法规，紧密围绕企业发展战略，研究制定物资管理的战略目标、发展规划，明确物资工作的专业定位、指导思想、基本原则、发展目标和主要措施，有效支撑企业的发展规划。

2．招标采购管理

招标是指在一定范围内公开货物、工程或服务采购的条件和要求，邀请众多投标人参标，并按照规定的评审条件和程序，从中选择中标供应商的一种采购方式，分为公开招标和邀请招标。公开招标根据《招标投标法》（2017修正）的规定开展，邀请招标是指向特定供应商发出书面通知，邀请其参加采购活动。除了招标采购外，还有非招标采购，非招标采购方式需要严格遵守相关法律法规进行。

3．非招标采购管理

非招标采购主要包括询价、竞争性谈判和单一来源谈判，是企业采购活动另一种重要形式，是对招标采购活动的重要补充。不属于依法必须招标的采购项目，或虽属于依法必须招标的项目但是满足非招标采购的实施条件的，在履行相关审批手续后方可采用非招标方式进行采购。

（二）物资合同管理

物资合同管理是指物资合同的签订、履行、变更、结算、归档、检查及考核等全过程的管理工作。物资合同管理中，签订环节需要根据企业的规定履行相应手续，通过招投标签订的合同，不能对招标采购结果进行实质性修改；履行环节包括组织制定供应计划，实施物资供应与进度管控，开展物资催交催运、配送仓储、移交验收、现场服务、日常协调等工作；结算环节需要按照合同约定和实施进度开展资金预算申报以及支付等工作。此外，需要严格合同变更管理，物资供货范围发生变化的应办理技术变更单和商务变更单，并组织签订补充协议。

（三）物资质量监督管理

物资质量监督管理是指对物资生产制造质量进行监督，为物资招标采购、货物的质量进行服务。物资质量监督管理工作不能代替项目部门或专业部门对入网物资的到货验收、交接试验等工作职责。

物资质量监督主要采取监造、抽检、巡检、出厂验收方式开展。物资监造要深化全过程质量管控措施，加强产品全寿命周期质量监督。物资抽检要全面覆盖合同供应商以及物资类别。巡检是对制造厂的生产进度、生产环境、重要工艺环节、检验检测、原材料部件管理等进行巡视检查。出厂验收是物资管理部门组织，现场的监造代表等参与，依据采购合同，共同见证出厂试验，对设备质量进行确认的活动。

（四）仓储调配管理

仓储管理是针对公司实体仓库、储备物资、仓库作业进行的管理，包括仓储规划建设、仓储作业管理、库存管理、仓库运维管理等工作。调配管理是指按照调度指令，将物资从某地运送到指定地点，包括调配需求、物资调度、调配执行、调配交接、调配结算等全过程管理。

（五）废旧物资管理

废旧物资包括报废物资和可再利用物资。报废物资是指完成报废手续的固定资产、流动资产、低值易耗品及其他废弃物资等。可再利用物资是指经技术鉴定为可使用的退出物资，包括经鉴定可再利用的库存物资、结余退库物资、成本类物资等非固定资产性实物。废旧物资管理包括计划管理、技术鉴定、拆除回收、报废审批、移交保管、竞价处置、资金回收以及再利用物资入库保管、利库调拨、资金结算等全过程管理。

第二节　物力资源管理法律风险分析

本节主要从物资采购过程中涉及的采购方式选择、组织形式选择、招标代理机构选择、采购条件审批、招标文件编制、开评标过程等方面分析可能存在的法律风险，给企业风险管理提供帮助。

一、采购程序管理法律风险分析

物资采购主要有招标采购和非招标采购两种方式。招标采购有公开招标和邀请招标两种形式，非招标采购有询价采购、竞争性谈判和单一来源采购三种形式。本部分从采购方式管理、招标采购组织管理两个方面出发，对当前物资管理的法律风险进行梳理。

（一）采购方式管理法律风险分析

实际工作中，企业由于采购方式选择不当可能导致诸多法律风险。下面对采购方式管理中几种常见的风险进行分析。

1．应该招标而未招标

对招标人而言，由于时间紧迫、招投标手续烦琐或者其他原因，不愿意或者来不及采用招标的方式采购物资，对必须进行招标的项目不招标，或者将金额较大的一批次物资拆成若干个小批次的物资后采用询价的方式进行采购，甚至采用直接购买的方式进行采购，从而规避招标，此现象的风险程度很高。《招标投标法》第四十九条规定："……必须进行招标的项目而不招标的，将必须进行招标的项目化整为零或者以其他任何方式规避招标的，责令限期改正，可以处项目合同金额千分之五以上千分之十以下的罚款；对全部或者部分使用国有资金的项目，可以暂停项目执行或者暂停资金拨付；对单位直接负责的主管人员和其他直接责任人员依法给予处分。"因此，招标人有可能因为规避招标面临直接被行政处理甚至承担刑事责任的风险。此外，依法必须招标的项目如果规避了招标程序，根据《合同法》第五十二条"有下列情形之一的合同无效：……（五）违反法律、行政法规的强制性规定"及《招标投标法》第四条"任何单位和个人不得将依法必须进行招标的项目化整为零或者以其他任何方式规避招标"的规定，将导致合同无效。

2. 应该公开招标却采用邀请招标

目前，法律严格限制了邀请招标的范围，并且明确采用邀请招标的形式需要严格履行报批核准程序。一般来说，招标人对公开招标和邀请招标的界限了解不够，对应该公开招标的项目在未经地方政府、有关部门批准或者认定的情况下直接采用邀请招标，或者公开招标过程中，由于投标人数量过少，多次流标后因时间紧迫改为邀请招标的，都存在风险。《招标投标法》第十一条规定"国务院发展计划部门确定的国家重点项目和省、自治区、直辖市人民政府确定的地方重点项目不适宜公开招标的，经国务院发展计划部门或者省、自治区、直辖市人民政府批准，可以进行邀请招标。"《招标投标法实施条例》（2019 修订）第八条规定"国有资金占控股或者主导地位的依法必须进行招标的项目，应当公开招标；但有下列情形之一的，可以邀请招标：（一）技术复杂、有特殊要求或者受自然环境限制，只有少量潜在投标人可供选择；（二）采用公开招标方式的费用占项目合同金额的比例过大。有前款第二项所列情形，属于本条例第七条规定的项目，由项目审批、核准部门在审批、核准项目时作出认定；其他项目由招标人申请有关行政监督部门作出认定。"此外，勘察设计、施工和货物的招标工作，可以根据其特别规定执行。

3. 以"议标"或"续标"的方式代替招投标

"议标"是国外建筑领域中一种使用较为广泛的采购方法，是采购人和熟悉的供应商之间通过一对一谈判的方式达成最终采购目的的一种采购方法，其本质属于竞争性谈判，不具有公开性，但可以有效降低采购成本。"续标"属于招投标行业的"行业用语"，意思是招标人在原有招标项目结束后，在上次招标的基础上向原中标人追加一部分物资或服务，是一种口头表述，不属于法定专业术语，其本质属于单一来源谈判。在国内为了防止招标采购中的行贿、受贿行为以及不公平竞争，议标和续标均未被列入法定采购方式。招标人在中标项目履行完成后，如果没有重新办理招标流程，而是与原中标单位沟通，继续在原来的基础上签订合同，或者邀请原中标单位和其他供应单位就新的项目进行谈判，并在谈判的基础上签订新的合同的，就《招标投标法》而言，均不能被认定为依法进行了招标。如果依法必须招标的项目采用了"议标"和"续标"的形式，对于招标人来说属于以其他形式规避招标。根据《招标投标法》第四十九条相关规定，应责令限期改正，可以处项目合同金额千分之五以上千分之十以下的罚款；对全部或者部分使用国有资金的项目，可以暂停项目执行或者暂停资金拨付；对单位直接负责的主管人员和其他直接责任人员依法给予处分。如果已经签订合同的，还会导致合同无效等风险发生。

4. 非招标方式采购法律风险

非招标方式采购主要有询价、竞争性谈判和单一来源采购三种方式。询价和竞争性采购为采购人向三家或三家以上特定的供应商发出采购申请，单一来源采购为采购人向特定的一家供应商发出采购申请。非招标采购必须具备合法性和必要性，同时必须在法律法规范围内严格规范操作流程。非招标采购一般存在非招标方式采购理由不够充分、供应商选择缺少依据等风险。

在供应商选择上，相比公开招标，非招标采购方式的优点在于采购人可以挑选符合条件的供应商参与响应，而不必担心不明来路的供应商竞争，降低了采购失败的风险。但是在挑选供应商的过程中，采购人往往主观倾向于选择那些以往有过良好合作，或者厂址在当地的供应商，这就造成了一些同样具备响应能力的供应商被排除在外，违背了公平的原则。

以单一来源采购为例，采购人在申报单一来源采购的过程中，往往以该供应商产品或者服务质量好，以往有过良好的合作经验，工厂在当地供货（或服务）比较方便，购买的产品为专利产品作为单一来源的理由，此外，在专利产品采购中，采购人以单一来源谈判方式采购某种专利产品时，虽然采购该专利产品的理由比较合理，但是一般不会经过专门的技术论证证明专利产品的不可替代性，这样会导致单一来源采购的依据不足，从而导致单一来源采购违规。

（二）招标采购组织管理法律风险分析

招标过程有招标准备、代理机构选择、招标文件编制、公告发布、开标、评标、定标、合同履行等程序，在招标的各个阶段，有不同的法律风险，本节就招标过程中常见的几种风险进行分析。

1．招标组织形式不规范

招标的组织形式有委托招标和自行招标两种，招标人在符合条件的前提下可以自行招标，也可以委托招标代理机构开展招投标活动。自行招标是由招标人根据自身需要，自己策划、组织开展招标的一系列工作。在自行招标过程中，如果该项目是依法必须进行招标的项目，需要向有关行政监督部门备案后，才可以自行招标。在实务中，招标人自行招标往往容易忽略备案手续从而招致风险。此外，需要特别注意的是，依法必须进行招标的项目，两种招标组织形式都要求必须在招标代理机构提供的专家库或者省级以上人民政府有关部门提供的专家名册中选定评标专家，如招标人自己选定评标专家，也会带来一定的风险。

2．设置不合理条件排斥潜在投标人

一般来说，招标人在招标过程中，应当对所有的潜在投标者公平公正对待，但是部分招标人已有了意向的投标人员，因此，在招标公告中，设定了特殊企业的业绩要求或者需要取得特定的与项目关联程度不高的资格，或者强制要求投标人组成联合体投标，排斥了潜在投标人投标的可能，从而让意向单位更容易中标。根据《招标投标法》第五十一条："招标人以不合理的条件限制或者排斥潜在投标人的，对潜在投标人实行歧视待遇的，强制要求投标人组成联合体共同投标的，或者限制投标人之间竞争的，责令改正，可以处一万元以上五万元以下的罚款。"因此，设置不合理条件排斥潜在投标人的行为存在违反法律法规的风险。

3．项目先实施后履行招标流程

在物力管理中，正常流程是先招标后实施项目，但由于项目工期紧张来不及招标等原因，现实中存在招标人直接与投标人私下约定，先实施项目后再招

标，并让指定投标人中标的现象。如果该项目属于依法必须进行招标的项目，该情形属于串通投标，严重违反公平竞争和诚实守信原则，损害了国家、集体和公民的合法利益，损害了其他投标人的合法权益，同时合同将直接被认定无效，情节严重的还将触犯刑法。《招标投标法》第五十三条规定："投标人相互串通投标或者与招标人串通投标的，投标人以向招标人或者评标委员会成员行贿的手段谋取中标的，中标无效，处中标项目金额千分之五以上千分之十以下的罚款，对单位直接负责的主管人员和其他直接责任人员处单位罚款数额百分之五以上百分之十以下的罚款；有违法所得的，并处没收违法所得；情节严重的，取消其一年至二年内参加依法必须进行招标的项目的投标资格并予以公告，直至由工商行政管理机关吊销营业执照；构成犯罪的，依法追究刑事责任。给他人造成损失的，依法承担赔偿责任。"

二、履约管理法律风险分析

市场经济下，企业在日常生产经营活动中的交易行为主要通过合同来实现。完善企业合同履行过程的监督管理，是深化企业合同管理的必然要求。本部分将分合同履行管理法律风险分析和质量监督管理法律风险分析两部分，就实践中常见的几种物力资源履约管理法律风险予以提示。

（一）合同履行管理法律风险分析

1. 关于合同履行资料不全的法律风险

俗话说，打官司就是打证据。证据在诉讼中起着举足轻重的作用，书面合同以及合同签订、履行过程中形成的一系列过程资料（包括但不限于双方往来邮件、备忘录、货物签收单、验收单等）都是在诉讼过程中能够起到关键作用的证据材料。但是，实践中，往往存在由于公司相关人员缺乏证据意识，不注重合同履行过程中相关证据收集以及合同资料的更新和保存，造成合同履行过程资料全部或部分毁损、遗失。此时，一旦发生合同履行纠纷，公司很可能因无法提供全面有效的合同履行证据而面临败诉后果。

2. 关于"三金"清退的法律风险

投标保证金、履约保证金和质量保证金（以下统称"三金"）退还过程中要注意是否存在以下情形：有无达到退还条件和退还时间；有无在中标人未出具有效书面说明要求"三金"退还至其他账户的情况下，直接将"三金"退至其他账户；是否只退还了保证金本金而未计息；招标文件规定的投标保证金退还期限是否超过法律规定的期限或实际退还时间是否超过法定期限；有无被法院查封、冻结或协助扣划；供应商有无破产或注销；供应商有无未供货、延期供货等违约情形；有无"发票校验""冲销"等情形。如公司在"三金"清退中未能避免上述行为，很可能与供应商或者合同相对方产生纠纷，从而使自身陷入十分被动的地位，甚至卷入诉讼。

3．关于代保管协议的法律风险

实践中，采购双方存在签订代保管协议的情形，也就是说，中标单位未实际供货，而采购单位却仍百分之百计算应付货款金额，所谓的"交货方式"是中标单位代保管采购单位购买的货物。

上述交货方式有多种法律风险：一是卖方"代保管"买方已经付清价款的货物，如果卖方经营不善或破产，买方将难以要求卖方返还保管物或要求其赔偿损失；二是代保管协议签订后多年未主张权利，货物到底有无生产过或生产过的货物现在到底在何处成为未知数，在实际经营活动中会直接造成管理混乱。

4．关于供应商债权转让的法律风险

根据《合同法》第七十九条规定❶，如果采购合同文本未约定"债权不能转让"的条款，除了根据合同性质或者法律规定不得转让的债权外，债权人可以不经过债务人同意即将对债务人享有的债权转让给第三人，从而给债务人的债务履行增加麻烦和风险。在实践中，常出现债权人通过寄送《债权转让通知书》的方式向债务人通知债权转让给第三人，在此情况下：①若债务人仍向原债权人履行债务，将面临该履行行为不发生清偿的法律效力，第三人仍可以要求债务人偿还债务的后果；②若债务人截至债务履行期限届满之日，仍未向第三人履行付款义务的，构成违约，须承担违约责任。

---

❶《中华人民共和国合同法》第七十九条规定：债权人可以将合同的权利全部或者部分转让给第三人，但有下列情形之一的除外：（一）根据合同性质不得转让；（二）按照当事人约定不得转让；（三）依照法律规定不得转让。

5. 关于诉讼时效❶、除斥期间❷届满的法律风险

合同一方如果忽略了诉讼时效、除斥期间的问题，没有在法律规定的期限内行使相关权利，将面临丧失胜诉权或者除斥期间经过解除权、撤销权等消灭的问题，从而面临合法权益受损的风险。

（二）质量监督管理法律风险分析

1. 验收不规范的法律风险

验收系物资质量监督管理的重要环节。企业相关人员若疏于对物资质量的审核验收，将很可能出现实收货物与合同标准不对称的问题，从而导致因缺乏相应的验收报告和审核信息，在诉讼中承担举证不力的后果。另外，对于建设工程合同，根据《最高人民法院关于审理建设工程施工合同纠纷案件适用法律问题的解释》第十三条之规定，工程未经验收、擅自使用将面临重大法律风险，即擅自使用可能被认定为发包人认可了承包人施工的工程质量符合合同约定的标准，已经行使建设工程验收的权利，丧失工程质量抗辩的权利。

2. 质量、验收条款约定不明确的法律风险

一般而言，合同验收环节由当事人自行约定，包括但不限于什么情况下可以申请验收，由哪一方提出验收申请，验收流程，验收依据，验收期间，验收不合格如何处理，等等。如果当事人没有约定检验期间，则要适用《合同法》一百五十七条、一百五十八条和《最高人民法院关于审理买卖合同纠纷案件适用法律问题的解释》有关检验和通知的时间限制。

其次，合同对物资验收标准、生产厂家、材质等约定不明的，将很可能导致供货商以低标准供货，或者因型号不详或材质不清等因素造成发错、用错材料，引发工程或项目进展被拖延或质量不合格的风险。

最后，一些合同中没有对验收过程中出现问题或验收不合格如何处理进行约定，造成实践中采购方对于验收存在的问题往往采取电话、短信、传真等比

---

❶ 诉讼时效，是指指民事权利受到侵害的权利人在法定的时效期间内不行使权利，当时效期间届满时，债务人获得诉讼时效抗辩权，分为一般诉讼时效和特殊诉讼时效。现《民法通则》有关一般诉讼时效的内容已失效，已经开始适用《中华人民共和国民法总则》有关诉讼时效的规定，即我国民事诉讼的一般诉讼时效从 2017 年 10 月 1 日起为 3 年。

❷ 除斥期间，是指法律规定某种民事实体权利存在的期间。权利人在此期间内不行使相应的民事权利，则在该法定期间届满时导致该民事权利的消灭。

较随意且快捷的方式进行通知。一旦发生争议，往往无法有效证明确实进行过验收，或就设备、货物存在的问题向供应商进行过通知，从而造成因未及时通知或无证据证明已通知而导致供应商仍然履行合同内容或者采购方丧失提出质量异议的权利，最终造成风险和损失的进一步扩大。

3. 质量监督管理相关制度落实不到位的法律风险

现阶段，电力企业的质量监督管理制度落实不到位，主要存在以下问题。第一，对供货方的调查评价不够。有的企业对供货方满足产品质量要求的能力、与质量要求对应的技术水平、现有设备、工具和人员状况以及质量体系的有效性等无法做到有效分析评价，或者不认真做分析评价，导致合同履行过程中，供货方出现资质不符或者履行不能的问题，进而导致合同违约或解除的风险。第二，对货物质量的跟踪控制和掌握不够。例如在合同履行过程中，未能及时发现产品质量问题，或者发现问题了未及时通知供货商修理、更换，未固定相关证据以追究供货商的违约责任，导致诉讼中举证不能。第三，工作人员参与物资质量控制的意识较淡薄，物资质量监督管理制度落实不到位。例如不能及时发现合同履行过程中货物的质量瑕疵，或者不知道如何固定供货方提供的货物质量不符合约定或法律规定的证据等。

4. 低价采购的法律风险

目前大部分电力企业主要通过价格对供应商进行筛选，虽然通过低价采购降低企业成本无可厚非，但是如果过于看重采购价格，则中标的供应商很可能是履约能力较差或者所供货物质量较次的供应商。此外，通过价格"压榨"供应商，导致供应商利润大幅度减少甚至亏损，最终很可能会造成供应商偷工减料，降低采购物资质量的现象发生。

三、物资管理法律风险分析

（一）仓储管理法律风险分析

仓储管理是指对公司实体仓库、储备物资、仓库作业的管理，包括仓储规划建设（仓储网络、仓储信息化、仓储标准化）、库存物资管理（入库、出库、退库、保管保养、稽核盘点、报废等）、安全管理等工作。仓库管理工作对于确保物资安全、配送快捷等物资管理工作具有重要意义，以下对仓储管理中的法律风险予以分析。

1．仓储物验收风险

仓储物验收风险主要指接收入库前货物验收的风险，包括对货物品种、规格、数量、质量等的验收。在仓储管理中，若仓储管理人员未对照货物单证等列明的品种、规格、数量、质量等与实际货物逐一检验核实，入库物资很有可能存在单证和实物不一致、货物短缺、规格不符或明显的质量问题等情况，这将导致在后续货物出库或使用过程中出现问题。

此外，单一人员验收可能无法规范仓储物验收行为，如相关验收人员的专业知识储备不足，可能无法发现物资存在技术性问题等瑕疵，从而导致物资数量等存在短缺或质量在一开始入库时存在瑕疵。因公司员工验收有误造成的损失，将难以向物资买卖合同的对方当事人主张权利，不利于公司合法权益的维护。

2．仓储物保管风险

首先，仓库管理制度不健全会带来管理风险。第一，出入库规则不明确。物资尚未进行入库操作就直接被"出库"并使用，导致相应物资在仓储系统中未留下痕迹，但实际上公司已经根据买卖合同关系等支付了相应价款，即从仓储管理层面和合同履约层面产生了冲突，产生管理上的混乱。第二，奖惩制度未建立或不健全。如在禁止携带明火及各种火种进入仓库的同时，未对违反者应当承担的后果进行明确规定，难以在制度上对违规行为进行制约。

其次，仓储货物未分类别或按入库时间、仓库管理规则进行归置存放，会导致货物库存确认和出库操作时难以及时快速检索到相应货物。同样地，也不利于物资管理。如不同货物需采取不一样的存储条件和措施，不分类储存保管将极大增加仓储管理的难度，不合理地增加成本。另外，在消防通道或过道等地方放置货物，将导致道路不通畅等，极可能在紧急情况下引发险情。

最后，未采取管理措施和配置相关应急设备。如未建立健全火灾风险防控制度，未配置消防栓等灭火设备，如遇意外火灾，将无法及时采取补救措施，可能直接导致损失进一步扩大。又如未建立防盗措施，物资可以不经消磁等出库操作而直接被携带出库，将给仓库物资管理及安全造成极大隐患。

3．运输、装卸风险

货物运输过程中的风险主要是货物途中毁损的风险和货物未按时送达的风险。货物损毁的原因有很多，客观因素包括运输途中可能发生的自然灾害、交通事故等。主观因素包括合同条款约定不明确，未能将货物交付前风险转移到交易相对方；运输人员因违规操作或因工作疏忽，对风险发生的警惕性降低以及偷盗情况的发生，导致货物处于风险状态并受到一定损害。货物未按时送达的原因主要在于承运人未按照约定时间运输货物或运输途中可能发生不可抗力或交通事故等。

装卸搬运是运输、保管、包装、流通等活动的中间环节，主要包括货物进出库的装卸以及在仓库内的清点盘查等检验活动。装卸风险主要在于操作人员未按照有关规定装卸、操作疏忽不当、装卸机器设备年老失修等原因导致货物损毁。装卸活动贯穿物资管理的全过程且频繁发生，因此需要对装卸过程中的风险引起高度重视。

（二）废旧物资管理法律风险分析

废旧物资管理工作的法律风险主要体现在物资价值评估有误、特殊废旧物资管理等方面，以下就该问题展开论述。

1．物资价值评估有误

部分物资尚未完全失去使用价值，只要经过维修即可重新投入使用，但在实践中存在未对维修的经济和技术可行性进行论证分析即认定物资已丧失使用价值而进行报废，导致仍可使用的物资被报废。此外，对于有处置价值的报废物资未提前估价，未编制竞价底价，导致价值评估存在错误，处置价格过低。

2．特殊废旧物资管理

特殊类废旧物资是指国家法律法规规定有专门处置要求的物资，包括危险、污染性报废物资、电器电子产品以及其他特殊报废物资。主要包括以下几种：

第一，列入《国家危险废物名录》的危险、污染性报废物资，如废矿物油、废铅蓄电池等；列入《废弃电器电子产品处理目录》的报废物资，如空调、电视机、热水器、洗衣机类电器产品，传真机、打印机等办公类电子产品；《废电池污染防治技术政策》中规定的废旧锂离子电池等。上述废旧物资如随意处置，可能造成严重污染环境等不可挽回的损失。

第二，属于国家规定的秘密载体、磁盘介质载体的特殊报废物资。主要包括涉密计算机、涉及公司重要商业秘密的计算机、笔记本电脑、服务器、复印机等，以及属于商用密码产品的特殊性报废物资（包括密码机、加密机、加密认证装置等）。上述废旧物资未经处理即作为废旧物资销售，可能导致商业秘密泄漏而造成巨大损失。

第三，国家强制性管理的报废车辆。国家强制性管理的报废车辆，在报废后不得继续上路及使用。

第三节　物力资源管理法律风险防范

控制和防范物资管理法律风险，是物力资源管理的重要目标。本节将在正确识别物资管理各个环节法律风险的基础上，结合相关法律法规和其他有关规定，针对第二节提出的采购程序管理、履约管理以及物资管理法律风险，提出对应的风险防范措施。

一、采购程序管理法律风险防范

1．应该招标而未招标法律风险防范

在企业经营中，招标采购应为常态，为防止应招未招的现象发生，可以从招标计划、招标范围、条件审核三个方面进行防范。

合理制定招标计划。企业在制定招标计划时，应充分考虑招标过程所耗费的时间。《招标投标法》第二十四条规定："招标人应当确定投标人编制投标文件所需要的合理时间；但是，依法必须进行招标的项目，自招标文件开始发出之日起至投标人提交投标文件截止之日止，最短不得少于二十日。"对于依法必须招标的项目，只有给招标预留充足的时间，招标人才可能选择进行招标采购，否则只能通过非招标方式或者选择不招标方式来代替招标采购，极大

地增加企业的采购法律风险。除此之外，企业也应考虑招标结束后企业与投标人签订和执行合同所需的时间，原因很简单，如果合同履行阶段缺少足够的时间，企业为了确保年度经营目标可以按时完成，只能铤而走险，采用先实施后招标或不招标的方式来增加合同执行阶段的时间，给企业经营留下极大的风险隐患。

明确依法必须进行招标的范围。《招标投标法》第三条规定："在中华人民共和国境内进行下列工程建设项目包括项目的勘察、设计、施工、监理以及与工程建设有关的重要设备、材料等的采购，必须进行招标：（一）大型基础设施、公用事业等关系社会公共利益、公众安全的项目；（二）全部或者部分使用国有资金投资或者国家融资的项目；（三）使用国际组织或者外国政府贷款、援助资金的项目。前款所列项目的具体范围和规模标准，由国务院发展计划部门会同国务院有关部门制订，报国务院批准。法律或者国务院对必须进行招标的其他项目的范围有规定的，依照其规定。"

《招标投标法》和《招标投标法实施条例》对依法必须进行招标的项目的例外情形进行了规定。《招标投标法》第六十六条规定："涉及国家安全、国家秘密、抢险救灾或者属于利用扶贫资金实行以工代赈、需要使用农民工等特殊情况，不适宜进行招标的项目，按照国家有关规定可以不进行招标。"《招标投标法实施条例》第九条规定："除招标投标法第六十六条规定的可以不进行招标的特殊情况外，有下列情形之一的，可以不进行招标：（一）需要采用不可替代的专利或者专有技术；（二）采购人依法能够自行建设、生产或者提供；（三）已通过招标方式选定的特许经营项目投资人依法能够自行建设、生产或者提供；（四）需要向原中标人采购工程、货物或者服务，否则将影响施工或者功能配套要求；（五）国家规定的其他特殊情形。"根据《招标投标法》，大多数依法必须招标的项目为工程项目，而国家电网有限公司对必须进行招标的范围进行了进一步明确，需要在工作中严格遵循。

加强招标条件审核。条件审核是企业预防应招未招法律风险的重要措施之一。针对采用非招标方式进行采购的项目，企业采购计划的审批人员应对不招标的理由进行严格审核，同时关注同类物资采购计划，避免需求单位化整为零，将项目拆分后进行非招标采购。条件审核时应对非招标理由进行充分论证，而不仅仅根据一张签字的采购申请单进行判断，对满足依法必须招标条件的项目却采用非招标方式采购的计划应予以退回。

2. 应该公开招标却采用邀请招标的法律风险防范

在招标过程中，邀请招标相对公开招标，操作更方便，也比较容易控制中标结果，因此《招标投标法》和《招标投标法实施条例》对公开招标如何转为邀请招标进行了明确的区分。《招标投标法》第十一条规定："国务院发展计划部门确定的国家重点项目和省、自治区、直辖市人民政府确定的地方重点项目不适宜公开招标的，经国务院发展计划部门或者省、自治区、直辖市人民政府批准，可以进行邀请招标。"《招标投标法实施条例》第八条规定："国有资金占控股或者主导地位的依法必须进行招标的项目，应当公开招标；但有下列情形之一的，可以邀请招标：（一）技术复杂、有特殊要求或者受自然环境限制，只有少量潜在投标人可供选择；（二）采用公开招标方式的费用占项目合同金额的比例过大。有前款第二项所列情形，属于本条例第七条规定的项目，由项目审批、核准部门在审批、核准项目时作出认定；其他项目由招标人申请有关行政监督部门作出认定。"在实际操作中应严格遵守执行，不能随意采用邀请招标代替公开招标。

3. 以"议标"或"续标"的方式代替招投标的法律风险防范

"议标"和"续标"均不是《招标投标法》和《招标投标法实施条例》认可的招标方式，因此在实际操作中应严格审核采购手续，杜绝"议标"和"续标"的情况出现。

由于企业不属于《政府采购法》（2014 修正）的适用主体，因此可根据企业自身管理需要，参照《政府采购法》制定与自身相匹配的企业管理制度。作为与"议标""续标"相接近的竞争性谈判和单一来源采购，都需要严格遵守采购基本程序：从申报采购需求、编制采购文件、发出采购邀请、组建谈判小组、组织评审谈判到最后推荐成交结果。以电网企业为例，国家电网公司对适用单一来源采购的几种情形进行了限定。《国家电网公司非招标方式采购活动管理办法》第二十二条规定："（一）采购标的只有唯一的供应（服务）商，或者采用其他采购方式只有唯一的供应（服务）商应答；（二）需要向原中标人采购工程、货物或者服务，否则将影响施工或者功能配套要求。采购行为属于添购，是在原有采购项目上增加或者改进，而不是新购置一种工程、货物或者服务；（三）发生了不可预见的紧急情况，不能或者来不及从其他供应（服务）商处采购。可以采用单一来源的方式采购。"

因此，不能以简单的"议标"或"续标"方式代替招投标，如需要采用非招标方式采购，需要明确项目是否属于非招标范围，并在可以采用非招标采购的前提下履行程序采购。

4．非招标方式采购法律风险防范

除了法律规定的可以按照非招标方式进行采购的项目外，在原来属于依法必须招标的项目依法转为非招标采购项目的时候，需要严格履行审批、核准手续，不得直接将招标采购的项目转为非招标方式采购。

《国家电网公司非招标方式采购活动管理办法》对非招标方式采购的情形明确如下："（一）依法可以不实施招标的项目，包括不属于《中华人民共和国招标投标法实施条例》第二条定义的工程建设项目，未达到《工程建设项目招标范围和规模标准规定》第七条规定标准的项目（各省市地方另有规定的从其规定），以及属于《招标投标法》第六十六条和《招标投标法实施条例》第九条规定情形的；（二）依法必须招标项目的货物、设计、施工，经两次公开招标，递交投标文件的投标人均不足3个，按照国家有关规定需要履行审批、核准手续的，报项目审批、核准部门审批、核准后不再招标；（三）两次公开招标，评标委员会否决部分投标后，导致有效投标不足3个且明显缺乏竞争而否决全部投标，或者所有投标均被否决。其中，按照国家规定需要核准项目的设计，报经原核准部门批准不再招标；（四）已建成项目需要改、扩建或者技术改造，由其他单位进行设计影响项目功能配套性的设计，按照国家有关规定需要履行审批、核准手续的依法必须招标的项目，经项目审批、核准部门审批、核准后不再招标；（五）不属于依法必须招标且未纳入总部集中采购目录范围，实施授权组织采购的项目；（六）按照国家有关部门要求，不进行招标的项目；（七）其他依照法律、法规、规章规定不是必须招标的项目。"

二、履约管理法律风险防范

针对合同履行过程中的法律风险，企业在日常经营管理过程中应当做好风险防范，认真分析风险产生的原因，高度重视合同履行法律风险防范，确保物力资源的安全稳定供应。

（一）合同履行管理法律风险防范

1. 关于合同履行资料保存问题的法律风险防范

合同履行资料保管是企业合同管理的一个重要环节。企业应当积极采取措施对合同履行过程中双方的往来函件、备忘录、会议纪要、传真、邮件、电话记录等进行有效管理。一旦发生纠纷，这些资料将发挥重要的证据效力。此外，在卖方交付货物时，买方还应注意索要相关随附单据，如果发生纠纷，这些单据和资料也是有力的证据。

2. 关于"三金"清退问题的法律风险防范

（1）"三金"退还时应通盘严格比照招标文件、采购合同中的退还条款，达到退还条件和退还时间的方可退还，尤其是质量保证金，要关注质保期是否已满以及有无质量问题或是否已经完成索赔的问题。

（2）"三金"退还时需原路退还至中标人的账户，不得退还至其他账户，除非有中标人的有效书面说明或者法律另有规定，例如在法院宣告中标人进入破产程序同时指定了管理人后，原路退还至中标人的账户失败的情况下，应将"三金"退还至管理人书面提供的账户。

（3）招标人最迟应当在书面合同签订后 5 日内向中标人和未中标的投标人退还投标保证金及银行同期存款利息。

（4）对同一家供应商递交的"三金"有多个查封、冻结或扣划协助通知的，如果该供应商已经破产，应将"三金"退还给破产管理人而非法院，但应当告知法院；如果该供应商未破产，应按照查封、冻结或扣划协助通知的先后时间顺序进行处理。

（5）供应商在某些合同存在未供货等严重违约情形下，若公司欠付供应商的质保金、货款金额（如公司对供应商有逾期付款的违约金的应一并计入，下同）小于供应商应付公司的违约金的，则公司可向供应商发函要求用供应商应付公司的违约金抵销公司欠付供应商的质保金、货款金额，并在函中对差额部分要求供应商及时支付；如公司核算出的欠付供应商的质保金、货款金额大于供应商应付公司的违约金的，则公司可向供应商发函，要求用供应商应付公司的违约金抵销公司欠付供应商的质保金、货款金额，发函抵销后的差额部分公司支付供应商即可。

3．关于代保管问题的法律风险防范

公司相关部门可以通过对代保管协议进行一次梳理，对于时间较早的，及时发函主张返还保管物等，避免损失发生，对于以后签订的采购合同应当避免采用代保管的交货方式。

4．关于债权转让问题的法律风险防范

公司在与供应商签订采购合同时可以通过增加"未经买方同意，卖方不得将本合同项下的债权（合同价款及其他权利）转让给任何第三方"的条款的方式，来避免债权人将债权直接转让给第三人，从而给公司的债务履行带来麻烦和风险。

5．关于诉讼时效、除斥期间届满问题的法律风险防范

一些合同救济措施有明确的法律规定期限，如撤销权、解除权等，期限届满当事人不行使，该权利就消灭。另外，合同中也会有对双方权利行使时限的约定，过了约定时限，未行使的权利将面临消灭的风险。所以在合同履行过程中，应随时关注对方履约情况，如果对方出现违约行为，要及时行使相关救济措施（包括但不限于撤销权、解除权等）。同时，企业可以通过聘用具有专业知识的法务人员来进行企业日常合规管理，或委托专业的律师事务所，对于企业的合同履行情况进行全面的梳理，以防范诉讼时效、除斥期间届满带来的风险。

此外，要注意诉讼时效期间，权利受损后要及时向对方主张权利，或申请仲裁，或向人民法院起诉，避免因超出诉讼时效丧失胜诉权的风险。

（二）质量监督管理法律风险防范

1．验收不规范的法律风险防范

首先，在交货、验收过程中应尽可能完整保留各种履行证据。如将来双方因货物的质量、性能等产生争议，这些书面文件都将是最重要的证据。对卖方而言，要尽量要求买方在验收单上签字确认，并保留好相关签字验收单，以避免买方事后提出设备瑕疵的主张时，双方权责难以厘清。对买方而言，签字确认时要谨慎，一旦签字就证明了对货物当时状态的确认和认可，事后将难以提出异议。

其次，及时通知、反馈验收情况。如果在验收时发现货物的性能参数有偏差或与合同约定不符，影响设备正常使用的或者合同目的实现的，一定要立即提出异议，采用书面形式通知对方验收不合格，并固定留存相关验收资料；但如果只是细微的偏差或者与合同约定稍有不符，不会造成实质影响的，可以在签署有关文件时加以标注，或声明保留，从而不仅使设备供应工作得以继续进行，也为日后就相关事项追究对方的责任留有余地。

最后，对于建设工程合同，发包人或业主方在施工过程中要尽量做到对每道工序逐一验收、确认，尤其要落实隐蔽工程和重点部位的前期准备和施工监督，严格按照程序进行验收，在每一环节验收合格后再进行下一环节的工作。主要材料进场前及投入使用前要进行检测，完工后要进行竣工验收等，还要注意避免未经验收、擅自使用的行为，以防承担"视为竣工验收合格"的不利法律后果。此外，应注重工程验收资料的管理，包括但不限于施工设备、施工材料、施工人员的档案信息和相关的合格证、设备的调试报告、施工进度报告等。

2. 质量和验收条款约定不明确的法律风险防范

首先，明确质量标准。物资采购合同中，质量标准应具体说明适用哪个标准。如果没有法定标准的，可双方约定标准；凭样品买卖的，应当封存样品并对样品质量予以说明。需要注意的是，由于质量标准更新较快，合同中还应注明"质量验收不限于以上标准，其中未包括的内容，执行现行的适用于该物资的国家和行业最高标准"。货物的名称、型号、规格、数量、单价、材质、生产厂家、单位、质量保证期间及其起算点等内容也应在合同中准确、详细约定。对技术性能参数较多、较广的货物，应另外签订技术协议作为合同附件，避免型号不详或材质不清等因素造成发错、用错材料的情况出现，影响工程进展和工程质量。需要注意的是，对于采购内容的具体参数没有明确约定的，可以参用工作联系单的形式予以补充。对于特殊物品、专业工具等，可以在合同签订时就将相应的国家标准或国际标准作为合同履行的约束条件。

其次，规范验收条款。验收条款通常应明确检验义务人、验收标准、验收时间、验收程序及提出质量异议的期限、异议的解决等内容。对于某些特殊产品，由于标的物的特殊性及检测条件等限制，需求单位在接收货物后立即检验通常只能查明标的物数量是否存在短缺、外观是否存在瑕疵，其内在质量是否存在瑕疵很难判断。因此，对于验收条款的约定还应注意以下内容：

（1）对重大设备的质量异议期限，一般应当约定在设备交付、运行后的一段时间。

（2）对出卖人的质量保证义务予以明确化，如约定"卖方承诺对本合同项下的设备提供二十四个月（含本数）的质量保证，在卖方承诺的质量保证期终止之前，卖方对设备实行'三包'服务。卖方逾期提供保修义务的，买方有权自行或委托第三方进行维修，因此而产生的费用，买方有权直接从保修金中予以扣除，保修金不足以弥补实际维修费用的，买方有权就不足部分向卖方进行追偿"。

（3）明确约定出现质量问题后的处理方式（如修理、更换），由此产生的费用由哪一方承担，如尚未付清货款的，在质量问题未处理完毕前，买方是否有权扣留相应到期应付货款等。

3．质量监督管理相关制度落实不到位的法律风险防范

首先，建立物资质量跟踪制度。在物资出库安装使用后，如发现异常，及时向供应商反映。此外，企业其他部门应配合物资管理部门开展物资监造、抽检、巡检工作，定期反馈设备质量、服务、履约等信息，对监造、抽检、巡检过程中发现的问题及时提出处理意见，重大事项应当及时向上级部门汇报。

其次，强化质量控制的监督激励机制。第一，合理调动和运用各部门的力量，发挥企业职能部门的管理优势、组织优势，促进质量控制的顺利实施。第二，进一步加强制度的执行和监督，保证采购业务按流程和规定进行运作，特别是对物资需求计划，要认真审核，防止指定采购。第三，通过巡查、抽查、定期检查等方式，全面掌握物资采购合同履行情况，及时发现供应商供货不符合约定或法律规定的情形并及时向供应商提出质量不符的问题，同时还要注意固定相关证据。第四，建立质量控制激励机制，结合物质奖励和精神鼓励手段，增强工作人员参与物资质量控制的主动性和责任心，从而促进物资质检目标的全面实现。

4. 低价采购的法律风险防范

首先，合理控制采购价格。例如可以通过充分的市场调研，合理评估拟采购货物的价格水平，在保证产品质量的情况下选择供货价格低的供货商。其次，锁定优质供应商。物资管理部门应做好市场供应商信息搜集，积极邀请质量好、服务优、价格合理的供应商前来投标，与当前提供服务的优质供应商建立长期战略合作关系，同时深度挖掘市场上有相应生产实力与供货能力的潜在供应商，为需求单位招标采购提供保障。同时，物资采购单位可以通过对供应商的供货质量、售后服务、交货期等实际履约情况开展"一单一评价"工作，及时对不良行为进行处理，提高供应商的产品质量与服务水平。

三、物资管理法律风险防范

（一）仓储管理法律风险防范

1. 仓储验收法律风险防范

第一，建立健全仓库作业操作手册，规范物资验收入库工作流程。在物资接收入库时组织两位仓库管理人员进行验收，仔细核对物资名称、品质、规格、数量，并保证外表完好，附随资料包括质量证明和质保书等齐全。

第二，建立个人责任制。物资入库前须由两位仓库管理验收人员签字确认，且验收人员信息与相应物资信息一并录入仓库管理系统。验收人员对入库物资的初步验收结果承担责任，如因验收人员未按照相应规定和标准进行验收产生问题的，由验收人员承担责任。物资出库时，领用人员与仓库管理人员一并再次对物资进行核对校验，以便准确追责。

第三，提高验收工作准确率。对仓库管理验收人员进行专业知识培训。仓库管理员在公司的统一领导下负责所有进出仓库物资的管理，故应当熟悉主要材料、物资的产品类别、规格和质量标准，了解材料抽样送检和质量证明资料有效性要求，熟悉仓库、危险品有关管理规定，这样有利于提高验收工作的效率。此外，对于技术含量高的物资或金额巨大的物资，则可考虑由相关负责人进行验收或组织第三方鉴定机构进行鉴定后验收入库。

2．仓储保管法律风险防范

第一，规范仓库物资储存保管、调拨出库、稽核盘查、库存报废等工作流程。保证全部物资"先进再出"，即全部物资必须先登记入库后再根据相应文件、单据履行出库手续，出库时仔细核对物资名称、品质、规格、数量，并做出库记录。对于存在以下情形的，仓库管理人员可以拒绝验收或出入库：未经主管等负责人批准的采购、与合同计划或清单不相符的采购物资、与要求不符合的采购物资、物资领用单无主管等负责人签字或字迹不清的。

同时，物资出库应根据入库时间遵循"先进先出"原则，即同品类物资，先入库的物资先出库，有利于最大程度地享有质保期的保障。此外，公司还应当定期组织库存物资盘点，如账面和实际库存存在差异的，根据盘点情况具体分析数据差异原因。盘点作业人员需对盘点结果签名确认并对盘点结果负责，如存在弄虚作假、虚报数据、书写数据错误等，则需要根据情况追查相关责任主体。

第二，分类存储并定期整理、维护。物资的存储应当根据物资的品质、规格、体积、重量等特征确定，以便于货物库存确认和出库操作时能快速检索到相应货物。同时，分类储存保管可以降低仓储管理的难度，方便对适用相同储存条件的货物采取相同的管理措施，降低储存管理的成本。此外，仓库管理需要定期整理和维护，对常用或每日有变动的物资要做到随时盘点，并对库存信息进行核对和更新，确保报表数据的准确性。如发现数量有误差，须及时查处原因并更正，防止货物因未定期维护而灭失。

第三，利用现代科学技术降低仓储管理工作的出错率，提高工作效率。积极应用条形码、二维码等物流技术，以便于快速识别物资信息，避免因人工录入、识别导致错误的概率，缩短物资出入库、分拣、上下架、盘点时间。利用现代科学技术以量化管理有关指标，如特殊物品存放所需的温湿度要求，降低因人工操作出错的风险，提高仓库管理效率，减少人力成本。

第四，建立健全防火、防洪、防盗、防损、防破坏等安全制度。制订相关预案，定期演练，培养和训练员工的应急能力，能快速及时识别各种潜在危险并采取应对措施。比如，非仓库人员谢绝进入仓库，严格进行出入库管理，对出入库人员、车辆、货物严格检查、验证和登记后才予以放行。必要时，也可签订有关商业保险合同，发生意外损失时，能有效转移风险，降低企业损失。

第五，如委托第三方仓储单位进行仓储物保管的，需在与第三方的仓储合同中对仓储内容予以细化约定，如量化保管指标（包括物品存放的温湿度、盘点库存频率等），确定相关管理制度和仓储单位负责人，明确违约情形和需承担的违约责任。

3. 运输、装卸法律风险防范

对于物资运输，应当在货物装运前做好包装工作，防止运输过程中因互相碰撞等导致损坏。货物装车时应从重到轻、从大到小并做好稳固工作，确保装车完毕后货物在运输过程中处于固定状态。同时，注重物资运输途中的管控工作，尤其加强对重点物资配送过程的管控，通过定位系统等方式，确认车辆状态和位置，全程实时把控运输过程，确保运输安全。如委托第三方运输机构对货物进行运输的，应当在货物运输合同中明确在不同情形下货物损毁灭失的承担主体及货物损毁灭失责任承担条款。

对于货物装卸工作，需要对装卸相关操作人员进行集中培训或以手册等方式告知装卸的注意事项以及须遵守的相关规定。如装卸吊装机械等操作人员须取得相关特种作业人员证书等。对于采取人力的货物装卸，应保证装卸人员接受过基本装卸技能训练，有装卸技能和知识，避免物资损坏和装卸人员的人身安全受到损害。同时，所使用的装卸器具，应符合安全标准且验收合格，公司应当对装卸机械、器具等进行定期检查保养，及时维修，严禁带故障使用和违章操作。

（二）废旧物资管理法律风险防范

1. 废旧物资处置过程的法律风险防范

第一，确认是否需进行报废处理。错误地将仍有较高使用价值的物资作报废处理可能导致资源的浪费，严重时甚至可能造成国有资产的流失。对不可维修的废旧物资，应当确认其已经丧失实施维修的经济可行性和技术可行性后，再进行报废处理，如可维修且经返修后仍有较高使用价值的物资，应考虑继续使用。对可多次使用的低价值易耗品，应根据性质和用途等，充分发挥利用价值。

第二，多部门共同估价。物资管理部门在报废物资竞价处理前组织实物管理部门、财务部门、使用保管单位等以估值为基础，编制报废物资竞价底价，底价原则上不得低于估价，废旧物资处置价格原则上不得低于估价。

第三，对估价不同的废旧物资，采取不同处置方式。对估价根据金额进行分类，不同价格区间的废旧物资采取不同的审批流程和处置方式。对于处置收益较高且处置成本较低的报废物资，如报废变压器、断路器、铁塔、导线、电缆等，要在招标平台集中开展网上竞价（拍卖）处置。其中，配电、电能表等报废物资，应当按专业要求组织开展拆解破坏处理，防止回流进入电网企业。

2．特殊废旧物资管理法律风险防范

第一，危险、污染性废旧物资以及废弃电器、电子产品的处理，依据《固体废物污染环境防治法》（2016 修正）、《废弃电器电子产品回收处理管理条例》等法律法规，在确保满足当地环保有关规定要求的前提下，选择经公司环保管理部门认可、具备相关资质的企业或机构，采取平台竞价、框架协议等方式回收处理。以废旧干电池为例，应放置于公司专门收集干电池的收集箱，由相关回收责任单位进行回收。

第二，涉及电脑、服务器等有存储介质功能的废旧物资的处理，必须首先将原始数据进行备份，根据有关规定对存储介质及数据进行清理，并经公司信息保密归口管理部门确认后，采取平台竞价、原厂回收或框架协议等方式处理。属于商用密码产品的，应由实物使用保管单位（部门）向国家密码管理机构备案。

第三，报废车辆由实物管理部门组织实物使用保管单位（部门）按照《报废机动车回收管理办法》（国务院令第 715 号）、《机动车强制报废标准规定》（商务部、发展改革委、公安部、环境保护部令 2012 年第 12 号），依据本地车

辆报废有关规定进行处置。

第四，对于国务院环境保护行政主管部门会同国务院有关部门制定的国家危险废物名录内的废旧物资，包括废矿物油与含矿物油废物、含锌废物等，必须按照国家有关规定制定危险废物管理计划，并向所在地县级以上地方人民政府环境保护行政主管部门申报危险废物的种类、产生量、流向、贮存、处置等有关资料，并且按照国家有关规定处置危险废物，不得擅自倾倒、堆放。

第四节 典型案例评析

案例九：先做项目后补招标 程序违规合同无效

案情简述

2012 年 5 月 27 日，甲公司和乙公司签订《施工协议书》，协议约定：甲公司承建某工程（分为 A 区、B 区、C 区和 D 区），该工程为省重点工程，总工程价款 4.8 亿元。开工日期为 2012 年 6 月 10 日，竣工日期为 2013 年 6 月 30 日，质量达到省优质工程，结算依据为施工图纸及《施工协议书》，预算定额执行 2010 年相关定额标准，按施工进度每月拨付一次工程进度款，工程进度截止到每月的 25 日，该协议与备案的《建设工程施工合同》相抵触的内容，双方以该协议为准执行。

甲公司于 2012 年 7 月 15 日开始施工，甲公司进场施工后，将 B 区的主体工程全部转包给第三方施工，2012 年 9 月，乙公司对 B 区项目进行招投标，并由甲公司中标，后因 B 区项目发生质量事故，从而发生纠纷。该案件诉至法院后，法院判定招标程序不合法，并认定合同无效。

法律分析

1. 先施工后招标行为属于"串标"

案例中的工程是关系到社会公共利益、公共安全的建设工程项目，根据《招标投标法》第三条"在中华人民共和国境内进行下列工程建设项目包括项目的勘察、设计、施工、监理以及与工程建设有关的重要设备、材料等的采购，必须进行招标：（一）大型基础设施、公用事业等关系社会公共利益、公众安全的项目；……"，国家发展计划委员会经国务院批准《工程建设项目招标范围和规模标准规定》第三条"关系社会公共利益、公众安全的公用事业项目的范围包括：（一）供水、供电、供气、供热等市政工程项目；（二）科技、教育、文化等项目；（三）体育、旅游等项目；（四）卫生、社会福利等项目；（五）商品住宅，包括经济适用住房；（六）其他公用事业项目。"之规定，案涉工程必须进行招投标。双方当事人的上述行为实为"先定后招"的"串标"行为。

2. 案例合同效力问题

案例合同无效。《最高人民法院关于审理建设工程施工合同纠纷案件适用法律问题的解释》第一条第三款规定："建设工程施工合同具有下列情形之一的，应当根据合同法第五十二条第（五）项的规定，认定无效：……（三）建设工程必须进行招标而未招标或者中标无效的。"案例中，双方当事人于 2012 年 5 月 27 日签订《施工协议书》，甲公司于 2012 年 7 月 15 日进场开始进行全面施工，乙公司于 2012 年 9 月对 B 区进行招投标，双方当事人于 2012 年 10 月 8 日根据中标通知书签订 B 区《建设工程施工合同》。案例工程属于重大工程，涉及社会公共利益及公众安全，属于《招标投标法》第三条规定必须进行招投标的范畴。双方当事人签订的《施工协议书》因未经招投标程序，应属无效合同。而双方当事人签订的《建设工程施工合同》因先施工后招标的行为，明显属于先定后招、明招暗定，因违反《最高人民法院关于审理建设工程施工合同纠纷案件适用法律问题的解释》第一条第三款及《招标投标法》等法律、司法解释的效力性、强制性规定，合同无效。甲乙公司对上述行为违反法律、行政法规的禁止性规定应为明知，对合同无效均存缔约过错。

3. 合同无效后的过错承担问题

施工合同无效，缔约双方应当按照导致合同无效的缔约过错承担相应民事责任。乙公司为施工合同发包人、招投标程序中的招标人，在工程招投标程序中，明显居于主导和支配地位。对于因为讼争工程建设项目依法应当招标而未招标、先施工后招标的串标行为等导致施工合同无效，乙公司应当承担主要过错责任。甲公司存在转包行为，甲公司应承担相应的过错责任。

关于工程转包方面，《合同法》第二百七十二条第三款规定，禁止承包人将工程分包给不具备相应资质条件的单位，禁止分包单位将其承包的工程再分包，建设工程主体结构的施工必须由承包人自行完成。甲公司将工程转包给第三人施工，违反了诚信原则，并损害了合同信赖基础，需要承担过错责任。

启示建议

1. 依法必须招标的工程建设项目应严格招标

《招标投标法》对必须招标的项目进行了明确的规定，《招标投标法》第三条规定："在中华人民共和国境内进行下列工程建设项目包括项目的勘察、设计、施工、监理以及与工程建设有关的重要设备、材料等的采购，必须进行招标：（一）大型基础设施、公用事业等关系社会公共利益、公众安全的项目；（二）全部或者部分使用国有资金投资或者国家融资的项目；（三）使用国际组织或者外国政府贷款、援助资金的项目。前款所列项目的具体范围和规模标准，由国务院发展计划部门会同国务院有关部门制订，报国务院批准。法律或者国务院对必须进行招标的其他项目的范围有规定的，依照其规定。"

所谓的工程建设项目，《招标投标法实施条例》（2019修订）也进行了解释，《招标投标法实施条例》第二条规定："招标投标法第三条所称工程建设项目，是指工程以及与工程建设有关的货物、服务。前款所称工程，是指建设工程，包括建筑物和构筑物的新建、改建、扩建及其相关的装修、拆除、修缮等；所称与工程建设有关的货物，是指构成工程不可分割的组成部分，且为实现工程基本功能所必需的设备、材料等；所称与工程建设有关的服务，是指为完成工程所需的勘察、设计、监理等服务。"

2. 招标过程需要公平公正

《招标投标法》第五条规定："招标投标活动应当遵循公开、公平、公正和诚实信用的原则。"同时《招标投标法》也对串标行为的处罚作出了规定，《招标投标法》第五十三条规定："投标人相互串通投标或者与招标人串通投标的，投标人以向招标人或者评标委员会成员行贿的手段谋取中标的，中标无效，处中标项目金额千分之五以上千分之十以下的罚款，对单位直接负责的主管人员和其他直接责任人员处单位罚款数额百分之五以上百分之十以下的罚款；有违法所得的，并处没收违法所得；情节严重的，取消其一年至二年内参加依法必须进行招标的项目的投标资格并予以公告，直至由工商行政管理机关吊销营业执照；构成犯罪的，依法追究刑事责任。给他人造成损失的，依法承担赔偿责任。"

在招标人和投标人串标的基础上签订的合同，会因为违反法律、行政法规的强制性规定而直接无效，合同无效后，将带来其他的风险，在实际操作中应予以避免。《合同法》第五十二条规定："有下列情形之一的，合同无效：（一）一方以欺诈、胁迫的手段订立合同，损害国家利益；（二）恶意串通，损害国家、集体或者第三人利益；（三）以合法形式掩盖非法目的；（四）损害社会公共利益；（五）违反法律、行政法规的强制性规定。"

案例十：因第三人引发火灾　保管人担过错责任

案情简述

2013 年 12 月 26 日，甲公司与乙公司签订《仓储物资代储协议》一份，约定乙公司为甲公司代储机电产品，数量为 400 吨，同时，还约定了仓储期限、代储费用标准及支付方法、损失损耗处理办法、双方权利义务等内容。协议签订后，甲公司按约定于 2013 年 12 月 26 日向乙公司交付 2014 年 1 月至 6 月代储费（仓储管理费）2 万元，并于 2014 年 1 月向仓储库内存储机电产品 400 吨。2014 年 3 月 26 日，乙公司与丙公司签订《施工合同书》一份，约定丙公司承包乙公司库房屋面改造项目，合同签订后，丙公司按约定为乙公司维修库房。2015 年 5 月 16 日 13 时，丙公司电焊工姚某在施工中进行焊接作业时，电焊熔渣引燃屋顶油毡纸和木板等可燃物发生火灾，火灾造成甲公司仓储物资被烧毁。甲公司向法院起诉：请求判令乙公司和丙公司赔偿经济损失，并互负连带责任。法院判决丙公司承担本次事故损失的 90% 责任，由乙公司承担 10% 责任。

📖 法律分析

根据《合同法》第一百二十一条和第一百二十二条的规定❶，针对财产损害产生的侵权责任和违约责任，当事人只能择一进行诉讼。本案中，甲公司选择以侵权事由主张权利，系财产损害赔偿责任纠纷。涉案财产损害因丙公司侵权行为直接造成，各方均无异议。本案的争议焦点在于乙公司是否应承担侵权责任问题。法院认为，乙公司将维修屋顶工程交由丙公司施工，其应对施工人员的选任负责，并应履行相应的提示告知义务，乙公司仓库存放他人易燃物品且其本身的经营活动对防火有更高的要求，故其在组织、发包施工过程中应尽到更大的注意和提示义务。乙公司未尽到相应的注意义务和提示义务，与事故的发生存在因果关系，其在本起事故中亦应承担一定的赔偿责任。

📖 启示建议

企业在仓储管理工作中，除自身应尽到日常保管义务之外，如涉及第三方对仓库进行维修或其他作业的，公司应当对第三人的选任负责并尽到提示告知义务，尤其是仓库存放有易燃物品的，应尽到更大的注意义务，否则因第三人原因导致事故的，可能被认定为与事故的发生存在因果关系而被要求承担一定的赔偿责任。

案例十一：废旧物资拆卸事故　买卖双方过错担责

📖 案情简述

2013 年 3 月 27 日，A 公司与某供电公司签订《废旧物资销售合同》，约定 A 公司向某供电公司购买废旧物资，并约定了标的物、价格、提货时间、费用承担、违约等责任事项。此外，该合同第 4.1 条约定："A 公司负责在提货地点对废旧物资进行装运，自行确定装运方式。如废旧物资需在装运前进行拆解的，A 公司应按照有关规定进行拆解处理，并承担相关费用。"

2014 年 2 月 26 日下午，A 公司在现场没有设置警示标志的情形下拆卸装

---

❶ 《合同法》第一百二十一条规定：当事人一方因第三人造成违约的，应当向对方承担违约责任。当事人一方和第三人的纠纷，依照法律规定或者按照约定解决。第一百二十二条规定：因当事人一方的违约行为，侵犯对方人身、财产权益的，受损害方有权要求其承担违约责任或者承担侵权责任。

运废旧物资时，罗某在拆卸装运现场打滑跌倒后死亡。

事故发生后，在政府调解下，某供电公司和死者家属于 2014 年 3 月 3 日达成协议，由某供电公司一次性赔偿死者家属赔偿金、安葬费等各项费用共计 15 万元。此后，某供电公司认为 A 公司也应承担赔偿责任，遂向法院起诉，请求法院判令 A 公司向某供电公司返还其代为垫付的赔偿款 9.5 万元。一审法院另查明，某供电公司的上级单位制定的《废旧物资处置管理办法》规定，资产管理者对废旧物资负责拆卸和现场管理。最终本案二审法院判决，某供电公司与 A 公司在此次事故中均存在相同的过错，应承担相等的过错责任。

法律分析

本案系因废旧物资拆卸和现场管理不当导致安全事故而引发的人身损害赔偿追偿权纠纷。某供电公司与 A 公司签订的《废旧物资销售合同》是双方当事人真实意思表示，合法有效。合同第 4.1 条约定 A 公司负责在提货地点对废旧物资进行拆解、装运，并承担相关费用。

一方面，某供电公司作为出卖方，在废旧物资过磅装运前，废旧物资所有权未发生转移，仍为废旧物资所有人、管理人，其应当遵守上级单位制定的《废旧物资处置管理办法》关于资产管理者对废旧物资负责拆卸和现场管理之规定。并且，根据该《废旧物资处置管理办法》中"废旧物资处置过程中必须严格按照电力公司安全生产的有关规定操作"之规定可知，电网设施的拆解是有着特殊的作业要求，某供电公司应当提示并告知 A 公司在拆解过程中应当注意的事项，应当告知 A 公司设置必要的警示标志，但某供电公司实际上并未履行该提示义务。因此，某供电公司作为拆卸责任人和现场管理者，擅自将废旧物资的拆卸责任转给 A 公司，并且未提示 A 公司在施工现场设置警示标志，未尽到提示义务，应当承担罗某死亡的赔偿责任。

另一方面，在罗某死亡时，施工现场正在进行电网切割工作，而 A 公司在二审庭审中认可切割人员是其合伙人万某聘请的。据此，可以认定现场的废旧物资处于 A 公司的控制之下，其在分解废旧物资时应当设置必要的警示标志提示可能存在的危险，保障他人的人身安全。由于 A 公司未设置相应的警示标志，致使罗某在没有心理防备的情况下进入切割现场并摔倒死亡，其未履行安

115

全注意义务与罗某的死亡之间存在因果关系，且存在过错，因此也应当承担赔偿责任。

启示建议

电力企业在处置废旧物资过程中，应当严格按照安全生产的有关规定操作，做好现场管理工作，在现场设置明显的警示标志，并且对于约定由买方或第三人负责废旧物资的拆解、装运工作的，应当尽到必要的提示义务，特别是应当提示电网设施拆解的特殊作业要求，否则，由此导致安全事故的，电力企业将承担相应的过错责任。

第四章　合同管理法律风险分析及防范

随着经济全球化的发展，企业面临的风险进一步加剧，对企业合同管理法律风险的防范工作要求进一步提高，在合同管理的各个环节需要探索符合企业生产经营的合同法律风险管理模式，规范企业经营管理行为。在合同准备阶段，可能存在当事人的主体资格、资质、资信等不过关或存在瑕疵的情形，为后续合同签订和履行埋下隐患。在合同签订阶段，可能存在要约、承诺、合同相关条款无效或存在瑕疵的情形，导致合同无法有效签订。在合同履行阶段，可能存在合同违约的情形，使得整个合同管理流程功亏一篑。本章通过对合同管理流程中每个环节的法律风险进行深入分析，针对性地提出管控措施和救济手段，从"事前防范、事中管控、事后救济"三个方面有效提升企业合同管理水平。

第一节　合同管理概述

市场由无数纷繁复杂的交易所组成，这些无穷无尽的交易都要以合同作为其最基本的表现形式。当前，企业中的大部分法律纠纷都与合同管理过程中的某些环节有着直接或间接的关系，合同管理是企业管理的关键环节。

一、合同管理概念

（一）合同管理内涵

《合同法》中的合同是当事人之间设立、变更、终止民事关系的协议，本概念中的合同不包括婚姻、收养、监护等有关身份关系的协议。《民法通则》

（2009 修正）第八十五条规定："合同是当事人之间设立、变更、终止民事关系的协议。依法成立的合同，受法律保护。"无论《合同法》还是《民法通则》，它们所调整的合同关系都是民事关系。

合同管理是企业管理的一项重要内容，做好合同管理，对于企业经济活动的开展和经济利益的取得，具有积极的意义。企业合同管理是指以企业自身为一方当事人，依法进行合同的订立、履行、变更、解除、转让、终止等活动，以及对合同实行审查、监督、控制等一系列行为的总称。其中订立、履行、变更、解除、转让、终止是合同管理的内容；审查、监督、控制是合同管理的手段。合同管理应该是全过程的、系统性的、动态性的。

（二）合同管理工作要求

合同管理在企业管理中有着重要的地位，控制和排除合同法律风险，是现代企业管理的核心内容之一。合同的管理工作要求包括对合同管理机构、岗位设置和人员配备情况的要求，对合同基础管理工作的要求，对合同信息化支撑的要求，对合同文本使用情况的要求，对合同归档的要求等。

1. 对企业合同管理机构、岗位设置和人员配备情况的要求

（1）对企业合同管理机构设置的要求。不同企业的内部分工或职能部门划分虽有不同，但从总体上来看，企业内部分工或职能部门主要有以下几种：业务部门、法务部门、监督部门、审批部门、印章管理部门、档案部门等。

（2）对岗位设置和人员配备情况的要求。企业合同管理工作专业性和综合性都比较强，合同管理的每一个环节都需要配备具有特定专业知识的人员。只有明确各个岗位设置并配备专业的人员，合同管理工作才能发挥合适的作用。

（3）对合同业务部门的要求。企业内各业务部门，需要配备精通本行业业务规则、熟悉《合同法》等法律制度、文字水平较高的合同承办人员。

（4）对合同归口管理部门的要求。合同归口管理部门应当依照法律法规和公司规章制度审核合同，参与或组织合同的起草、谈判、签约、履行等工作，对合同授权及合同用印进行管理，监督、检查、考核合同管理工作，解决和处理合同纠纷，协助本单位档案管理部门对合同归档工作进行指导、督促和检查，负责合同的统计分析和上报备案，负责合同管理培训等。

（5）对合同监督部门的要求。合同监督部门主要包括企业内部审计部门和纪检监察部门。企业内部审计部门应当具备财务会计知识、审计知识、企业管理知识和相关经验，根据实际需要对合同事项实施审计监督，提出审计意见或建议。纪检监察部门应配备熟悉纪检监察法律法规和公司内部章程规定，具有相关工作经验的人员，根据实际需要对合同事项实施监督，提出监察建议或监察决定。

（6）对印章管理部门的要求。印章管理部门人员要有较强的原则性，熟悉合同管理的各个阶段，忠于企业的规章制度。

（7）对档案管理部门的要求。档案管理部门需要具备档案管理专业知识，并且对档案的整理、保管、检索等具有实际工作经验，负责指导、督促合同承办部门做好合同文本等相关资料的归档工作。

2．对合同基础管理工作的要求

合同基础管理涉及合同的授权管理、审核会签、签署用印、履行管理、异常及争议处理、合同信息报告等内容。在实际工作中，应做到：文本规范，即合同对外的合同文本有统一的规范格式，合同条款符合法律规定，无与法律法规相违背的合同条款，并且针对企业自身或生产经营对象的个性条款在不违反法律法规的前提下，能最大程度地维护企业自身利益；管理规范，即合同的授权管理由专人负责；流程规范，即合同的审核会签流程规范合理；签署规范，即双方签署人员具有相应权限，签署时使用专用于合同签订的印章；履行规范，即合同实际履行到位，合同的变更、解除符合规范要求，以及合同履行异常及时报告，合同争议及时处理等。

3．对合同信息化支撑的要求

随着信息技术的进步和电子商务的快速发展，采用信息化技术管理合同是大势所趋，要求企业合同管理信息系统建设合理规范，按照规定实现合同的线上流转，提高应用水平，加强后续开发，不断增强系统的兼容性和适用性，加强信息安全建设，控制应用风险，确保对合同的信息化支撑稳固有效。

4．对合同文本使用情况的要求

合同文本主要条款、内容应完备规范。合同承办部门在起草合同时，可参考以下顺序选用合同文本：①国家或者地方有关行政部门制定并强制适用的文本；②企业发布的统一合同文本；③行业参考性示范文本；④其他合同文本。

5. 对合同归档的要求

合同承办部门按照档案管理要求及时归档，资料齐备。合同归档内容包括但不限于以下内容：①合同签订依据等背景材料；②合同谈判、签订、履行等往来过程中形成的会议纪要、备忘录、担保文件等具有法律效力的文件；③合同对方的营业执照、证明文件等资料；④合同审批流程记录；⑤合同正本；⑥签约各方授权委托书原件或者复印件；⑦合同争议解决的有关资料；⑧其他需要归档的资料。

二、合同管理工作流程

合同管理是企业管理的重要组成部分，规范合同管理的工作流程能够有效防范经营风险，维护企业合法权益。

合同管理流程包含确定合同对方当事人、合同的谈判与起草、合同的审核与签署、合同履行、合同文件归档、合同的监督检查与考核评价等一系列流程。

（一）确定对方当事人与主体资格审查

1. 确定对方当事人

主要方式有：招投标、竞争性谈判、询价、单一来源采购、拍卖、法律法规或公司规章制度允许的其他方式。

2. 审查对方当事人主体资格

主要内容有：审核当事人主体资格的合法性，审核当事人的经营范围，审查当事人的合同履约能力和信用状况，审查当事人的授权情况等。

（二）合同的谈判与起草

1. 合同的谈判

合同谈判是准备订立合同的双方或多方当事人为相互了解、确定合同权利与义务而进行的商议活动。当出现标的额较大、影响重大、涉及专业技术或法律关系复杂等情形的，合同承办部门需要组织财务、法律、技术等相关人员参与合同的谈判，必要时可聘请外部专家参与。

2．合同的起草

合同文本由合同承办部门负责起草，承办人员应根据合同起草依据合理拟定合同相关条款，确保合同项目能够顺利实施。合同文本由合同相对方起草的，合同承办部门应对合同文本进行审核确认，再征求相关部门意见。

（三）合同的审核与签署用印

1．合同的审核

合同的审核指为加强合同管理，防范合同风险，维护企业利益，在合同签订前，由相关业务部门和法律部门、相关领导对合同承办部门送审的合同文本及相关资料，审核并指出存在的法律风险和问题，提出修改建议的行为。主要审核相对方主体资格、资质、资信与履约能力、合同期限、标的物标准及质量、标的物交付方式、款项支付方式、违约责任、争议解决等。

2．合同的签署

合同的签署是指由合同各方主体的有权签署人在合同文本签署页指定位置进行签字的行为。合同条款内容经签署行为而生效，签署过程是企业合同订立过程的完成阶段，是企业赋予合同条款法律效力的行为。签署人在签署前应做好如下工作：合同已完成审批，审批资料齐全，包括但不限于合同流转单、授权委托书等；合同文本装订规范；合同签订份数与约定一致。

3．合同的用印

合同的用印是指对合同加盖印章，是合同签订的最后一道环节，也是合同正式签署完毕的标志。合同用印统一使用合同专用章，设立专人进行管理，未经公章管理部门和合同归口管理部门同意，不得以行政公章代替使用。合同用印需满足以下条件：审批资料齐全；合同文本装订规范，内容一致，并由法定代表人（或负责人）或被授权人签署；合同份数与合同中约定的一致；承办人员已进行用印登记，登记内容属实。

（四）合同的履行

合同的履行是企业实现合同利益的过程。合同承办部门负责合同履行的全过程管理，具体负责组织合同履行，办理合同变更、转让、终止手续，将合同履行异常情况报送合同归口管理部门，处理合同争议及协助办理合同纠纷案件，对本部门承办合同进行统计、分析、保管、归档、备案等。

（五）合同文件归档

合同承办部门负责合同文本等相关资料的收集、整理，并按档案管理相关规定交由档案管理部门归档保管。

（六）合同的内部日常监督、检查与考核评价

合同归口管理部门组织开展合同管理的日常法律监督、检查与考核评价，监督事项如下：

（1）在确定合同对方当事人时对合同订立依据、当事人主体资格及资信等情况进行审核。

（2）合同是否经过审批程序。

（3）对合同进行法律审核把关。

（4）监控合同履行，对履行中的异常情况进行风险提示。

（5）合同变更、转让、解除等应符合相关规定，对合同争议及解决进行法律把关。

第二节　合同管理法律风险分析

风险，即损失的不确定性。这种不确定性，包括损失是否发生的不确定、发生时间的不确定与损失程度的不确定。合同法律风险是与合同相关的各种不利后果的总称。在市场经济背景下，合同已成为市场主体交易的基本工具，因此能否规避和防范合同法律风险，对企业而言至关重要。合同法律风险存在于合同的全过程，主要分布在合同准备、合同签订、合同履行这三个阶段。

一、合同准备阶段法律风险分析

合同准备阶段的法律风险包括合同当事人主体资格不适格、合同当事人不具有相应资质、合同当事人资信不过关等法律风险。

（一）合同当事人主体资格不适格的法律风险分析

合同当事人指合同中居于平等主体地位的自然人、法人和其他组织。只有具有合同当事人主体资格才能签订合同，合同当事人的主体资格如果不能符合法律法规政策的要求，将可能导致合同无效、变更或者被撤销。

合同当事人主体资格不适格的法律风险有：

1．与无民事行为能力人签订的合同无效

因为无民事行为能力人在法律上不具备民事行为能力，因此法律上规定，除非是纯获利的合同或者与其年龄智力相当的合同才有效。因此，除非是上述两种合同，否则与无民事行为能力人签订的合同是无效的，而企业在生产经营过程中所签订的合同，往往不属于上述两种类型。

2．合同当事人为限制民事行为能力人时签订的合同效力待定

限制民事行为能力人订立的合同，经法定代理人追认后，该合同有效，但纯获利益的合同或者与其年龄、智力、精神健康状况相适应而订立的合同，不必经法定代理人追认。

3．无权代理或代理行为存在瑕疵

根据《民法通则》第六十六条规定"没有代理权、超越代理权或者代理权终止后的行为，只有经过被代理人的追认，被代理人才承担民事责任。未经追认的行为，由行为人承担民事责任"。因此，行为人没有代理权、超越代理权或者代理权终止后以被代理人名义订立的合同，未经被代理人追认，对被代理人不发生效力，由行为人承担责任。在实务中常见的情形是合同对方职员在订立合同时并没有该企业法定代表人的授权；对方企业原来的职员离职后仍然利用合作企业对其的信任，以原企业的名义与合作企业签订合同。如果原企业不予认可合同签订行为，那么就只能追究合同对方职员的责任，但往往容易导致合同无法履行，给企业造成经济损失。

以上三种法律风险的风险等级依次递增，企业在日常经营过程中，与无民事行为能力人或限制民事行为能力人缔约合同的情况较为少见，除个别特殊情况下会对企业造成法律风险外，企业遇到较多的情况是合同相对方无权代理或代理权存在瑕疵。因此企业在日常签订合同前，特别是有些企业长期与合同相对方企业的业务员签订合同的，需要特别注意其授权委托书的时间以及授权范围，企业自身如果也存在委托业务员长期与其他企业签订合同的，在授权委托书上需要明确委托范围和期限，当与业务员解除劳动关系后，需要及时告知其他有业务往来的客户。

4. 无权处分

《合同法》第五十一条规定，无处分权的人处分他人财产，经权利人追认或者无处分权的人订立合同后取得处分权的，合同有效。实务中常见的情形是合同对方主体对合同标的物不具有处分权或者在合同订立后不久失去标的物的处分权。最终可能导致合同事实上无法履行，给企业造成损失。

（二）合同当事人不具有相应资质的法律风险分析

合同当事人不具有相应的资质，具体表现为：营业执照等证照超过有效期，证照未经年检导致合同在效力上存在瑕疵；没有取得生产许可证、特殊产品经营许可证等资质文件的，可能导致合同无效；当事人超越经营范围签订合同。若违反国家限制经营、特许经营以及法律法规禁止经营规定的，可能导致合同无效；不具备相应的有效资格，如特许经营许可证等，可能导致合同无效。

（三）合同当事人资信不过关的法律风险分析

资信是民事主体从事民事活动的能力和社会对其所作的评价，它是由民事主体的经济实力、经济效益、履约能力和商业信誉等要素决定的。合同当事人资信不过关的具体表现有：注册资本明显低于合同标的额，实际生产、供货能力明显不能满足合同要求，资产负债率明显高于同行业一般水平，曾有违约行为，商业信誉不佳等。合同对方当事人的资信情况关系到合同的权利义务是否能够真正实现。

二、合同签订阶段法律风险分析

合同签订是指两个或两个以上的平等主体的自然人、法人、其他组织，依法就合同的主要条款经过协商一致达成协议的法律行为。合同的订立过程包含要约和承诺两个阶段。我们将重点分析合同在签订阶段中，要约过程、承诺过程、合同形式、合同条款、缔约过失责任、合同签署过程等方面可能存在的法律风险。

（一）要约过程的法律风险分析

要约是一方当事人以缔结合同为目的，向对方当事人所作的意思表示。要约的意思表示必须经受要约人承诺，要约人即受该意思表示约束。要约发出后，非依法律规定或者受要约人的同意，不得变更、撤销要约的内容。要约阶段可能存在的法律风险有以下几种：

1. 误将要约邀请作为要约，可能存在承诺无效的法律风险

要约邀请是希望他人向自己发出要约的意思表示。如向不特定人寄送价目表，在报刊刊登或者在电视台、广播中传递的拍卖公告、招标公告、招股说明书、商业广告等都是要约邀请。如果将要约邀请误作为要约而进行"承诺"，不能实现订立合同的目的。该"承诺"，是一个新的要约。

这里，值得注意的是，如果商业广告的内容符合要约规定的，视为要约。如《最高人民法院关于审理商品房买卖合同纠纷案件适用法律若干问题的解释》（法释〔2003〕7号）第三条规定："商品房的销售广告和宣传资料为要约邀请，但是出卖人就商品房开发规划范围内的房屋及相关设施所作的说明和允诺具体确定，并对商品房买卖合同的订立以及房屋价格的确定有重大影响的，应当视为要约。"

2. 要约人发出的要约内容不规范，可能存在要约无效或者容易引发纠纷的法律风险

要约的内容必须具体明确，避免对要约内容的夸大宣传。对要约内容的夸大和虚假宣传，可能存在要约无效或者容易引发纠纷。

3. 要约人的要约撤回和要约撤销过程中存在不当行为，可能引发给受要约人带来损害的法律风险

要约可以撤回，撤回要约的通知应当在要约到达受要约人之前或者与要约同时到达受要约人。要约可以撤销，撤销要约的通知应当在受要约人发出承诺通知之前到达受要约人。要约被撤回或者撤销后其法律效力归于消灭，要约人不再受其约束。要约在法律规定的特别情形下是不得撤销的：一是要约中明确表示不可撤销，二是适用诚实信用和公平交易的信赖行事。

（二）承诺过程的法律风险分析

承诺是受要约人作出的完全同意要约内容或者主要内容以成立合同的意思

表示。在承诺过程中常见的法律风险有：

1. 承诺无效的法律风险

（1）超过要约要求的承诺期限进行的承诺，不能产生合同成立的法律效果。承诺本来应该在承诺期限进行承诺，如果未在有效的承诺期限内作出承诺，要约已经失效，对于失效的要约发出承诺，不能发生承诺的效力，应该视为新要约。

（2）承诺未按照约定或者法定的方式进行通知。承诺未按照要约人的要求的方式通知的，不产生效力。承诺通知自到达要约人时生效。承诺不需要通知的，根据交易习惯或者要约的要求作出承诺的行为时生效。采用数据电文形式发出的承诺，要约人指定特定系统接受的，该数据电文进入该特定系统的时间为到达时间；未指定特定系统的，该数据电文进入收件人任何系统的首次时间为到达时间。在特殊情况下，法律允许受要约方可以采用电话、口头以及实施行为的方式作出承诺。但是，以这些方式进行承诺，需要固定证据予以证明。

2. 误将新要约作为承诺，不具有达成合意的效果的法律风险

承诺的内容应当与要约的内容一致，受要约人对要约的内容作出实质性变更的，为新要约。有关合同标的、数量、质量、价款或者报酬、履行期限、履行地点和方式、违约责任和解决争议方法等的变更，是对要约内容的实质性变更。在订立合同的过程中，合同双方当事人反复进行谈判，不断对原要约的某些条款进行变更，这些改变了的条款是新要约，而不是承诺。

3. 交叉要约可能面临合同成立不确定性的法律风险

交叉要约是指合同当事人采用非直接对话的方式，彼此向对方发出为订立同一合同内容的要约。双方意思表示的内容完全一致，均有订立合同的意思表示，发出要约的时间几乎同时，在这种情况下，合同当事人很容易误以为自己的要约就是对方要约的承诺，并得出合同成立的结论。

（三）合同形式的法律风险分析

合同形式是指当事人合意的外在表现形式，是合同内容的载体。当事人订立合同，有书面形式、口头形式和其他形式，法律、行政法规规定采用书面形式的，应该采用书面形式。当事人约定采用书面形式的，应当采用书面形式。

1．口头形式合同的法律风险

口头形式合同，是指当事人只用语言为意思表示订立合同，而不用文字形式表达协议内容的形式。口头形式合同简便易行，在日常生活中经常被采用，在集市、超市、商店零售等一般交易中，都采用口头形式，合同采用口头形式并不意味着不能产生任何文字材料，但这类文字材料只能视为合同成立的证明，不能作为合同成立的要件，如超市的购物清单和发票。口头形式的合同风险在于发生合同纠纷时，主张合同权利的当事人难以举证证明合同的存在及合同关系的内容。

2．书面形式合同的法律风险

书面合同一般由四个部分构成，即合同的首部、正文、尾部和附件，每一部分都有其特定的内容。合同首部一般写明合同类型、合同编号、当事人基本信息等。合同正文是对合同当事人在具体合同中权利义务的确定，包括标的、数量、质量、价款或者报酬、履行期限、履行地点、履行方式、违约责任、解决争议方法等必备条款。尾部载明双方的信息，包括名称、法定代表人或者授权代表人、联系地址和方式、实际经营地、银行账户、合同签署日期、合同签署地点。合同的附件主要由两方面内容构成：一是对本合同中部分字词进行明确性定义或者特定性定义；二是对本合同涉及的其他材料在本合同后列明，作为本合同的组成部分，对合同标的的履行起到补充说明作用。

（1）合同首部和尾部面临的法律风险。合同类型不明确或者类型定性错误，可能导致合同双方当事人权利义务的不明确、不具体，导致履行中产生纠纷。合同双方当事人的基本信息和合同尾部不完整，一旦发生纠纷，有查找对方当事人困难或者下落不明或者主体不适格的隐患，有确定履行期限、诉讼管辖的困难。

（2）合同正文面临的法律风险。主要是对合同标的、数量、质量、价款或者报酬、履行期限、履行地点、履行方式、违约责任、解决争议方法等必备条款约定不明的风险，造成实际履行不确定，容易产生法律纠纷。

（3）合同附件面临的法律风险。主要是不能防止因文意理解之不同而产生的法律风险或者不利于合同的履行。

3. 电子合同的法律风险

电子数据交换、电子邮件等数据电文都属于合同的书面形式，当事人采用数据电文等形式订立合同的，可以在合同成立之前要求签订确认书，签订确认书时合同成立。

民事活动中的合同或者其他文件、单证等文件，当事人可以约定使用或不使用电子签名、数据电文。当事人约定使用电子签名、数据电文等文书，不得因其采用电子签名、数据电文的形式而否定其法律效力。同时还规定了以下几种文书不使用电子文书：一是涉及婚姻、收养、继承等人身关系的；二是涉及停止供水、供热、供气等公用事业服务的；三是法律行政法规规定的不适用电子文书的其他情形。

电子合同的法律风险主要体现在一是如何识别电子签名的真实性；二是如何防止电子合同内容被篡改；三是发生纠纷以后如何证明合同内容。

（四）合同条款的法律风险分析

合同条款是合同当事人约定权利义务内容的具体表现形式。合同当事人忽视合同条款的内容，或者在确定合同条款时考虑不周，对合同的各个具体条款的法律意义没有充分理解，就可能带来重大法律风险。

1. 因当事人的姓名或名称和住所约定不明导致的法律风险

合同当事人是自然人的，合同中应明确与其有效身份证件一致的姓名及住所或者经常居住地。合同当事人是法人的，应在合同中写明与其核准登记的名称及其机构所在的完全一致的名称和机构所在地。当事人姓名或者名称如果不一致，不仅无法实现合同目的，而且在出现纠纷时难以得到法律救济。实践中因当事人名称不对或者地址不全，导致难以追究合同当事人责任的情形非常多见。

2. 因标的导致的风险

标的是指合同双方当事人之间存在的权利和义务共同指向的对象，是合同双方的目标所在。合同不规定标的就会失去目标。如果在合同中没有规定标的条款，将影响合同的成立。合同对标的的规定应清楚明白。

3. 因合同标的物数量和质量导致的法律风险

标的物的数量和质量是确定合同标的对象的具体条件，是某一标的物区别于同类另一标的物的具体特点。数量是度量标的物的基本条件，尤其是在买卖等交换标的物的合同中，数量条款直接决定了合同当事人的基本权利和义务。数量条款不确定，合同将根本不能得到履行。合同中的质量条款也可能直接决定着合同当事人的订约目的和权利义务关系。

4．因价款或者报酬导致的法律风险

价款一般是针对标的物而言，如买卖合同中的标的物应当规定价格，报酬是针对服务而言，合同中如果没有约定价款或者报酬条款，可能会导致纠纷。

5．因履行期限、地点和方式导致的法律风险

履行期限，是有关当事人实际履行合同的时间规定。履行期限明确的，当事人应按确定的履行期限履行；履行期限不明确的，可以由当事人达成补充协议或者通过合同解释的办法来明确。如一方当事人不按期限履行合同，对方当事人有权要求承担违约责任或者行使合同履行抗辩权。合同履行地点和方式与风险转移有密切关系，关系到标的物意外灭失风险的承担、履行的费用负担、诉讼管辖等。

6．因违约责任约定不明导致的法律风险

没有约定具体的违约责任承担方式和金额，难以约束合同当事人全面、适当履行合同义务，合同当事人对合同违约责任承担的标准容易发生分歧。而且如果在合同中未约定违约金等违约责任，一方违约后另一方只能根据损失情况要求对方赔偿其相应损失，而司法实务中受到损失的一方很难对损失情况提供充分、有力的证据，特别是对预期利益损失的证明，因此不约定违约金等违约责任，对于守约方来说，或将面临因举证不能而无法得到充分赔偿的风险。

7．因解决争议的方法导致的法律风险

解决合同争议的方法有协商、和解、调解、诉讼与仲裁等诸多方式。如果在合同中没有约定解决争议的方式，或者将争议解决的管辖法院约定为合同相对方所在地的法院或外地的仲裁委员会，如果合同相对方所在地法院或外地的仲裁委员会离我方较远，在产生合同纠纷时可能增加解决争议的成本。

（五）缔约过失责任的法律风险分析

我国《合同法》第四十二条、第四十三条规定了两类缔约过失责任的规则。

其中第四十二条规定的情形是：当事人在订立合同过程中，假借订立合同，恶意进行磋商；故意隐瞒与订立合同有关的重要事实或者提供虚假情况；或者具有其他违背诚实信用原则的行为，而给对方造成损失的，应当承担损害赔偿责任。第四十三条规定的情形是：当事人泄露或者不当使用在签订合同过程中知悉的商业秘密而给对方造成损失的，应当承担损害赔偿责任。缔约过失责任，可以视为基于法律的其他规定所生之债。

（六）合同签署过程的法律风险分析

合同在签署过程中可能面临来自授权、签字和盖章三方面行为不当引起的法律风险。

1. 授权的法律风险

授权是指主管将职权或者职责授给某个部属负担，并责令其负责管理性或事务性工作。法定代表人授权委托是公司及各级单位法定代表人授权委托相关单位或人员行使职权的法律行为。授权委托事项包括但不限于签署战略核准文件或协议、行使股东权利、签订合同、参加商务活动、参与诉讼或仲裁案件、办理行政登记以及从事其他法律行为。授权委托分为固定授权和专项授权。固定授权是指法定代表人按年度授予被授权人行使职权的行为。专项授权指在固定授权之外，法定代表人根据实际需要，授予被授权人履行特定职权、从事特定事务的行为。

与授权相关的法律风险有：

（1）向不适格的人出具授权委托书导致的法律风险。

（2）授权委托书未经企业法律顾问审核，内容不严谨、不规范导致的法律风险。

（3）在企业空白合同或者空白纸张上加盖公司章或合同章并流出导致的法律风险。

（4）员工的职务代理行为没有按照规定进行办理导致的法律风险。

（5）没有认真审核合同对方的授权委托书，接受代理人越权代理签署合同导致的法律风险。

（6）没有按规定要求对方提供授权委托书导致的法律风险。

（7）在合同对方未经法定代表人签署且未提供授权委托书的情形下签署合同导致的法律风险。

（8）借用业务介绍信、合同专用章、盖章的空白合同书或银行账户签署合同导致的法律风险。

2．合同签字的法律风险

（1）合同签字主体的法律风险。合同当事人为自然人时，签字主体应当是当事人本人或者代理人。合同当事人为法人或其他组织时，应由其法定代表人、负责人或者经法定代表人、负责人授权的代理人签字。合同签订人没有取得授权委托书，签订的合同属于效力待定合同。

（2）签字方式的法律风险。自然人签字时，应签署真名、全名。签艺名、化名等不规范签名方式可能增加发生争议时的举证难度。

（3）未签字合同效力的法律风险。法律、行政法规规定或者当事人约定采用书面形式订立合同，当事人未采用书面形式，但一方已经履行主要义务，对方接受的，合同成立。采用合同书面形式订立合同，在签字或者盖章之前，当事人一方已经履行主要义务，对方接受的，合同成立。

3．合同盖章的法律风险

合同盖章的法律风险有：

（1）盖的不是公章或者合同专用章，而是部门章，存在合同无效的风险。

（2）在白纸或空白合同中加盖公章或合同专用章，存在伪造合同的风险。

（3）对有多页的合同，没有盖骑缝章，存在一方当事人变造合同的法律风险。

（4）合同约定双方签字并盖章生效，仅仅签字或者盖章，存在合同效力瑕疵。

（5）合同印章是伪造或者变造的，存在合同无效的风险。

（6）对合同文本进行修改或者变更时，未签署补充协议，在合同文本中手写修改，未加盖双方印章，容易引发合同争议。

（7）缺少盖章或者盖章错误将可能导致合同无效。

三、合同履行阶段法律风险分析

合同履行是指合同债务人按照合同的约定或法律的规定，全面、适当地完成合同义务，使债权人的债权得以实现。合同的履行是合同目的实现的根本条件。合同的履行过程会出现许多复杂的情况，都会给企业带来很大的风险。

（一）违约的法律风险

违约是指合同当事人违反合同义务的行为。根据违约行为发生的时间，违约可分为预期违约和实际违约。预期违约是指当事人一方在合同约定的履行期到来之前，明示或者默示其将不履行合同义务。实际违约是指在合同履行期限到来之后，当事人一方不履行义务或者履行合同义务不符合约定。违约会带来企业无法实现合同目的的法律风险，作为违约方还要承担违约责任。

（二）抗辩权的行使及法律风险

合同分为双务合同和单务合同。在双务合同中，合同各方当事人既享有权利，也互负义务。所谓抗辩权，是指在双务合同中，一方当事人有依法对抗对方要求或否认对方权利主张的权利。《合同法》规定了先履行抗辩权、同时履行抗辩权和不安抗辩权三种抗辩权。法律为防止抗辩权的滥用，针对不同的抗辩权规定了不同的行使条件。

1. 同时履行抗辩权

同时履行抗辩权指当事人互负债务且没有先后履行顺序，一方当事人在对方未履行给付以前，有拒绝履行自己的合同义务的权利。

同时履行抗辩权的行使，应满足以下条件：

（1）当事人双方须因同一双务合同而互负义务。

（2）当事人双方互负的债务没有先后履行顺序且均已届清偿。

（3）有证据证明对方当事人未履行债务或履行不适当。

（4）对方当事人的对待履行是可能履行的。

同时履行抗辩权属延期的抗辩权，不具有消灭对方请求权的效力。

2. 先履行抗辩权

先履行抗辩权亦称后履行抗辩权、先违约抗辩权，指在双务合同中应当先履行的一方当事人未履行合同义务的，后履行一方当事人有拒绝履行自己的合同义务的权利。

先履行抗辩权的行使，应满足以下条件：

（1）当事人因双务合同互负债务。

（2）当事人一方须有先履行的义务。

（3）先履行一方到期未履行或履行不适当。

先履行抗辩权属于延期抗辩权，不具有消灭对方请求权的效力。

3．不安抗辩权

不安抗辩权是指在双务合同中，应当先履行债务的当事人有确切证据证明对方有丧失或可能丧失履行能力的情形时，有中止履行自己债务的权利。

不安抗辩权的行使，应满足以下条件：

（1）当事人须因双务合同互负债务。

（2）当事人一方须有先履行的义务且已届履行期。

（3）后履行义务一方有丧失或可能丧失履行债务能力的情形。

（4）后履行义务一方没有对待给付或未提供担保。

根据《合同法》的规定，不安抗辩权发生的原因，主要包括以下方面：经营状况严重恶化的；转移财产，抽逃资金，以逃避债务的；丧失商业信誉的；其他丧失或者可能丧失履行债务能力情形的。

一方行使不安抗辩权的，应该及时通知对方，在对方提供担保后，应该继续履行义务。对方未恢复履行能力且未提供适当担保的，当事人有权解除合同。

（三）保全措施的行使及法律风险

保全措施是指为防止因债务人的财产不当减少而给债权人的债权带来危害，允许债权人为保全其债权的实现而采取法律措施。保全措施包括代位权和撤销权两种。

1．代位权

代位权是指在债务人怠于行使自己的权利，可能损害债权人的债权时，债权人为了保全其债权，得以自己的名义代债务人行使其到期债权的权利。

根据法律规定，代位权的行使，应满足以下条件：

（1）债务人履行债务迟延。即债务人对债权人的债务已届履行期，债务人未履行债务。

（2）债务人对第三人享有到期债权，且其怠于行使该债权。

（3）债务人怠于行使其债权的行为给债权人的债权造成损害。

（4）债务人对第三人享有的权利不是专属于债务人自身的权利。

债权人应以自己的名义以诉讼的方式行使代位权，债权人胜诉的诉讼费用由次债务人承担。

2．撤销权

撤销权是指当债务人进行减少其财产的处分行为可能损害债权人的债权时，债权人享有的为保全其债权而请求法院撤销债务人该处分行为的权利。

撤销权的行使，应满足以下条件：

（1）债务人有处分其财产的行为，如：债务人放弃到期债务、无偿转让财产、以明显不合理的低价转让财产等。

（2）债务人的处分行为发生在债权成立之后。

（3）债务人的处分行为有害于债权的实现，导致债务人无力清偿债务或者不能完全清偿债务。

（4）有偿处分行为的债务人与受让人主观上有恶意。即债务人和受让人明知该处分行为会损害债权人的债权仍进行该行为。

撤销权的行使主体包括全体债权人，行使方式是以诉讼方式进行，行使撤销权产生的费用由债务人承担。《合同法》同时规定了撤销权的行使时间，撤销权自权利人知道或应当知道撤销事由之日起一年内行使。自债务人的行为发生之日起 5 年内没有行使撤销权的，该撤销权消灭。

第三节　合同管理法律风险防范

合同风险发生具有可预见性和可控性，需要企业建立健全严密的防范体系预防和控制合同管理的法律风险。

一、合同准备阶段法律风险防范

控制和防范合同法律风险，是现代企业管理的核心内容之一。对合同签订前的法律风险防范，需要做好以下几个方面工作：针对合同对方情况进行全面调查，对合同对方的履约能力进行分析，重视合同签订前的谈判工作以及合同签订程序风险的防范。

（一）对合同主体资格的审查

应调查对方是否具有合同缔约资格。合同对方为自然人时，必须要求对方是完全民事行为能力人，即精神正常且年满十八周岁或者精神正常且年龄在十六周岁以上不满十八周岁的公民以自己的劳动收入为主要生活来源的自然人。可以要求合同对方提供证明身份的有效证件，比如身份证、联系方式及其他情况；当合同对方为法人时，需要调查对方是否具有法人资格，应对其营业执照进行审查，应查看法人名称、注册资本、经营范围、是否具有特定资格、有无通过工商年检等相关情况；对非法人经济组织的调查，首先要看其是否按规定进行登记并取得营业执照，还要对对方的机构名称、地址、银行账户、企业性质、经营范围等基本情况进行调查了解。

对合同对方代理行为要进行严格审核。主要审查代理人是否具有代理权，代理权是否在有效期和有效范围内；针对处分权，要审核合同对方是否对合同标的物具有处分权，以期合同能够顺利履行。

另外，经营范围是否合法，也应当重点审查，由于目前对经营范围的规定为"当事人超越经营范围订立合同，人民法院不因此认定合同无效。但违反国家限制经营、特许经营以及法律、行政法规规定禁止经营的除外"。因此，在签订合同前，还应当重点审查对方签约项目是否违反了国家限制经营、特许经营和禁止经营的规定。

（二）对合同主体资质的审查

对合同对方相应资质审核包括相关生产许可证、特殊产品经营许可证，以及在建设工程中的施工专业资质、勘测设计专业资质等，对合同对方资质审核要高度重视，必须要符合招标文件、合同文本中要求的资质，以免造成不具备相应资质导致合同无法履行的后果。

（三）对合同主体资信的审查

对合同对方资信的审查包括对合同对方的经济能力进行调查分析和对其商

业信誉进行评估。资信调查的方法通常有：通过"国家企业信用信息公示系统"、"信用中国"等网站进行初步查询；委托律师到企业注册地的工商行政部门对企业进行调查；委托金融机构对企业的资信情况进行调查；委托咨询公司对企业进行调查；借助各种媒体渠道收集资料，进行相关分析。

二、合同签订阶段法律风险防范

合同签订阶段的法律风险防范包括要约过程的法律风险防范、承诺过程的法律风险防范、合同形式的法律风险防范、合同条款的法律风险防范、缔约过失责任的法律风险防范、合同签署的法律风险防范等。

（一）要约过程的法律风险防范

要约一经对方承诺，合同就宣告成立，只要合同不违反法律强制性规定，就会在合同当事人间产生约束力，因此企业在给他人发出要约时要认真确定要约内容，剔除因工作失误对己方不利的条款。在要约撤回时一定要确认对方承诺尚未作出。

（二）承诺过程的法律风险防范

承诺是受要约人同意要约的意思表示，企业在作出承诺的时候应以通知的方式作出，如果要约明确了承诺的时间，承诺应当在要约确定的期限内到达，承诺到达要约人时生效，承诺生效合同成立。承诺的内容应当与要约相一致，不能作出实质性变更。作出承诺以后，发现承诺对己方不利，应及时撤回承诺，有效的承诺撤回方式应以书面形式作出，不要采用电话、口头方式，并在承诺到达对方之前到达对方。

（三）合同形式的法律风险防范

除了交货的同时付款的合同外，一般应以书面形式签订合同，在以电子邮件和数据电文等形式签订合同时要以书面形式做最终确认，避免双方在履行中因理解失误造成分歧、误解。法律、行政法规或者当事人约定采用书面形式订立合同的，要以书面形式订立合同。书面合同要采用规范的合同格式，可采用以下形式：①国家或者地方有关政府行政部门制定并强制适用的文本；②企业发布的统一合同文本；③行业参考性示范文本；④其他合同文本。

（四）合同条款的法律风险防范

1. 对因当事人的姓名或名称和住所约定不明导致的法律风险防范

合同当事人是自然人的，合同中应明确与其有效身份证件一致的姓名及住所或者经常居住地。合同当事人是法人的，应在合同中写明与其核准登记的名称及其机构所在地完全一致的名称和机构所在地。与法人分支机构签订合同必须提交法人授权证明文件。

2. 对因标的导致的法律风险防范

对于标的，合同描述必须准确无误，针对不同标的物，对其所涉及的名称、规格、型号、商标、品种、花色、类型、等级等项目都要逐一载明，标的物的名称应该使用其正式名称的全称。

3. 对因合同标的物数量和质量导致的法律风险防范

对于合同标的物的数量主要是计量单位的确定和合理的误差及合理的损耗范围的明确。合同标的物的质量标准可分为国家标准、行业标准等。如有国家标准的，按照国家标准执行；没有国家标准有行业标准的，按照行业标准执行；没有上述标准或者一方当事人有特殊要求的，按照双方协商同意的质量标准执行合同，但必须符合法律的强制性规定。合同需要对卖方承担质量责任的时间和期限作出明确的规定。合同标的物的包装质量基本要求是牢固、美观、经济、实用。

4. 对因价款或者报酬导致的法律风险防范

明确规定价款或报酬的支付方式、支付期限，特别是分期付款的时间、金额、支付条件和方式都要约定清楚。

5. 对因履行期限、地点和方式导致的法律风险防范

合同应对履行期限作出明确的规定，还应根据实际情况约定对一方当事人要求提前履行或者延迟履行合同的条件。合同的履行地点必须明确，否则一旦发生纠纷会影响到选择诉讼管辖法院的问题。履行方式根据不同的分类方法可以分为转移财产方式、提供劳务和完成一定工作成果的方式，一次性履行和分期履行的方式，送货方式、自提方式和代办托运方式等。当事人需要根据合同的具体情况加以具体约定。

6．对因违约责任约定不明导致的法律风险防范

违约责任对促使合同当事人正常、全面履行合同义务，维护合同当事人的合法权益以及制裁不履行义务的当事人具有重要意义。需要明确具体地约定违约责任形式和计算标准。

7．对因解决争议的方法导致的法律风险防范

诉讼和仲裁不能同时选择。在选择合同争议解决方式时需要明确约定，实务中一般选择诉讼方式，诉讼地为我方所在地人民法院。

8．对因其他条款导致的法律风险防范

除上述主要条款外，还有不可抗力条款、保密条款、风险和所有权转移条款等也需要明确约定。不可抗力是法定免责事由，不可抗力条款至少应该包括不可抗力事件的范围、通知期限、迟延通知的责任、不可抗力事件的后果。保密条款应当约定保密义务的范围、保密的方法、保密程序、保密期限及失密救济等内容。风险和所有权转移条款应当明确、具体、适当。

（五）缔约过失责任的法律风险防范

合同双方需遵守诚信缔约的义务，不得假借订立合同，恶意进行磋商。遵守告知义务，不得故意隐瞒与订立合同有关的重要事实或者提供虚假情况。遵守保密义务，当事人在订立合同过程中知悉的商业秘密，无论合同是否成立，不得泄露或者不正当使用。遵守其他义务，即不得有《合同法》第四十二条规定的"其他违反诚实信用的行为。"

（六）合同签署的法律风险防范

1．授权的法律风险防范

（1）授权程序的规范。企业的业务人员取得对外签订合同的授权必须经过一定的审批程序，由业务管理部门提出申请，经企业法务部门或者合同管理部门审查，由法定代表人或者负责人批准签署授权委托书。企业的法务部门或者合同管理部门应及时对代理人的授权委托书进行核查，建立相应台账，对不满足授权要求的代理人及时取消授权，收回委托书。

（2）授权内容的规范。授权委托书中应对代理人和被代理人的自然状况有明确的说明，明确授权的范围、期限，授权委托书填写要求明确、具体、完整。

（3）介绍信的管理制度。介绍信是企业在经营活动中证明身份、介绍接洽事由等的证明文件。不能开空白介绍信，介绍信要有编号和骑缝章，介绍信要写明前往单位的名称、用信人的姓名、事由、时间等，并由用信人在介绍信存根上签字。用信人因情况变化没有使用介绍信时，应将开出的介绍信交回。

2. 签字的法律风险防范

（1）身份核实。签字人应当提供个人有效证件的复印件并提供原件比对，在复印件中应当注明与原件一致。委托他人签字的，应当出具授权委托书、签字人的身份信息复印件、代理人的身份证原件及复印件，且复印件应当注明与原件一致。

（2）全面审阅。要求签字人对需要签字的合同进行全面的审阅，对签字文件的正反面，合同中的小字体条款、表述强调已充分理解的条款，更需要充分谨慎考量。

（3）空白填充。签字人在签字前，合同除签字项空白外，其他正文内容应当是经过完整填充，不存在空白项。签字人发现有空白情况且无法更换合同文本时，建议用"/"划去空白，或者在空白处填写"无"。

3. 合同盖章的法律风险防范

加强企业印章管理，明确公章、合同专用章的使用范围，合同用印统一使用合同专用章，合同专用章由合同归口管理部门负责管理。未经公章管理部门和合同归口管理部门同意，不得以行政公章代替使用。严禁在空白合同中加盖公司公章或合同专用章。合同归口管理部门应制作合同用印台账，由合同承办部门按要求登记后予以用印。相关部门应对印章的保管、使用、鉴定进行严格把关，防止对方利用伪造、变造的印章进行违法活动，侵害企业合法权益。对合同文本进行修改、变更的，应达成书面补充协议。严禁在合同中进行手写修改，确实需要时，应在修改处加盖双方印章加以确认。对多页合同应当加盖骑缝章。

三、合同履行阶段法律风险防范

合同履行阶段的法律风险防范包括违约的法律风险防范、抗辩权的行使及法律风险防范、保全措施的行使及法律风险防范、合同纠纷的处理等。

（一）违约的法律风险防范

合同签订后，在发现对方有违约或者有将要违约的风险时，应积极行使法定或者约定的权利，收集并固定有关证据，以追究对方的违约责任。在对方违约时，可以采用《合同法》关于合同中止、终止的规定，及时中止、终止合同，减少企业损失。合同中止履行是指债务人依法行使抗辩权拒绝债权人的履行请求，使合同权利、义务关系暂处于停止状态。合同的终止，即合同的权利和义务终止，是指合同当事人之间的权利、义务关系归于消灭，在客观上不复存在。

（二）抗辩权的行使及法律风险防范

《合同法》规定了先履行抗辩权、同时履行抗辩权和不安抗辩权，企业按照自身需要合理使用抗辩权维护企业权益。在行使抗辩权时，应当要有充分的证据证明合同对方出现某些法定情形，不能随意扩大抗辩权的行使范围，否则将可能造成对方损失并承担违约责任。

（三）保全措施的行使及法律风险防范

保全措施是法律赋予债权人维护自身权益的有效手段，企业在自身权益受到侵害时，如没有及时采取相应的保全措施，同样会给自己带来法律风险。保全措施的应用必须通过人民法院实施，企业自行向第三人主张债务人的债权，往往因为违反法定要求而无法达到保全措施的效果。另外，法律规定了撤销权行使的期限，超过法定期限将丧失撤销权，给企业造成严重的损失。

因此，在保全过程中，需要做好以下防范措施：

1. 合理确定申请财产保全范围

申请保全的企业应当通过多种渠道掌握债务人的财产状况，扩大保全财产的选择面，根据诉讼请求范围或案件实际，尽可能选择那些价值相对稳定的财产进行保全，以达到财产保全的效果，确保将来判决的有效执行。

2. 加强对被保全财产的监控，防止债务人转移、处分保全财产

申请保全的企业应密切关注债务人的动向，判断债务人是否存在或可能存在转移被查封、扣押的财产的情况。如债务人有转移、隐匿、出卖或者毁损财产等行为，要及时向人民法院反映情况，积极采取措施制止，或者变更保全措施，防止标的物失控造成案件难执行。

3. 确保财产保全符合法定程序

通过人民法院加强对债务人财产的调查核实，防范债务人弄虚作假，转移财产而逃债，确保申请财产保全措施能够达到保全效果，顺利实现将来法院裁决的实体权利。提请办案法官完善必要的手续，对被采取查封、扣押等措施的保全财产，认真造具清单。及时提请法院做好相关续保工作，如对已冻结的款项要按法律规定及时申请续保冻结等。

4. 采取诉前财产保全后应当在法定期间内提起诉讼

如果不起诉，必须与债务人落实还款计划及有效的担保措施。在人民法院解除财产保全措施后，仍要继续加强对债务人财产的监控，防范债务人拖延时间，转移财产逃债，一旦出现不利情况，应立即起诉，并申请采取诉讼中的财产保全措施。

5. 针对不同的被保全财产，采取相应的财产保全措施

财产保全的措施包括查封、扣押、冻结以及法律规定的其他方式。债权人在申请财产保全措施时，应当针对动产或不动产等具体财产的性质、属性等，采取相适应的保全措施。

（四）合同纠纷的处理

合同纠纷处理的方式主要有和解、调解、仲裁、诉讼等。如果合同无效、被撤销或终止，并不影响合同中独立存在的解决争议条款的效力。合同承办部门应当在合同承办过程中保留好全部合同资料，如合同文本、授权委托书、发票、协商会议纪要、营业执照、资质等材料。在纠纷发生后，先行采用协商方式解决纠纷，如果双方能够达成合意，应按规定的程序订立书面协议。如果协商不成，按照合同约定采取调解、仲裁或诉讼方式解决，合同未约定解决方式的，按有关法律法规执行。合同承办部门需及时与合同归口管理部门联系沟通，就合同纠纷处理研讨对策，切实保护企业合法权益。

第四节　典型案例评析

案例十二：代理权限没有收回　公司承担交易损失

案情简述

任某为甲公司员工，曾长期担任甲公司物资部采购经理采购乙公司的商品。2018 年 3 月，任某因严重违反甲公司的规章制度被甲公司开除，但是甲公司并未及时收回给任某开出的仍在有效期内的授权委托书与介绍信。任某凭借授权委托书与介绍信以甲公司的名义与乙公司签订了 20 万元的商品采购合同，并约定在交货后一个月内付款。乙公司在与任某签订合同时，不知道任某已经被开除，乙公司按合同要求交货一个月后，发现任某失联，遂向甲公司讨要货款，甲公司以任某已被开除为由称该交易系任某个人行为拒绝支付货款。双方发生争执。法院认定任某的行为在客观上形成具有代理权的表象，故判令甲公司承担任某行为的法律后果，同时注明甲公司有权另行向任某主张给甲公司造成的损失。

法律分析

本案的争议焦点在于：一是任某的行为是否属于无权代理，二是甲公司是否应承担支付货款的责任。

在本案中，任某被甲公司开除后，实际上代理权已经终止，但是由于甲公司并未收回仍在有效期限内的介绍信和授权委托书，也未通知合作伙伴乙公司。乙公司在善意、无过失的情况下与任某签订合同，符合表见代理的构成要件，属于表见代理。甲公司应承担向乙公司支付 20 万元货款的法律责任。甲公司受到的损失可以向任某依法索赔。

启示建议

表见代理的构成要件：一是行为人没有代理权；二是有使相对人相信行为人有代理权的事实或理由；三是相对人为善意且无过失；四是行为人与相对人之间的民事行为具备民事行为的有效要件。

表见代理被代理人的法律风险防范：一是明确授权，严格管理授权和代理证明等文件，当代理权终止或者被撤销时，及时收回证明文件、授权委托书、空白合同及合同专用章等；二是及时告知合作伙伴；三是禁止挂靠经营。

表见代理第三人的法律风险防范：一是认真审查，核实对方身份；二是及时沟通，确认对方授权资格。

案例十三：要约邀请并非要约　合法撤回不担责任

案情简述

甲公司在购物网站上经营网上店铺，由于工作人员错误标价 A 商品，将原价 1000 元的商品标价为 100 元，但在标价下备注"须以我方最后确认为准"，有发现错价的网红经恶意引流后引起大量客户跟风下单，五个小时后甲公司发现标价错误迅速停止对 A 产品的销售，截至发现时已经产生 5000 份订单，由于确实没有足够货物供应，甲公司向已下单的客户发出无法满足客户订购需求的通知，并迅速进行相关退款。有多名买家起诉甲公司，要求实际交付 A 商品，或者按照商品的市场价格和错误标价之间的差价赔偿买家损失。法院认定备注的"须以我方最后确认为准"表明甲公司这个订约提议只是要约邀请，而不是要约，甲公司与客户之间的合同尚未成立。

法律分析

本案的争议焦点在于：一是甲公司与买家之间的合同关系是否成立，二是甲公司是否需要承担赔偿责任。

判断本案中的合同关系是否成立，关键在于对甲公司所发布的广告性质的认定，该广告是属于要约邀请还是要约。要约的内容应当具体确定，甲公司所发布的商业广告中包括了具体的商品及商品的标价，但是甲公司在发布该广告时，在商品的标价下备注了"须以我方最后确认为准"，这表明甲公司只是要求客户对其发出订单，合同关系是否真正成立还取决于甲公司的最后确认，因此甲公司所发布的广告应当属于要约邀请并非要约。

要约邀请发出后，要约邀请人撤回其要约，只要没有给善意相对人造成信赖利益的损失，要约邀请人一般不承担赔偿责任。在本案中，甲公司在发现广告标价错误后，迅速撤回广告并退回相关款项，没有造成买家信赖利益的损失。

❸ 启示建议

常见的要约法律风险是容易混淆要约与要约邀请。要约，是一方当事人以缔结合同为目的，向对方当事人提出合同条件，希望对方当事人接受的意思表示。要约作为一种订约的意思表示，它能够对要约人和受要约人产生一种拘束力。要约邀请，又称要约引诱，是希望他人向自己发出要约的意思表示。要约邀请只是当事人订立合同的预备行为，其本身并不发生法律效果。企业在发出要约或者要约邀请时，对于内容的把握是控制合同订立法律风险的一个重要环节，需要认真研究。

第五章　知识产权管理法律风险分析及防范

21世纪是知识经济的时代，创新是知识经济时代的灵魂。随着科技不断进步和社会经济的蓬勃发展，涉及知识产权的纠纷也日益凸显，越来越多的企业开始意识到知识产权对于提高企业核心竞争力至关重要，保护自有知识产权合法权益、防范知识产权法律风险已成为企业知识产权发展战略中的重点工作。

第一节　知识产权管理概述

知识产权是指著作权、专利权、商标权、商业秘密专有权等人们对自己创造性的智力劳动成果所享有的民事权利。广义的知识产权是指一切人类智力创造成果，是一种与知识相关的财产权，是由法律法规规定而确立的。狭义的知识产权指的是工业产权、文学产权及其他。在我国《民法总则》中，对知识产权客体进行了规定，知识产权是权利人依法就下列客体享有的专有的权利：①作品；②发明、实用新型、外观设计；③商标；④地理标记；⑤商业秘密；⑥集成电路布图设计；⑦植物新品种；⑧法律规定的其他客体。

一、知识产权管理特征

关于知识产权的基本特征的描述，目的在于进一步阐释知识产权本身的法律意义，以便更加准确地把握知识产权的内涵与外延。根据学者们的归纳，其基本特征主要体现为："无形性""专有性""地域性"和"时间性"。

（一）知识产权的无形性

知识产权的客体即知识产品，是一种没有形体的精神财富，这是与有形财产最大的区别，客体的非物质性是知识产权的本质属性。例如，企业完成的工程设计图、产品设计图等内容自作品完成创作之日起企业便取得了著作权。其中纸张作为一种物质存在，承载了工程设计图所有内容，构成知识产权的载体。换言之，纸张上的工程图内容是一种智力成果，构成了知识产权的客体，具有无形性。知识产权不能像物权一样进行占有，不能产生有形的占有，也不会产生使用的损耗。

（二）知识产权的专有性

知识产权是一种专有性的民事权利，是排他的，它的专有性直接来源于法律规定或国家授予。由于智力成果本身没有形体，占有不受控制，容易脱离原来主体占有被其他主体控制。为了鼓励创作和传播，国家制定了相关法律法规对知识产权予以保护。例如：企业获得了某项国家专利，即企业对该专利权享有对发明创作的专有实施权，包括使用、制造、销售专利产品的权利，任何人不得侵犯权利人的专利。

（三）知识产权的地域性

知识产权在地域上有严格限制。知识产权是根据国家的法律取得的，根据一国（或地区）法律取得知识产权，原则上只在该国（或地区）范围内发生法律效力，同时知识产权具有无形性的特征，所有权人无法直接通过类似物权占有的形式对其控制，所以无法直接进行知识产权域外保护。随着世界经济全球化的快速发展，《巴黎公约》《TRIPS 协议》等全球性或地区性公约、多边条约都在积极推行"国民待遇"，但这些仅仅要求对在缔约国领土内的外国人提供与本国国民相同的待遇，无须适用外国法律，不对本国知识产权法律制度造成影响，也无须突破知识产权地域性。由于不同国家政策上的差异，各国知识产权的取得和保护存在差异，对于涉外企业一定要了解当地的政策，以便取得当地对知识产权的承认和保护。

（四）知识产权的时间性

知识产权具有时间上的限定。时间性指的是知识产权在法律法规规定的时间内受到法律保护，一旦超出了规定期限，这一权利自动消灭，其所对应的智力成果权利由专有权变为共享权，人人皆可使用。《著作权法》（2010 修正）规定著作权中发表权、发行权等保护期限为作者终生及其死亡后 50 年，截止于作者死亡后第 50 年的 12 月 31 日，如"四大名著"的发行权保护期已过，各大出版社可以刊印发行而无须另付著作费用。此外，《专利法》（2008 修正）规定了发明专利的保护期限为 20 年，外观设计及实用新型专利保护期限为 10 年等。

二、企业知识产权管理工作的原则

我国知识产权合规管理起步较晚，但随着人们对知识产权重要性的认识日益深刻，知识产权运营的产业形态不断丰富，呈现出参与主体日趋多元、产业规模不断扩大、产业层次不断提升等特点。以电力企业为例，除了具有与普通企业一样的营利职能外，还承担着增强国有经济活力、放大国有资本、实现国有资产保值增值的重要职能。为此，电力企业迫切需要将知识产权合规管理与市场拓展、研发创新、品牌维护、保密等工作加以协调衔接，从而更好地发挥知识产权管理对高效经营的促进作用。事实上，电力企业也制定了相应的知识产权管理办法，依法保护自有知识产权，防范和化解知识产权管理中存在的法律风险。

（一）事前防范、事中控制和事后救济全过程保护原则

知识产权合规管理作为企业管理的重要组成部分，要深刻理解知识产权法律的立法宗旨、基本原则，强化知识产权风险事前防范、事中控制和事后救济相结合的全过程保护，坚持事前以风险评估为基础、风险防范为核心，坚持事中以监测评价为手段、风险控制为抓手，坚持事后以救济维权为保障，规范知识产权合规管理，保持企业知识产权战略优势。

（二）知识产权保护与生产经营同步规划、同步实施原则

企业要充分认识到知识产权合规管理和保护的重要性，企业在重视有形资产及其管理的同时，应当加强无形资产管理，加强对研发环节的管理和保护，包括做好选项、立项、专利申请、专利保护和研发成果产业化的总体规划，对商业标识、著作权利研究制定系统的法律保护方案，做到从战略高度上对知识

产权管理进行规划。

（三）经济效益与社会效益并重原则

企业要充分认识到知识产权的价值，要把科研人员及一线技术人员的科技创新成果作为企业的重要资产加以保护和运用，并将其转化为生产力，促使科技成果推广利用，提高产业化、商品化程度，从创造保护层面转入知识产权的运用层面。

（四）有偿转让和使用原则

知识产权的有偿使用管理不仅有利于企业知识产权的商业运作能力、市场开发能力、技术利用能力提升以及知识产权增值，还对企业获得专利、商标、著作权、商业秘密、反不正当竞争法律的保护有重大帮助。

第二节　知识产权管理法律风险分析

知识产权法律风险管理，是指在知识产权创造、运用和管理过程中，依法保护自有知识产权、防范和化解侵犯他人知识产权风险的活动。以国家电网为例，电力企业在知识产权管理上的法律风险主要包括：著作权方面法律风险、专利权方面法律风险、商标权方面法律风险、商业秘密专有权方面法律风险和反不正当竞争方面法律风险等，其中著作权方面法律风险、专利权方面法律风险、商标权方面法律风险、商业秘密专有权方面法律风险发生频率较高。

一、著作权管理法律风险分析

（一）著作权侵权风险

著作权侵权行为（包括相关权侵权行为），是指企业未经著作权人或者相关权利人许可，擅自实施和使用其受著作权法保护的客体（包括作品、表演、录音录像制品或者广播电视节目等），法律另外有规定的除外。我国《著作权法》规定的直接侵权行为有 19 种（《著作权法》第四十七条 11 种，第四十八条 8 种），按法律责任可以划分为两大类型：一种是只承担民事责任的侵权行为，另一种须承担民事责任，可能还需承担行政责任，甚至可能要承担刑事责任的侵权行为，其主要侵权行为表现为：

1. 仅承担民事责任的侵权行为

在企业中比较常见的著作权侵权行为类型主要表现形式为自媒体侵权、软件侵权等形式，包括未经权利人许可在自媒体中转载他人文字作品，在自媒体中使用他人拥有著作权的图片、字体，在自媒体中链接他人拥有著作权的音乐、视频，未经许可非法擅自安装、使用计算机软件等直接侵权行为；同时可能存在行为人本身不一定构成对他人著作权侵犯，但却可能促成第三人侵权行为的发生的间接侵权。一旦发生著作权侵权行为，侵权人要承担民事责任，例如承担停止侵害、消除影响、赔偿损失等，另外一般权利人还会要求侵权人在媒体上刊登赔礼道歉等公告，这将对电力企业的社会形象带来负面影响。究其侵权原因，主要是相关人员知识产权风险意识淡薄、自媒体内容发布前的合规审查不严格、部分作品类型如图片等著作权人不明晰、单个字体能否构成著作权法意义上的作品尚存争议、使用盗版软件等。

2. 承担民事责任、行政责任和刑事责任的侵权行为

与上一类民事侵权行为比较，电力企业损害社会公共利益、触犯刑法的著作权侵权行为发生概率较低，但一旦发生将严重危害到企业稳定，不仅会引起经济损失、声誉受损，企业更会受到行政部门的监管制裁；危害到社会公共利益，情节严重的，相关责任人更将面临刑事处罚。根据《刑法》第二百一十七条及《最高人民法院、最高人民检察院关于办理侵犯知识产权刑事案件具体应用法律若干问题的解释》（法释〔2004〕19 号）第五条规定，侵犯著作权罪追究刑事责任的起刑标准是：以营利为目的实施了侵权行为违法所得数额在三万元以上，或者非法经营数额在五万元以上的；未经著作权人许可，复制发行其文字作品、音乐、电影、电视、录像作品、计算机软件及其他作品，复制品数量合计在一千张（份）以上的；其他严重情节的情形。

（二）著作权归属法律风险

著作权归属法律风险是指在著作权产生的过程中，著作权主体的合并、变化，作品产生的方式不同、约定不明等情况导致著作权出现归属不清或者瑕疵的情况。在企业中比较常见的著作权归属法律风险类型主要表现为：

1．自主开发软件未及时进行著作权登记风险

根据著作权自动取得原则，作品自创作完成之时起自动取得著作权，不必登记。自主开发软件权利人可以根据国家版权局《作品自愿登记试行办法》（国家版权局 1994 年 12 月 31 日发布）进行自愿登记。对于软件著作权而言，计算机软件著作权登记证书作用巨大，登记证书不仅可以作为确权的初步证据，同时还可以作为保护期计算的证据。若企业对外签订涉及软件著作权的合同条款时，未约定著作权归属、权利瑕疵担保、保密、违约责任、争议解决等内容时，且未及时向国务院著作权行政管理部门认定的软件登记机构进行办理登记手续，一旦在发生软件著作权属争议，企业方作为计算机软件开发单位负有软件开发完成的举证责任，极可能会导致举证不能，存在无法证明软件作品创作完成并享有著作权的风险。

2．委托作品未及时约定著作权归属风险

根据《著作权法》第十七条及《最高人民法院关于审理著作权民事纠纷案件适用法律若干问题的解释》（法释〔2002〕31 号）第十二条规定，受委托创作的作品，著作的归属由委托人和受托人通过合同约定。合同未作明确约定或者没有订立合同的，著作权属于受托人。作为委托方只能在委托创作的特定目的范围内免费使用该作品。以电力企业为例，企业委托编制、开发作品的工作任务较多，若双方未在合同中明确著作权归属，一旦出现著作权被认定为受托人所有的情况，按照电力企业现有法人治理结构来看，除合同委托方外的其他子公司使用该作品仍要取得受托人同意，否则将存在侵权风险。因此企业各级单位对外开展委托开发或者合作开发时，应在合同中明确知识产权由本单位享有或共同享有；无正当理由，不得不作约定或直接约定知识产权由对方享有。

3．职务创作著作权管理不当风险

根据《著作权法》第十六条规定，公民主要是利用法人或者其他组织的物质技术条件创作，并由法人或者其他组织承担责任的工程设计图、产品设计图、地图、计算机软件等职务作品，或法律、行政法规规定或者合同约定著作权由法人或者其他组织享有的职务作品，作者享有署名权，著作权的其他权利由单位享有，单位可以给予作者奖励。在日常工作中，若企业未有效对职工（兼职、借用或临时聘用）职务创作进行管理，部分员工错误认为在工作期间产生的职务作品著作权为个人所有，进而行使著作权相关权利，最终将导致企业权益受损或面临法律风险。

二、专利权管理法律风险分析

专利是国家依法授予发明创造人享有的一种独占权，专利分为发明专利、实用新型专利、外观设计专利三种。技术专利化和标准化是企业参与市场竞争的核心竞争力，一旦出现泄密、侵权等情况，将会给企业带来严重影响，因此有效地防范专利相关风险显得尤为重要。专利权常见法律风险主要表现为以下几种：

（一）专利侵权风险

专利侵权风险主要是指未经专利权人许可实施其享有专利权的客体（包括专利、实用新型和外观设计）。专利侵权责任类型可以分为民事责任、行政责任、刑事责任三大类。专利权是一种财产权，《专利法》主要追究侵权人的民事责任，比如企业在未经专利权人许可实施其专利的行为，引发的专利权纠纷；或者企业在委托开发，对外的协作生产过程中，企业未经专利人授权或委托，擅自许可或委托第三方实施了他人专利，而引发的专利权纠纷，专利权人可以向人民法院提起诉讼维护自身权益。人民法院受理专利侵权案件时，主要采取责令停止侵权、赔偿损失、赔礼道歉等措施；对于情节严重的，专利行政主管部门可以作出责令改正并公告、没收违法所得、罚款等行政处罚；构成犯罪的，还将依法追究刑事责任。

（二）专利申请前未充分论证风险

我国专利申请实行先申请原则即同一内容的发明创造只授予第一个提出专利申请的人，专利申请必须以书面形式提交到国务院专利行政部门审批。若企业在研发立项阶段，新产品、新技术立项时没进行充分的信息查询、市场调研和专利分析，未经过严格的新颖性、创造性、实用性审查，未对从事的技术领域发展现状进行充分了解，花费大量人力、财力和物力研发了别人已申请的专利，最终重复申请专利导致申请失败，将会给企业带来重大经济损失。

（三）专利申请决策风险

专利申请决策风险主要是指新产品、新技术开发后没有及时进行有效的保护，或保护方法选择失误导致被限制使用的风险（包括专利类型申请错误风险、商业秘密错误申请专利风险等）。不同的专利类型保护对象不同、要求不同、审批程序不同、保护期限不同，若专利类型申请错误，则可能导致专利申请失败或后续使用被限制等情况，例如发明专利权保护期为 20 年，而实用新型专利保护期只有 10 年，两者保护时限相差甚远。一般专利申请除保密专利外是需要信息公开、信息共享的，企业对于适宜采用专利保护的，应及时提出专利申请；对于宜采用商业秘密保护的，应当做好相关保护，确保新技术、新产品的市场竞争力，谨慎权衡是否申请专利。

（四）专利权归属法律风险

专利权归属法律风险主要是指企业在新产品、新技术开发过程中未对专利权归属进行约定或保护，导致丧失独占权的风险。第一种情形，《专利法》确定了合作发明专利申请权利属于完成或者共同完成的单位或者个人，另有协议的除外。这里的合作分为两类情况，一是合作研究、设计，它包括单位与单位、单位与个人合作等几种情况。二是委托研究、设计，它包括单位委托单位、单位委托个人等几种情况。但无论什么情况都属于合同法中技术开发合同的范畴。企业委托开发、合作研发产品时，若各方当事人未能在技术开发合同上明确知识产权的归属条款，将可能导致自树竞争对手的被动局面。第二种情形，专利法确定了职务发明创造申请专利的权利属于单位，发明人或者设计人享有获得奖金、报酬的权利。日常管理中，本来属于职务发明创造的，却由发明人以非职务发明申请了专利，然后许可或转让给其他单位实施，导致单位权益受损。

（五）专利未正常维护风险

缴纳年费是专利人的义务，不按规定时间缴纳年费的，即可被认为专利权人从经济上考虑不愿维持专利权，国务院专利行政部门应当终止该专利权。不交年费可能出于其他原因，如专利不具备市场竞争力、权利人遗忘、其他不可抗力等情况。专利权人在期限届满后 6 个月内可以补交，但应缴纳一定的滞纳金。如果企业专利相关工作人员法律意识淡薄或怠于专利维护，企业则将面临专利被终止或者补交滞纳金的风险。

三、商标权管理法律风险分析

商标是一种商业标志，是商业主体在其提供的商品或者服务上使用的，能够将其商品或者服务与其他市场主体提供的商品或者服务区分开来的标志。商标作为知识产权的一种，是企业无形资产中非常重要的一部分，更是企业品牌的基础、企业信誉和质量的象征。同时，商标还是申请国家免检、驰名商标、质量认证的前提条件，加强企业商标管理防范商标法律风险是打造百年企业保持基业长青的重要抓手。商标常见法律风险主要表现为以下几种：

（一）商标侵权法律风险

侵犯商标权是指未经商标所有人同意，擅自使用与注册相同或者近似的标志，或者妨碍商标所有人使用注册商标，并足以引起消费者混淆的行为。《商标法》（2019 修正）第五十七条以及《最高人民法院关于审理商标民事纠纷案件适用法律若干问题的解释》（法释〔2002〕32 号）第一条明确了几类侵犯注册商标专用权的行为。在实践中，知名度高的商标拥有广大消费群体基础，消费者认可该商标下的商品或服务。有的个人和企业为了牟取不正当利益，采用"打擦边球"的手法，模仿他人注册商标或者未注册的驰名商标，作为自己企业名称中的商标使用，以此达到扩大经营、提升知名度、瓜分利益的目的。此类侵权行为不仅要承担停止侵权行为、赔偿损失等民事责任，部分还将面临行政管理部门的行政处罚，违反《刑法》第二百一十三条、第二百一十四条和第二百一十五条规定的还将被追究刑事责任。

（二）商标未注册使用风险

在我国，获得商标专用权的原则是注册取得制度为主，驰名取得为辅；自愿注册制度为主，强制注册制度为辅。未注册的商标不享有商标的专用权，被他人使用时也无法进行权利保护。若企业消极行使注册商标权利，一旦被他人抢先注册以后，可能面临不准继续使用商标或标识的风险；若是没有一定知名度的未注册商标，可能还存在侵犯抢注者商标权风险。该法律风险将会导致之前企业投入商标的设计、使用、宣传成本付之东流，若企业另行创立新商标，原消费者忠诚度会被竞争者获取，不仅会降低市场竞争力，无形中也增加了企业成本。另外，抢注商标事件时有发生，在国内，一些企业并不拥有商品或服务实际业务，他们通过抢注商标向原商标人索取高额"转让费"或者"许可使用费"；在国外，一些企业通过抢注竞争对手商标，作为设置贸易壁垒的一种重要手段，为被抢注商标的企业以原商标进军该国市场制造障碍。

（三）商标未及时续展的风险

根据《商标法》第三十九条、第四十条规定，注册商标的有效期为十年，自核准注册之日起计算。注册商标期满，需要继续使用的，商标注册人应当在期满前十二个月内按照规定办理续展手续；在此期间未能办理的，可以给予六个月的宽展期。每次续展注册的有效期为十年，自该商标上一届有效期满次日起计算。期满未办理续展手续的，注销其注册商标。倘若企业商标缺乏专人管理，未能及时办理续展手续，商标将依法被注销，那么企业将丧失对该商标的相关权利，从而遭受重大损失。

四、商业秘密管理法律风险分析

商业秘密是指不为公众所知悉、具有商业价值并经权利人采取相应保密措施的技术信息、经营信息等商业信息。商业秘密包括技术信息和经营信息两部分，技术信息主要是指生产工艺、材料配方、技术技艺、设计图纸等；经营信息主要是指管理模式、产销策略、客户信息、供销渠道等。商业秘密不像其他知识产权有明确的法律定义，它最为显著的特征是一经泄露，便带来不可逆的不利后果，可以追偿但难以估量商业秘密带来的未来经济利益。企业在商业秘密管理过程中可能遇到的法律风险主要表现在：

（一）商业秘密侵权风险

商业秘密控制人享有商业秘密控制和管理的权利，是一种无形的信息财产。商业秘密侵权风险主要是一些不法分子为谋取利益通过非法手段窃取商业秘密公开或使用的直接侵权，或通过第三人窃取商业秘密公开或使用的间接侵权。对于商业秘密侵权行为，法律责任包括民事责任、行政责任和刑事责任。《反不正当竞争法》第二十一条规定了侵犯商业秘密应当承担的民事责任；第二十六条规定了侵犯商业秘密应当承担的行政责任;《刑法》第二百一十九条规定了侵犯商业秘密行为应当承担的刑事责任。商业秘密控制人应加强商业秘密保护,防范不法分子以不正当手段获得商业秘密。

(二)商业秘密管理存在缺陷风险

对于商业秘密的界定不清晰,导致相关技术信息或经营信息不能形成商业秘密;或者是形成商业秘密后缺乏保护商业秘密的管理措施,存在商业秘密被竞争对手窃取的风险。除此之外还存在以下管理问题:①商业秘密保护意识不强,未对商业秘密划定界限,尚未形成全员保护商业秘密氛围,频繁的岗位调动缺乏严格的保密约束机制。②商业秘密保护工作不够深入细致。在日常工作中缺乏保护商业秘密的敏感性,在执行保密制度的过程中疏忽大意,未严格执行保密管理制度。

(三)商业秘密泄密风险

1. 产品或技术研发阶段的泄密风险

企业在进行产品研发或技术创新时,对尚未成型的商业秘密未做物理隔离,研发过程中可能涉及的产品配方、情报资料、数据报表、技术参数、开发方案、设计图纸和程序代码等相关信息保护力度不够,对核心技术人员的监管措施不到位,很容易导致企业商业秘密的泄露。另外,企业在品牌外宣和信息公开时,未经保密审查或者审查不严格导致泄露研发阶段的信息,对新产品、新技术进行过度的公开和宣传,引起企业的竞争对手的注意,竞争对手再掌握了该信息后,若是率先取得相关产品或技术的突破,使得企业的商业秘密丧失经济价值,再对其进行保护变得毫无意义。

2. 与对外合作交流过程中的泄密风险

企业对外合作交流时,对合作交流的尺度把控不严,往往会忽略了商业秘密保护。主要风险点在于:

(1)在合作初期,企业通常都会邀请有意向的合作方考察、参观生产经营场所,以证明企业本身的硬件条件;参观的时候会介绍本企业的生产经营状况,以证明企业本身的软件水平,但展示过度则容易泄露商业秘密。

(2)企业在进行对外融资时,很可能引入风险投资。在风险资本进入企业之前，企业需要向风险投资商递交商业计划书，在拟写商业计划书时必然将企业全部或部分的商业信息或技术信息向合作对象进行披露。但在实践中，有些企业融资心切，在未与对方签订保密协议前，就将上述信息透露给对方，导致了商业秘密的泄露。

（3）缺乏对兼职、离职、退休员工的保密约束机制。企业员工在任职期间，在与企业相关行业的企业兼职，也容易导致企业商业秘密的泄露。掌握核心商业秘密的员工离职，转投企业的竞争对手或自立门户与企业进行同业竞争，将会给企业带来难以估量的损失。另外，企业往往忽略对离职、退休员工设置保密义务，疏于对其离职、退休后的行为进行约束。

第三节　知识产权管理法律风险防范

企业实施知识产权管理法律风险防范，是为了在通过知识产权获得经济效益的过程中，实现企业合法权益的最大化与风险损失的最小化。本节将通过对著作权管理法律风险防范、专利权管理法律风险防范、商标权管理法律风险防范、商业秘密专有权管理法律风险防范四个部分进行全面梳理并提出防范建议，从而达到降低法律风险实现利益最大化的最终目标。

一、著作权管理法律风险防范

（一）提高知识产权风险防范水平和意识

因著作权自作品完成时自动产生，因此无需向国家行政主管部门申请，即使著作权人进行了著作权登记，一般公众也难以获知权利内容和权利归属，尤其是未署名的图片作品和文字作品，更是如此。因此，做好自媒体著作权侵权风险防范工作，最重要的是需要提高自媒体运营维护人员的知识产权风险防范水平和意识，坚持"先授权后使用"的原则。

（二）加强自媒体发布著作权合规审查

在编写自媒体信息时，企业相关人员应当注意尊重他人著作权，尤其是从网络上获取的字体、图片、文字作品等信息，应注意著作权的权利归属，分析是否属于合理使用的范畴。在发布自媒体信息前，撰稿人应对存在使用他人作品的自媒体信息，进行严格的合规审查。在发布自媒体信息后，如著作权人提出异议的，撰稿人应积极回应表示对权利人的著作权充分尊重，同时主动筛查并让著作权人明示可能涉及著作权侵权的信息。对可能存在侵权嫌疑的内容，应立即予以删除，以免对方提起侵权诉讼导致承担相应的法律责任。

（三）建立健全企业著作权数据库

建立健全企业的著作权数据库，可以从以下三个方面对数据库进行内容充实：

（1）内部挖掘，集中管理。在企业内部挖掘著作权资源，形成激励机制。由享有著作权的员工或单位将所享有的相关著作权利许可给企业，由企业进行集中管理后许可给各子公司及分公司。

（2）统一采购，整体授权。针对常见且必须使用的作品，可以由企业定期向著作权人或著作权管理组织统一采购，由著作权人或著作权管理组织整体授权给企业及其下属公司。

（3）委托设计，形成成果。针对特殊的作品要求，企业可以委托外部机构根据具体要求进行创作，并通过合同的形式约定委托作品的著作权归属。

（四）通过委托合同等形式合理转移风险

企业可以将自媒体运营部分工作外包给其他广告公司或设计公司。对网络公司或广告设计公司提供的作品，一方面通过合同等形式要求其提供独创性声明，并约定著作权利归属；另一方面设置知识产权权利瑕疵担保条款，如果网络公司或广告设计公司提供的作品侵犯他人知识产权从而导致委托方无法正常使用该作品或收到侵权指控并造成损失的，由受托的广告公司或设计公司承担责任。

（五）及时维护自身权益

在我国著作权保护可以采取行政保护和司法保护相结合的手段。对于侵权行为，企业可以选择自行协商、调解、仲裁、民事诉讼等方式去处理。企业在选择行政保护和司法保护时要注重证据保存，首先要证明版权归属，一般包括作品原件、底稿、底片、相关证书、合同等原始材料。其次要保留对方侵权证据，一般可以采取公证取证或者向有关部门举报，对现场查封处理。最后还要提供侵权损失证明，一般包括实际损失和制止侵权行为所支付的合理开支。同时，企业维权时还要考虑到救济途径是否方便、权利人行使权利是否方便、时间成本是否能够承担、裁决结果的执行力度等其他因素。

二、专利权管理法律风险防范

（一）收集必要技术信息情报

确定准确的技术研发方向和研发领域是企业启动研发前必须要考虑的问题。为确保企业研发方向准确，企业在开展涉及专利的科研、设计、生产、技改、施工、监理、进出口、验收等活动前要进行充分的信息查询、市场调研和专利分析，建立专利风险预警机制，定期监控、评估并上报风险专利。一方面，通过收集必要的技术信息情报可以吸收、借鉴前人的研究成果，掌握最新科技动态；另一方面，可以及时发现自己拟开发的项目是否已被其他人申请相关专利权，避免出现投入大量资金后无法取得专利权的被动局面。

（二）加强专利申请前研判

除保密专利外，申请专利就意味着将技术信息公开，获得专利取得市场垄断必然有利于竞争，但对于一些属于国家秘密、商业秘密的技术需要加强保密管理，避免专利申请以致技术公开。同时对需要申请专利的可以建立研发成果保密机制，在企业启动技术研发时对研发相关工作及研发成果进行保密处理，对参与研发的团队签订保密协议，防止因人员流动而导致秘密泄露。

（三）加强专利归属管理

（1）规范管理职务发明创造。虽然我国《专利法》已经规定了"职务发明"的范围以及单位与发明人之间的权利义务，但现实中还是容易引发处理不当导致的纠纷。当发明人在执行单位工作任务完成职务发明时，单位就应该做好工作职责的界定，制定并执行研发记录工作制度，对布置下达研发工作任务情况全程跟踪记录。当研发人员退休或者离职时，还应保留好人事关系终止的时间证明。当发明人主要利用本单位物质技术条件完成发明创造的，单位应明确本单位物质技术的条件范围，并且完整记载。在发明创造被确认为职务发明时，单位要确保发明人署名权及取得报酬的权利。

（2）清晰界定合作或委托开发的权利义务。单位应当在合作开发或委托开发的合同中明确约定研发成果技术的归属。通常合同应包括如下内容：技术研发成果归属、交付技术研发成果资料范围、需要委托开发合同后续保密义务等条款。

（四）加强专利维护与评估

电力企业每年申请的专利数量庞大，需要花费巨额的专利年费加以维持，但现代高新技术更新速度较快，许多发明创造经济寿命不长，这里就需要企业对掌握的专利进行筛选评估，对于仍然具备经济价值的专利进行续费，对不具备经济价值的可以考虑在专利期满前放弃权利，以此来减轻专利年费的资金压力。

（五）加强专利维权

发生专利权侵权时，企业可以选择自行协商、调解、仲裁、民事诉讼等方式去处理。若企业选择了诉讼方式维权时，应注意以下几点：首先在被告选择上，专利人应直接起诉制造商，从源头制止侵权行为，对于制造商无法查明的情况，企业可以选择将销售商作为第一被告，制造商作为第二被告，迫使制造商到企业选定的法院进行诉讼。其次，企业应根据自身利益损害程度，排出优先诉讼对象，重点突破，逐个出击。此外，在起诉时间、地点选择上，企业应及早收集证据提起诉讼，并选择自己所在地有管辖权的法院进行诉讼。最后，在诉讼请求上，企业可以根据实际诉讼目的提出停止侵权、赔偿损失、赔礼道歉等诉讼请求。

三、商标权管理法律风险防范

（一）加强商标注册工作

在我国，一般情况下只有通过注册的商标才能取得法律的保护，这就凸显商标申请注册的重要性。《商标法》第九条规定：申请注册的商标，应当有显著特征，便于识别，并不得与他人在先取得的合法权利相冲突。商标具有显著特征，意味着申请人在申请的商标不能与他人相同或相似，同时规定保护先于商标专用权已经取得的合法权利，避免在商标注册中的侵权行为。因此，对于一般企业应及时地注册商标，维护自身利益不受损害；对于知名企业不仅要关注国内商标的注册情况，同时应该根据自身情况依照国际条约申请域外商标，以此避免外企树起"市场篱笆"阻碍企业发展；对于驰名商标企业，应视情况注册联合商标和防御商标。

（二）加强商标管理维护

企业应当对商标管理工作充分重视，不但要注重日常商标宣传维护，还要为商标的信誉和质量建立管理制度，对拟申请为注册商标进行评估管理，不得受让存在权利瑕疵的商标，避免出现侵犯他人注册的商标权。开展商标许可、质押、转让的，应履行决策程序，对外签订书面合同，并按照法律规定办理必要的登记手续。企业应密切关注市场商标使用情况，一旦企业发现自有商标权被侵犯时，应当及时收集保全侵权证据，必要时应聘请公证机关进行公证。当收集大量证据形成证据链，掌握主动权后，企业可以向对方发送"警告书""律师函"等，和对方进行谈判达到震慑和赔偿经济损失的目的；当企业无法自行收集相关证据材料时，企业也可以请求工商行政管理部门依法查处；当双方协商不一致时，企业还可以直接提起商标权侵权诉讼，要求对方停止侵权行为，赔偿损失，以维护自身合法权益。

（三）及时开展商标续展工作

企业应根据《商标法》规定的十年有效期限，及时开展商标续展工作；对于境外注册的商标，应当按照当地的法律法规办理相关续展手续。

四、商业秘密管理法律风险防范

（一）建立健全保密管理机制和规章制度

首先，企业应建立商业秘密保护机构，并设立专岗负责保密管理工作，配置合理管理费用，定期对商业秘密管理情况进行检查。其次，加强企业商业秘密保护制度的建设。企业应根据自身资产规模、组织形态、人员构成等具体经营情况建立涉密人员、涉密载体、涉密活动等系统的规章制度。同时要大力宣贯制度要求，定期进行保密规章的培训和考核，形成全员保护商业秘密的氛围。

再次，建立涉及商业秘密的内外部合同管理制度，内部合同指的是与涉密员工签订保密协议；外部合同指的是在对外交流合作的过程中，与外方签订保密协议以确保商业秘密安全。

（二）加强生产经营活动各环节的商业秘密管控

实践中，企业可以采取下列方法对不同的信息加以保护：

（1）通过门卫保安、电子警报、电子监控系统等方式对进出经营场所的人员及相关的安全区域进行有效的监控。如果采取电子监控系统进行监控时，应注意个人隐私的保护，避免企业因监控行为而引起侵权纠纷。

（2）企业对涉密场所、涉密人员、涉密载体进行明确界定，并实行分类分级管理。区分保密网络和普通办公网络，员工进入保密场所或使用保密设备需通过严格审批并具备相应的权限。

（3）可将企业的商业秘密分为核心、重要、一般三个等级，并明确规定各级商业秘密信息的获取权限，并在涉密载体上做好密级的标注。企业应规范涉密载体的登记、保管、传递、归档、复制、移交、销毁等事项，通过对接触或使用商业秘密信息的人员进行动态的管理，对企业的商业秘密实施有效的控制。

（4）建立对外宣传审查制度。企业应慎重对待在展览、新闻发布会等公开场合向社会公众发布的信息和言论，以避免不当陈述导致商业秘密泄露的风险。企业建立对外信息交流审查机制，由保密审查机构负责审查对外发布的信息是否涉及企业的商业秘密及是否适合公开发表。

（5）建立废品、办公垃圾处理制度。未经碎纸处理的文件及试制失败的产品样品可能蕴藏着商业秘密信息。为防范商业秘密泄露的风险，企业应建立废品、办公垃圾处理制度，彻底销毁涉及商业秘密的废弃的各类资料及物品。

（三）采取相应法律措施加强商业秘密的保护

（1）商业秘密权利人的合法权益因不正当行为受到侵害的，可以根据《反不正当竞争法》向人民法院提起民事诉讼。《反不正当竞争法》第十七条规定，因不正当竞争行为受到损害的经营者的赔偿数额，按照其因被侵权所受到的实际损失确定；实际损失难以计算的，按照侵权人因侵权所获得的利益确定。经营者恶意实施侵犯商业秘密行为，情节严重的，可以在按照上述方法确定数额的一倍以上五倍以下确定赔偿数额。

（2）企业还可以根据《反不正当竞争法》第二十一条规定寻求行政救济，该条规定，侵犯商业秘密的，由监督检查部门责令停止违法行为，没收违法所得，处十万元以上一百万元以下的罚款；情节严重的，处五十万元以上五百万元以下的罚款。

（3）企业还可以寻求刑事救济，追究他人采取不正当手段，获取、使用、披露或者允许他人使用权利人的商业秘密，给商业秘密的权利人造成重大损失的行为的刑事责任。

第四节　典型案例评析

案例十四：擅自使用网络图片　侵犯权利赔偿损失

🔬 案情简述

某 A 图像技术有限公司于 2010 年 10 月 10 日，将某 B 公司作为被告，向北京市海淀区人民法院起诉。原告诉称，被告未经原告许可，擅自在其公司官方微博中使用了 20 张图片，本次诉讼 4 张（以下简称涉案图片），图片编号为 145591252、AA045173、84436216、200395796-001，品牌是 Stockbyte，内容是人物。上述图片作品的著作权属于美国 C 公司所有，而原告是 C 公司在中国的授权代表，在中国境内享有对上述图片作品展示、推销、许可他人使用、对侵权行为主张索赔等权利。原告发现被告的侵权行为后，多次发函要求被告停止侵权、赔偿损失，但被告均未予理会。请求判令被告：①立即停止侵权；②支付侵权赔偿金 40000 元，原告律师费及其他为制止侵权行为所支付的合理开支 2000 元，合计 42000 元。

被告 B 辩称：①原告提供的证据无法证明其系涉案图片的著作权利人，原告主张权利的作品属于著作权属不明的情况。即使 C 公司是涉案图片的权利人，原告也应证明其在中国是唯一的被授权人，且被告侵权发生于著作权保护有效期内。原告的权利来源不明，不具备原告诉讼主体资格，无权向被告索赔。

②原告无法证明被告存在侵权行为。③原告索赔金额过高且无依据。综上，请求驳回原告的诉求。

一审判决：①被告 B 公司立即停止侵犯原告 A 公司著作权的行为。②被告 B 公司于本判决生效之日起十日内赔偿原告 A 公司经济损失及合理费用共计 14000 元。③驳回原告的其他诉讼请求。

⚖ 法律分析

1．关于原告是否享有涉案图片的著作财产权及诉权

我国著作权法规定，"外国人、无国籍人的作品根据其作者所属国或者经常居住地国同中国签订的协议或者共同参加的国际条约享有的著作权，受本法保护。""如无相反证明，在作品上署名的公民、法人或者其他组织视为作者，作品的著作权属于作者。"A 公司在其官方网站上使用上述涉案图片，图片编号"145591252、AA045173、84436216、200395796-001"，并均有 C 公司的署名及版权说明。在没有相反证据的情况下，可以认定 C 公司是涉案图片的著作权人。我国与美国均属于《伯尔尼保护文学和艺术作品公约》的成员国，C 公司的作品依据成员国关系应受我国著作权法的保护，故本案涉案图片属于我国著作权法保护的作品。C 公司作为著作权人，授权 A 公司可以在中国境内进行相关作品的使用许可，同时又授权 A 公司可以以自己的名义对侵权行为提起诉讼。该授权文件履行了相关公证认证手续，在无相反证据的情况下，可认定 A 公司已经合法授权取得了涉案图片的著作权相关权益，A 公司是本案适格的原告，有权以自己的名义就侵犯涉案图片著作权的行为提出诉讼。

2．关于被告是否侵权

A 公司提交的三份时间戳认证证书，可以认定 B 公司在其官方微博介绍 B 公司向其客户所提供的服务，具有商业使用性质。B 公司未经 A 公司许可，在其官方微博上使用 A 公司享有著作权的图片，不能说明有合法来源及授权，可认定 B 公司的行为构成著作权侵权。

3．关于原告请求的赔偿数额是否偏高

根据著作权法的规定，B 公司应承担停止侵害、赔偿损失等法律责任。法院综合考虑涉案图片的数量、质量和艺术水平，B 公司的主观过错、图片使用范围，侵权行为的性质和后果及 A 公司可能支出的合理费用等因素，酌情确定本案赔偿数额为 14000 元。

⚖ **启示建议**

1. 谨慎使用网络图片作品

针对图片作品侵权风险防范，应认识到：第一，网络上无明确版权归属的图片并不代表没有著作权，也不代表著作权人同意他人未经授权进行商业性使用。第二，如果对他人作品进行修改的，修改前和修改后的作品构成实质性近似的，仍然构成侵权行为。第三，对明确版权归属的图片进行商业使用，必须与版权人联系获得授权。如果无法联系或未获得授权的，应避免在自媒体上使用。第四，可以通过缴纳许可费等方式在商业性图片网站下载和使用相关图片。

2. 谨慎使用非授权字体

针对字体侵权风险防范，一是应区分开源协议、非商用授权、商用授权字体的区别，尽量选择开源的或不存在侵权风险的字体；二是谨慎使用著作权明确的免费字体，免费字体并不代表字体著作权人放弃主张相关著作权利；三是通过字体的名称往往能够识别著作权人，如确需使用某个字体的，应获得相应的授权。

3. 谨慎转载、转发文字作品

具有独创性及可复制性的文字，属于著作权法意义上的作品，受到著作权法的保护。除非著作权人主动公开表示放弃著作权，否则转载、转发该文字，除《著作权法》第二十二条规定的著作权合理使用外，可能构成侵害著作权的行为。值得注意的是，国家版权局《关于规范网络转载版权秩序的通知》（国版办发〔2015〕3 号）规定，互联网媒体转载他人作品，应当遵守著作权法律法规的相关规定，必须经过著作权人许可并支付报酬，并应当指明作者姓名、作品名称及作品来源。该通知针对互联网媒体的要求，不同于报刊单位之间相互转载已经刊登的作品的相关规定。

4. 谨慎转载音乐、影视作品

音乐或影视作品是较为特殊的作品类型，无论是原创音乐或影视作品还是改编音乐或影视作品，皆存在一个或以上著作权人。对需要在自媒体上使用他人音乐作品的，应在中国音乐著作权协会音乐作品网上许可系统进行申请，在缴纳相关许可费用后，可以在特定地点使用被许可的音乐作品。企业不得将未经合法授权的音乐、影视作品放置于自媒体中，也不得设立与上述内容相关的链接。

案例十五：合同供方专利侵权　需方保留证据免责

案情简述

原告 A 于 2017 年 7 月 10 日，将 B 公司、C 公司作为被告，向湖北省武汉市中级人民法院起诉。原告 A 诉称是"路灯灯具（PV-1 单光源）"外观设计专利的专利权人，专利号为 Z L20063008×××.4，专利有效期为 2006 年 3 月 28 日至 2016 年 3 月 27 日。原告在湖北省新河镇三江航天固德公司门前道路（电厂路）路段上共计发现 87 盏侵权路灯。根据该路段路灯工程合同，被告 B 公司为侵权路灯的供方，被告 C 公司为需方。经原告比对，确认被控路灯的外观设计落入原告的专利权保护范围，被告未经原告许可，擅自实施原告外观设计专利的行为，严重侵害了原告的外观设计专利权，给原告造成巨大经济损失。因此，原告向法院提起诉讼以维护自身合法权益。请求：①判令二被告赔偿原告经济损失及为制止被告侵权行为所支付的合理费用共计人民币 100485 元。②判令二被告承担本案全部诉讼费用。

被告 B 公司未到庭发表答辩意见。

被告 C 公司辩称：2012 年 11 月 12 日，C 公司作为需方与供方 B 公司签订了采购合同。该合同约定：工程名称：电厂路路灯工程；产品包括：单臂灯（欧司朗）250W，87 套，总金额 248820 元。2013 年 4 月 19 日，B 向 C 公司开具江苏省扬州市国家税务局通用发票，该发票标明：购货单位：C 公司；品名：单臂灯 87 套，金额 248820 元。2013 年 5 月 23 日，C 公司出具采购收货单，标明其收到 B 货品 87 套，货款及税额合计 248820 元。被控侵权产品来源合法，且公司作为使用者不构成侵权。

一审判决：①被告 B 公司自本判决生效之日起十日内，赔偿原告 A 经济损失人民币 8000 元。②驳回原告 A 的其他诉讼请求。

法律分析

1. 关于被控侵权产品是否落入涉案外观设计专利权的保护范围

《专利法》第五十九条第二款规定："外观设计专利权的保护范围以表示在图片或者照片中的该产品的外观设计为准，简要说明可以用于解释图片或者照片所表示的该产品的外观设计。"《最高人民法院关于审理侵犯专利权纠纷案件应用法律若干问题的解释》第八条规定："在与外观设计专利产品相同或者相近种类产品上，采用与授权外观设计相同或者近似的外观设计的，人民法院应当认定被诉侵权设计落入专利法第五十九条第二款规定的外观设计专利权的保护范围。"第十一条规定："人民法院认定外观设计是否相同或者近似时，应当根据授权外观设计、被诉侵权设计的设计特征，以外观设计的整体视觉效果进行综合判断；对于主要由技术功能决定的设计特征以及对整体视觉效果不产生影响的产品的材料、内部结构等特征，应当不予考虑。"因此，判断外观设计是否相同或者近似，应当以一般消费者的知识水平和能力，采用整体观察、综合判断的原则。本案中，经比对，被控侵权产品与涉案专利为相同产品，均为路灯灯具。从整体上观察，两者主要设计线条、交叉部位划分相同，两者的外观设计仅有仰视图中灯罩后部线条有无明显弧度的细微差异，对整体视觉效果难以产生影响，且以一般消费者的知识水平和认知能力进行观察，两者在整体视觉效果上并无明显差异，应当认定为相同的外观设计。因此，法院认定被控侵权产品落入涉案专利保护范围。

2. 关于被告是否实施了侵权行为

被告 B 公司依据采购合同向被告 C 公司销售了涉案路段路灯工程的灯具，且被告 C 公司当庭认可涉案路段所用灯具系向其采购，故被告 B 公司的销售行为构成侵权。另根据被告 C 公司登记的营业执照显示，其本身不具备生产、销售能力，前述采购合同、购货发票及收货单也可以说明其通过采购产品进行使用，本案原告也未提供进一步证据证明被告 C 公司参与被控路灯的生产、销售事宜，故原告指控被告 C 公司参与共同侵权的依据不足，其相应诉请不能得到支持。

启示建议

1. 采购合同中明确供方义务

企业在设备、材料、系统、软件、硬件采购等活动中，应要求合同相对方对合同标的物承担权利担保、合法来源等义务并保留证据，必要时可以进行公证。如果合同相对方提供的产品，侵犯他人知识产权从而导致无法正常使用该作品或收到侵权指控并造成损失的，由合同相对方承担责任。

2. 加强风险评估及时消除影响

在可能承担责任的情况下，应立即停止侵权，并根据对方掌握的证据情况开展谈判工作。对生产、使用、销售、许诺销售（含招投标）、进口、管理活动中被他人主张专利侵权的，应立即启动调查核实工作，开展风险评估，确定侵权应对策略，准备侵权抗辩、权利无效诉讼或谈判等活动。调查发现侵权行为属于企业实施并调查发现侵权行为属企业员工个人行为的，应立即责令员工停止侵权，消除影响。

案例十六：兜售商密谋取利益　构成犯罪终获刑罚

案情简述

2006 年 5 月至 2013 年 2 月，被告人章某在 A 医疗设备有限公司（2010 年 8 月改制，以下简称 A 公司）负责电动升降桌驱动系统 JC35ET 等系列立柱的研发工作；2006 年至今，被告人丁某在 A 公司负责电动升降桌驱动系统电气硬件设计及软件调试工作。A 公司制定保密制度，对电动升降桌驱动系统的相关技术采取场所监控、研发电脑加装 GS-DES 软件加密、纸质技术文件加盖受控章、签署保密和竞业限制合同等保密措施。被告人章某、丁某均与 A 公司签订劳动合同和竞业限制合同，并按约定获得相关竞业限制补偿费。

2012 年 8 月，被告人章某以其母亲俞某的名义与朱某、商某等人成立 B 公司，并使用"张鹏飞"的名字，负责该公司生产电动升降桌驱动系统所需的技术，按约定获得 5% 技术股。

2012 年 10 月，被告人章某称受人之托让被告人丁某提供电动升降桌控制器线路板等技术，并约定支付好处费人民币 2 万元，丁某表示同意。此后至

2013 年 4 月，被告人丁某先后向章某提供电动升降桌控制器、手控器的相关技术，并在明知章某在 B 公司工作的情况下，仍帮助章某将带显示的手控器及控制器软件安装在 B 公司的电脑上。期间，章某给丁某好处费人民币 1 万元。

2013 年 3 月，被告人章某正式到 B 公司上班，并利用其在 A 公司工作期间掌握的电动升降桌驱动系统升降立柱的技术及上述通过丁某获得的电动升降桌控制器、手控器的相关技术为 B 公司组织生产电动升降桌，并进行销售。

2013 年 9 月 4 日，被告人章某经公安机关传唤到案；2014 年 3 月 19 日，被告人丁某自动到公安机关投案，并如实供述自己的罪行。

⚖ 法律分析

1. 关于被告是否构成侵犯商业秘密罪

我国《刑法》第二百一十九条第一款规定，"有下列侵犯商业秘密行为之一，给商业秘密的权利人造成重大损失的，处三年以下有期徒刑或者拘役，并处或者单处罚金；造成特别严重后果的，处三年以上七年以下有期徒刑，并处罚金：（一）以盗窃、利诱、胁迫或者其他不正当手段获取权利人的商业秘密的；（二）披露、使用或者允许他人使用以前项手段获取的权利人的商业秘密的；（三）违反约定或者违反权利人有关保守商业秘密的要求，披露、使用或者允许他人使用其所掌握的商业秘密的"。所谓技术信息指的是技术配方、技术诀窍、技术流程等。所谓经营信息应包括与经营有关的重大决策，与自己有往来的客户情况、经营方式、经营目标、经营策略等。本案章某、丁某提供电动升降桌控制器线路板等技术，在公司内部有保密规定且已采取了保密措施，不为外人所知悉。被告人章某、丁某以不正当手段，披露、使用他人的商业秘密，给权利人造成重大损失，其行为已构成侵犯商业秘密罪。

2. 关于侵犯商业秘密罪如何量刑

本案中，在共同犯罪中被告人章某起主要作用，是主犯，应当按照其参与的全部犯罪处罚；被告人丁某起次要作用，是从犯，应当从轻处罚。被告人丁某案发后自动投案，并如实供述自己的罪行，是自首，可以从轻处罚；得到了被害单位的谅解，可酌情从轻处罚。被告人章某能当庭自愿认罪，可酌情从轻处罚。被告人章某、丁某的犯罪情节较轻，有悔罪表现，没有再犯罪的危险，宣告缓刑对所居住社区没有重大不良影响，可适用缓刑。

法院一审判决如下：①被告人章某犯侵犯商业秘密罪，判处有期徒刑二年，缓刑三年，并处罚金人民币六万元（缓刑考验期限，自判决确定之日起计算。罚金限判决生效后三个月内缴纳）。②被告人丁某犯侵犯商业秘密罪，判处有期徒刑八个月，缓刑一年，并处罚金人民币二万元（缓刑考验期限，自判决确定之日起计算。罚金限判决生效后三个月内缴纳）。③被告人丁某的违法所得人民币一万元应当予以追缴，由扣押单位上缴国库。

🔲 启示建议

1. 加强商业秘密的保护与管理工作

企业防范商业秘密泄露不仅要在制度上加强管理，还需要在技术手段上进行保护。一是与员工签订保密合同，加强涉密人员管理；二是确立企业涉密区域，实施参观访问的控制及陪同，加强涉密区域管理；三是参照档案管理要求，加强知识产权档案管理，防止商业秘密资料流失与外传；四是强化商业秘密保密技术保护，防止商业秘密泄露；五是做好会展期间保密等工作。

2. 充分利用竞业禁止制度来保护商业秘密

竞业禁止协议是用人企业与企业员工在协商一致的基础上订立的。新员工入职时，对涉及商业秘密的，企业应当与其签订保密协议；涉及商业秘密的员工离职时，企业应当与其签订脱密协议，明确其脱密期间不得到与本企业生产同类产品或类似业务及其他与本企业有竞争关系或者其他利益关系的单位任职。

3. 依法追究泄密人员的法律责任

企业发现自己的重大商业秘密被泄露或侵权时，应及时调查、收集、保留相关侵权证据，必要时通过司法途径，依法捍卫自身的正当、合法权利，让侵权人受到法律应有的惩处，不再敢随意侵犯他人合法的商业秘密，起到"杀一儆百"的警示作用。

第六章　安全管理法律风险分析及防范

安全管理是国家或企事业单位安全部门的基本职能，其运用行政、法律、经济、教育和科学技术等手段，协调社会经济发展与安全生产的关系，处理国民经济各部门、各社会集团和个人有关安全问题的相互关系，使社会经济发展在满足人们的物质和文化生活需要的同时，满足社会和个人的安全方面的要求，保证社会经济活动和生产、科研活动顺利进行、有效发展。

安全管理是一门综合性的系统科学。安全管理是一种动态管理，内涵丰富。在组织实施企业安全管理规划、指导、检查和决策的同时，安全管理是保证生产处于最佳安全状态的根本环节。施工现场安全管理的内容，大致可归纳为安全组织管理、场地与设施管理、行为控制管理和安全技术管理四个方面，分别对生产中的人、物、环境的行为与状态进行具体的管理与控制。

本章着重阐述电力企业安全管理中的法律风险分析及其防范。电力企业安全生产具有特殊性，其高风险的工作性质要求将其安全管理、员工的人身安全置于首位。对于电力企业安全管理而言，树立人身安全风险防控理念、进行规范化的安全生产培训是电力生产安全管理的有效手段。只有加强对电力员工的安全培训教育，让其牢记"安全第一、预防为主"的方针，才能做到有效的安全管理，减少事故的发生。

第一节　安全管理概述

安全管理是企业管理的重要组成部分，它是指以安全为目的，通过合理有效的组织、指挥、协调、控制，落实有关安全工作的方针、决策和计划，达到预定的安全防范效果而进行的各种活动的总和。安全管理的内容是对生产中的人、物、环境因素状态的管理，有效地控制人的不安全行为和物的不安全状态，消除或避免事故。进行安全管理的目的是预防、消灭事故，防止或消除事故伤害。

一、安全管理特征

（一）强制制约

基于事故损失的偶发、不可挽回性以及人的冒险心理，安全管理需要发挥其强制制约功能，即为了保证安全管理目标的顺利实现，需对运营、安全生产过程中的各个要素、环节、阶段进行及时管理、核查，以完善的规章制度和有效的内部控制程序对安全管理进行强制性制约，形成"标准化、制度化、经常化"，使个人的活动、行为等受到相应的约束，从而实现有效的安全管理。

（二）风险预防

安全管理的根本目的是保护广大劳动者和设备的安全，防止伤亡事故和设备事故危害，保护国家和集体财产不受损失，保证生产和建设的正常进行。要实现这一根本目的，安全管理应坚持"预防为主、善后为辅"的科学管理方法，通过有效的管理和技术手段，防止人的不安全行为和物的不安全状态出现，降低事故发生的概率，即在安全管理过程中，除了对已有问题进行检查、修正与完善外，更要善于发现和寻找各种对未来工作产生不利影响的现实因素或潜在因素，以预防、阻止各种错误和偏差的产生和出现，从源头上"防患于未然"，以保障安全管理目标的顺利实现和管理最佳效益的获得。

（三）信息反馈

安全管理的重要内容之一就是考量决策的目标是否先进，计划的安排是否合理，指挥是否得力，协调是否有效，以及组织机构是否健全完备，这些因素均能及时反馈与安全管理相关的信息。对安全管理中发现的问题和偏差，生产经营单位结合实际情况制定合理有效的整改计划，从规章制度的健全和完善、从业人员的安全教育培训、设备系统的更新改造、加强现场检查和监督等环节着手，持续改进，不断提高安全生产管理水平，从而防范生产安全事故的发生。这种信息反馈对安全管理起着重要的促进作用。

（四）安全保障

安全生产是人类的基本需求，安全是生产的保障，安全是企业的效益，一切生产经营均需要在保证劳动者安全、健康和国家财产、人民生命财产安全的前提下进行。安全管理已创造出许多现代科学的管理方法，其作用是为了保障生产。安全管理系使国家与广大人民群众利益得到实现的最为有效的一种保障方式。上述效能中，强制制约功能确定了安全管理的范围，风险预防突出了安全管理的重点，信息反馈则为安全管理提供依据，安全保障则是安全管理的出发点和落脚点。它们之间相互联系，相互配合，共同形成安全管理活动的功能体系。

二、安全管理工作原则

以管理的范围分，可分为一般管理和专门管理；按管理的时间分，可分为事前、事中、事后和全程管理。科学的管理在工作中要遵循以下几大原则：

（一）独立原则

独立原则，是安全管理体制改革应当遵循的首要原则，具有统揽性、决定性意义。只有实行独立原则，安全管理才有公正性可言。公正促发展、公正促进步、公正出效益，是已为社会发展史、经济发展史所反复验证的铁律。缺乏公正的管理，是低效甚至无效的管理。

（二）公开原则

这一原则包括事故公开、事故调查程序公开、事故原因公开、整改措施公开、处理结果公开。实施这一原则，意义是多方面的：其一，将安全管理工作置于社会监督之下，增加了管理工作的透明度，有利于提高管理人员行政管理权实施的公正性、公平性。其二，有利于提高管理工作的效率与准确度。管理工作实施公开原则，为广大民众提供了广阔的参与空间，使广大民众的知情权得以发挥积极作用，这样必将减少漏洞和失误，提高事故调查的效率，降低监察成本。其三，使安全与经济效益真正结合在一起，有利于安全在运营中"第一"的地位真正确立。

（三）超前原则

生产安全是一个综合性很强的指标，也是一个涉及面很广的领域。它直接涉及员工素质、管理水平、基础设施和设备质量、技术规章、用工制度、劳动纪律、劳动组织形式、产业和经济技术政策、人机工程、社会治安等因素和领域。这些因素和领域的任何变化、变革，都会直接影响生产安全。而这种变化、变革，是经常发生的。这就决定了安全管理不能只是"出事论事"和"就事论事"，要超前研究、超前监督管理。因此，在进行安全管理体制安排时，在机构的设置上，要充分考虑安全对安全研究机构、宣传教育机构和咨询机构的需求。这是由监督管理的预防性所决定的，坚持这一原则，要做好以下工作：其一，在组织内公开监督管理制度、监督管理内容及监督管理标准；其二，对监督管理运行中所产生的重大失误、问题、偏差及有关纠偏措施进行通报；其三，提高监督管理主体的监督管理能力；其四，提出整改措施。

（四）专业管理原则

俗话说"隔行如隔山"，让不懂专业的人去抓安全，搞安全检查，只能是热热闹闹地走过场，即使是问题在眼皮底下大行其道也不能发现。专业管理原则主要体现在以下三个方面：

（1）使权利与责任真正统一起来，要将人、劳、财、计、办等综合部门纳入安全考核范围。

（2）制定的规章制度一定要符合现场运行实际。非专业部门抓安全难以落到实处，主要有三条原因：其一，出台的专业规章制度质量不高，与生产现场的实际情况不一致；其二，职工难以理解或接受规章制度，而相应的解释工作没有做到位；其三，对新出台的规章制度和行为标准，未能及时组织学习。

（3）安全管理应深入到规章制度与机制的形成过程中。规章制度既是血泪教训的总结，也是集体的智慧，更是安全的源头。因此，安全管理要特别注意指导生产的规章制度是否与生产安全需要相匹配，并对生产安全起到保障作用。

（五）日常管理原则

最好的安全管理是日常管理。安全管理，要将管理力量放在生产第一线，将管理的重点落实于日常，加强日常管理。

（六）客观原则

管理是一种及时反馈。有效反馈的本质要求是真实、准确、全面、及时。因此，监督管理主体的思想、认识要端正；监督管理的标准必须是客观的；对问题要进行客观周密的调查研究和分析，弄清因果关系，为纠正错误提供科学依据；实事求是作出监督管理结论和对人的管理水平的评价。

（七）经济原则

经济原则的理论基础是中央提出的构建节约型社会、发展集约型经济理念。任何行为和活动，都必须遵循这一原则，安全管理也不例外。这是因为，安全管理要服务于经济建设，也就是服务于经济发展，离开了对经济的服务，安全管理也就成了失去皮的"毛"。

安全管理工作要严格执行党和国家制定的"安全第一，预防为主"方针，切实有效地建立健全安全管理体系。我国目前的安全监管体系还并不是很完善，具体反映在"管生产必管安全"的安全生产的指导原则下，不能够有效保护劳动者的安全和提高安全生产能力。造成这些问题的原因，不仅仅是现有技术水平的制约，也是生产力发展水平基础薄弱的结果，与施工企业和项目管理人员安全管理法律风险意识淡薄亦有较大关系。

第二节 安全管理法律风险分析

安全管理的法律风险内涵丰富，从风险发生的领域层面，比较突出的涉及消防、环保和安全生产，随着科技的发展，网络安全和信息安全也逐渐被关注；从风险责任的承担层面，包括民事赔偿、行政和刑事责任。深入分析各类法律风险对制定法律风险防范措施具有十分重要意义。本节结合相关法律法规的规定，从消防安全、环保安全、安全生产以及网络与信息安全等方面进行相应的法律风险分析。

一、消防安全管理法律风险分析

任何单位和个人都有维护消防安全、保护消防设施、预防火灾、报告火警的义务，任何单位和成年人都有参加有组织的灭火工作的义务。机关、团体、企业、事业等单位，应当加强对本单位人员的消防宣传教育。企业未防范消防安全风险，可能需承担财产责任（如损害赔偿责任）与非财产责任（如消除影响）；企业或其主要负责人可能会受到警告、罚款、责令停产停业、暂扣或者吊销许可证和执照、没收购物等行政处罚。主要形式有警告、责令具结悔过、通报批评等；企业或其主要负责人可能会触犯消防责任事故罪、失火罪、放火罪、危险物品肇事罪、玩忽职守罪、滥用职权罪、重大责任事故罪、强令违章冒险作业罪、重大劳动安全事故罪、工程重大安全事故罪等。

消防安全对于保证企业正常生产秩序，提高企业效益，促进企业安全健康可持续发展具有重要意义，据统计，在当前企业的伤亡事故中，绝大多数属于责任事故。消防安全管理的法律风险主要存在以下情况。

（一）消防设计、施工不符合法定标准

建设工程的消防设计与施工关系到人民群众的生命安全、财产安全，建设工程的消防设计、施工必须符合国家工程建设消防技术标准。消防设计出现了问题，将影响整个工程的进度和质量；施工单位能否按照审核备案的消防设计进行施工，直接关系到消防工程的质量。设计单位根据消防法规和国家工程建设消防技术标准进行消防设计，编制符合要求的消防设计文件，并承担消防设计的质量责任；施工单位应按照国家工程建设消防技术标准和经消防设计审核合格或者备案的消防设计文件组织施工，承担消防施工的质量和安全责任。

对按照国家工程建设消防技术标准需要进行消防设计的建设工程以及国务院住房和城乡建设主管部门规定的特殊建设工程，消防设计相应的审查制度与程序包括：①对按照国家工程建设消防技术标准需要进行消防设计的建设工程，实行建设工程消防设计审查验收制度。②国务院住房和城乡建设主管部门规定的特殊建设工程，建设单位应当将消防设计文件等资料报送住房和城乡建设主

管部门审查。特殊建设工程未经消防设计审查或者审查不合格或未提供满足施工需要的消防设计图纸及技术资料的，建设单位、施工单位不得施工。

建设、设计、施工、工程监理等单位依法对建设工程的消防设计、施工质量负责，未尽到法定职责和义务的，应根据其职责、义务承担相应的法律责任。

（二）未经消防验收、备案或消防验收不合格

《消防法》实施以来，建筑工程消防管理工作纳入了法治化轨道。国务院住房和城乡建设主管部门规定应当申请消防验收的建设工程竣工，建设单位应当向住房和城乡建设主管部门申请消防验收；除国务院公安部门规定的大型的人员密集场所和其他特殊建设工程外，按照国家工程建设消防技术标准需要进行消防设计的建设工程，建设单位应当在工程竣工验收合格之日起七日内报公安机关消防机构备案。

未经消防验收或消防验收不合格而擅自投入使用的现象，给社会带来了极大的安全隐患和潜在的不稳定因素。违法使用工程的违法行为可以分为未经消防审核、验收违法投入使用，经消防审核不合格未经消防验收违法投入使用，经消防审核合格未经消防验收投入使用，以及经消防审核合格经消防验收不合格投入使用等情况。

依法应当进行消防验收的建设工程，未经消防验收或者消防验收不合格的，禁止投入使用；其他建设工程经依法抽查不合格的，应当停止使用。对于建筑工程的消防设计未经公安消防机构审核或经审核不合格，擅自施工的，以及依法应当进行消防设计的建筑工程竣工时未经消防验收或经验收不合格，擅自使用的，将面临责令限期改正，或责令停止施工、停止使用的处罚。

除此之外，建设、设计、施工、工程监理单位、消防技术服务机构及其从业人员违反有关消防法规、国家工程建设消防技术标准，造成危害后果的，除依法给予行政处罚或者追究刑事责任外，造成他人损失的，还应当依法承担相应的民事赔偿责任。

（三）未尽消防安全管理职责

单位消防安全非常重要，各单位在履行职责过程中，能够做到"安全自查、隐患自除、责任自负"，将大为降低社会的消防安全隐患、事故。

机关、团体、企业、事业等单位是消防安全的责任主体，法定代表人、主要负责人或实际控制人是本单位、本场所消防安全责任人，对本单位、本场所消防安全全面负责，消防安全重点单位应当确定消防安全管理人，组织实施本单位的消防安全管理工作。

机关、团体、企业、事业等单位应当履行的主要消防安全职责包括：

（1）明确各级、各岗位消防安全责任人及其职责，制定本单位的消防安全制度、消防安全操作规程、灭火和应急疏散预案。定期组织开展灭火和应急疏散演练，进行消防工作检查考核，保证各项规章制度落实。

（2）保证防火检查巡查、消防设施器材维护保养、建筑消防设施检测、火灾隐患整改、专职或志愿消防队和微型消防站建设等消防工作所需资金的投入。

（3）按照相关标准配备消防设施、器材，设置消防安全标志，定期检验维修，对建筑消防设施每年至少进行一次全面检测，确保完好有效。

（4）保障疏散通道、安全出口、消防车通道畅通，保证防火防烟分区、防火间距符合消防技术标准。人员密集场所的门窗不得设置影响逃生和灭火救援的障碍物。保证建筑构件、建筑材料和室内装修装饰材料等符合消防技术标准。

（5）定期开展防火检查、巡查，及时消除火灾隐患。消防安全检查包括营业前的检查以及营业后履行法定消防安全职责的消防检查。消防安全检查的主要内容为：建筑物或者场所是否依法通过消防验收或者进行竣工验收的消防备案，公众聚集场所是否通过投入使用、营业前的消防安全检查；建筑物或者场所的使用情况是否与消防验收或者进行竣工验收消防备案时确定的使用性质相符；是否制定消防安全制度、灭火和应急疏散预案；消防设施、器材和消防安全标志是否定期组织维修保养，是否完好有效；电器线路、燃气管路是否定期维护保养、检测；疏散通道、安全出口、消防车通道是否畅通，防火分区是否改变，防火间距是否被占用；是否组织防火检查、消防演练和员工消防安全教育培训，自动消防系统操作人员是否持证上岗；生产、储存、经营易燃易爆危险品的场所是否与居住场所设置在同一建筑物内；生产、储存、经营其他物品的场所与居住场所设置在同一建筑物内的，是否符合消防技术标准；是否确定消防安全管理人；是否开展每日防火巡查并建立巡查记录；是否定期组织消防安全培训和消防演练；是否建立消防档案、确定消防安全重点部位等。

（6）根据需要建立专职或志愿消防队、微型消防站，加强消防队伍建设，定期组织训练演练，加强消防装备配备和灭火药剂储备，建立与公安消防队联勤联动机制，提高扑救初起火灾能力。

对于消防安全重点单位，除应当履行上述职责外，还应当履行下列职责：

（1）明确承担消防安全管理工作的机构和消防安全管理人并报知当地公安消防部门，组织实施本单位消防安全管理。消防安全管理人应当经过消防培训。

（2）建立消防档案，确定消防安全重点部位，设置防火标志，实行严格管理。

（3）安装、使用电器产品、燃气用具和敷设电气线路、管线必须符合相关标准和用电、用气安全管理规定，并定期维护保养、检测。

（4）组织员工进行岗前消防安全培训，定期组织消防安全培训和疏散演练。

（5）根据需要建立微型消防站，积极参与消防安全区域联防联控，提高自防自救能力。

（6）积极应用消防远程监控、电气火灾监测、物联网技术等技防物防措施。

对不履行或不按规定履行消防安全职责的单位和个人，可被有权行政机关处以罚款，依法承担相应的法律责任。单位直接责任人、法定代表人、主要负责人或实际控制人对消防事故承担责任、涉嫌犯罪的，还可能被移送司法机关处理。

（四）未与居住场所的隔离防护保持安全距离

在既有厂房、仓库、商场中设置员工宿舍，或是在居住等民用建筑中从事生产、储存、经营等活动，而住宿部分与其他部分又未按规定采取必要的防火分隔和设置消防设施，使得住宿与生产、储存、经营等一种或几种用途混合设置在同一连通空间内，具有较高的火灾危险性。

因此，生产、储存、经营易燃易爆危险品的场所不得与居住场所设置在同一建筑物内，并应当与居住场所保持安全距离。生产、储存、经营其他物品的场所与居住场所设置在同一建筑物内的，应当符合国家工程建设消防技术标准。

未与居住场所的隔离防护保持安全距离，将可能被责令停产停业，并处罚款，还可能承担相应的民事赔偿责任。

（五）违反消防安全规定进行作业

作业施工现场的消防管理工作，应遵照国家有关法律、法规，以及所在地政府关于施工现场消防安全的规章、规定开展消防安全管理工作。施工现场应当成立消防安全领导机构，建立健全各种消防安全职责，落实消防安全责任，包括消防安全制度、消防安全操作规程、消防应急预案及演练、消防组织机构、消防设施平面布置、组织义务消防队等。

作业人员的以下行为违反消防安全的规定：违反消防安全规定进入生产、储存易燃易爆危险品场所；违反规定使用明火作业；在具有火灾、爆炸危险的场所吸烟、使用明火；因施工等特殊情况需要使用明火作业，但未按照规定事先办理审批手续，或未采取相应的消防安全措施；进行电焊、气焊等具有火灾危险作业的人员和自动消防系统的操作人员，未持证上岗，或未能遵守消防安全操作规程；指使或者强令他人违反消防安全规定，冒险作业。

违反消防安全规定进行作业，可能被依法处以行政处罚，构成刑事犯罪的，将依法移交司法机关进行处理。

（六）生产、储存、运输、销售、使用、销毁易燃易爆危险品不符合安全规定

危险化学品被广泛应用于化工、制药、选矿、轻工、食品、造纸、自来水处理等多个行业和领域，具有易燃、易爆、强氧化、有毒、有害和腐蚀性等危险性。在生产、储存、装卸等过程中，受到摩擦、挤压、震动、高（低）温、高（低）压、潮湿等因素的影响极大，由此引发的灾害事故、损失和伤亡相对严重，对人、设备、环境都可能造成较大的伤害或侵害。因此，生产、储存、装卸易燃易爆危险品，对消防安全提出了极高的要求。

生产、储存、运输、销售、使用、销毁易燃易爆危险品，必须执行消防技术标准和管理规定。进入生产、储存易燃易爆危险品的场所，必须执行消防安全规定。禁止非法携带易燃易爆危险品进入公共场所或者乘坐公共交通工具。储存可燃物资仓库的管理，必须执行消防技术标准和管理规定。

因此，单位应结合易燃易爆危险品生产、储存、运输、销售、使用等环节的特点，利用多种形式、采取多种举措，提高宣传培训的实用性、针对性、渗

透性、有效性，以熟悉场所危险特性、防范常识和应急处置方法。单位可以使用以下自查方法：通过实地查看、询问知情人等方式，检查场所内是否存在违规生产、存储易燃易爆危险品的情况；使用易燃易爆化学物品时，是否严格限量，并有专人管理、登记。单位在自查后，可以采取以下自改措施：及时搬离生产、储存易燃易爆危险品的装置、原材料、成品及半成品；确需使用易燃易爆危险品的，应根据需要限量使用，存储量不应超过一天的使用量，并安排专业人员管理、登记；公共娱乐场所禁止带入和存放易燃易爆物品。

违反消防安全规定进入生产、储存易燃易爆危险品场所的或违反规定使用明火作业或者在具有火灾、爆炸危险的场所吸烟、使用明火的，将被处警告或者五百元以下罚款；情节严重的，处五日以下拘留。违反有关消防技术标准和管理规定生产、储存、运输、销售、使用、销毁易燃易爆危险品的或非法携带易燃易爆危险品进入公共场所或者乘坐公共交通工具的，将被依照我国治安管理处罚法的规定进行处罚。

（七）生产、销售或使用质量不合格的消防产品

加强消防产品质量管理从根本上讲应当是加强对消防产品生产的质量管理。从严把好消防产品的生产标准和出厂审核关是保证消防产品质量的最根本措施。但是随着消防产品经营的日益市场化，出现了合格消防产品得不到很好应用而假冒伪劣产品大量充斥市场的现象，非法生产、销售或使用假冒伪劣消防产品的现象在全国各地普遍存在。任何生产、销售或使用假冒伪劣消防产品的违法行为，都可能对国家和人民的生命健康、财产安全造成严重的损失。只有做到生产、流通、使用"三管"齐下，才能切实堵塞消防产品监管漏洞，才能真正让假冒伪劣消防产品无立锥之地、无生存空间。

《消防法》规定消防产品必须符合国家标准；没有国家标准的，必须符合行业标准。禁止生产、销售或者使用不合格的消防产品以及国家明令淘汰的消防产品。在生产、销售或使用消防产品的过程中，应重点关注消防产品是否符合市场准入，是否具备强制性认证证书和"3C"标志，消防产品外观标志、结构部件、材料、性能参数、生产厂名、厂址与产地是否一致，以及消防产品的主要性能是否符合相关性能要求。

对于违反法律规定，生产、销售不合格的消防产品或者国家明令淘汰的消防产品的，由产品质量监督部门或者工商行政管理部门依照我国产品质量法的规定从重处罚；人员密集场所使用不合格的消防产品或者国家明令淘汰的消防产品的，应限期改正；情节严重的，还可能被责令停产停业。

二、环保安全管理法律风险分析

环保安全是环境保护工作的重要环节，企业在环保安全管理缺失的情况下，可能需承担环保安全相关的民事赔偿责任；企业及直接负责主管人员可能会被行政主管部门处以责令改正、责令停产停业整顿、责令停止建设、停止使用、责令停止违法行为、罚款、没收违法所得、通报批评、吊销证照、行政拘留的行政处罚；情节严重构成污染环境罪、非法处置进口的固体废物罪、擅自进口固体废物罪、投放危险物质罪等犯罪的，还需承担刑事责任。结合我国法律法规的相关规定，环境安全方面的法律风险主要有以下情形：

（一）建设项目未进行环境影响评价

环境影响评价制度是我国最早实行的环境管理制度之一，作为环境法领域的一项重要制度设计，它的具体落实及有效实施为环境保护发挥了重要的保障作用，是我国环境保护法律体系的重要组成部分。

所谓环境影响评价，是指对规划和建设项目实施后可能造成的环境影响进行分析、预测和评估，提出预防或者减轻不良环境影响的对策和措施，进行跟踪监测的方法与制度。按照《中华人民共和国环境保护法》第六十一条、《中华人民共和国环境影响评价法》（2018 修正）第二十四条规定，建设项目开工前必须依法进行环境影响评价，建设项目的环境影响评价文件未依法经审批部门审查或审查后未予批准的，建设单位不得开工建设。此外，建设项目的环境影响评价文件经批准后，建设项目的性质、规模、地点、采用的生产工艺或者防治污染、防止生态破坏的措施发生重大变动的，建设单位应当重新报批建设项目的环境影响评价文件。建设项目的环境影响评价文件自批准之日起超过五年，方决定该项目开工建设的，其环境影响评价文件应当报原审批部门重新审核。

在实践过程中，建设项目存在未进行环境影响评价或未批先建的违法情形。建设单位未依法提交建设项目环境影响报告书、报告表或者环境影响评价报告书、报告表未经批准，擅自开工建设的，环保部门将责令其停止建设并可以依据具体的情节和后果处以罚款、责令恢复原状，建设单位的主管人员和其他责任人员也可能被依法给予行政处分。具体如下：

建设单位未依法报批建设项目环境影响报告书、报告表，或者未依照规定重新报批或者报请重新审核环境影响报告书、报告表，擅自开工建设的，由县级以上生态环境主管部门责令停止建设，根据违法情节和危害后果，处建设项目总投资额百分之一以上百分之五以下的罚款，并可以责令恢复原状；对建设单位直接负责的主管人员和其他直接责任人员，依法给予行政处分。建设项目环境影响报告书、报告表未经批准或者未经原审批部门重新审核同意，建设单位擅自开工建设的，依照前款的规定处罚、处分。建设单位未依法备案建设项目环境影响登记表的，由县级以上生态环境主管部门责令备案，处五万元以下的罚款。

建设项目环境影响报告书、环境影响报告表存在基础资料明显不实，内容存在重大缺陷、遗漏或者虚假，环境影响评价结论不正确或者不合理等严重质量问题的，由设区的市级以上人民政府生态环境主管部门对建设单位处五十万元以上二百万元以下的罚款，并对建设单位的法定代表人、主要负责人、直接负责的主管人员和其他直接责任人员，处五万元以上二十万元以下的罚款。

（二）建设项目违法报批或未进行信息公开

国家根据建设项目对环境的影响程度，对建设项目的环境影响评价实行分类管理。企业不得将应当编制环境影响报告书的、可能造成重大环境影响的建设项目按照小项目报批，环境影响评价内容不实会导致后续环保措施缺失，进而导致环保安全隐患。此外，除国家规定需要保密的情形外，对环境可能造成重大影响、应当编制环境影响报告书的建设项目，建设单位应当在报批建设项目环境影响报告书前，举行论证会、听证会，或者采取其他形式，征求有关单位、专家和公众的意见。企业在编制环境影响报告书时，应采取听证会等形式，就建设项目公开征求公众的意见。一方面可以借助公众监督的力量，监督规范企业环保安全作业；另一方面可以对周边居民进行信息公开，避免因信息沟通不及时导致的环保安全事故。建设项目违法报批或未进行信息公开，将严重影响项目的正常进行，进而导致相应责任的承担。

（三）建设项目未进行"三同时"评价

建设项目中防治污染的设施，应当与主体工程同时设计、同时施工、同时投产使用，即"三同时"制度。编制环境影响报告书、环境影响报告表的建设项目，其配套建设的环境保护设施经验收合格，方可投入生产或者使用；未经验收或者验收不合格的，不得投入生产或者使用。"三同时"制度贯穿建设项目的设计、施工、投产使用的全过程，也贯穿了环评、试生产和竣工环保验收的过程。

"三同时"制度的具体内容包括：

（1）建设项目的初步设计，应当按照环境保护设计规范的要求，编制环境保护篇章，并依据经批准的建设项目环境影响报告书或者环境影响报告表，在环境保护篇章中落实防治环境污染和生态破坏的措施以及环境保护设施投资概算。

（2）建设项目的主体工程完工后，需要进行试生产的，其配套建设的环境保护设施必须与主体工程同时投入试运行。

（3）建设项目试生产期间，建设单位应当对环境保护设施运行情况和建设项目对环境的影响进行监测。

（4）建设项目竣工后，建设单位应当向审批该建设项目环境影响报告书、环境影响报告表或者环境影响登记表的环境保护行政主管部门，申请该建设项目需要配套建设的环境保护设施竣工验收。

（5）分期建设、分期投入生产或者使用的建设项目，其相应的环境保护设施应当分期验收。

（6）环境保护行政主管部门应当自收到环境保护设施竣工验收申请之日起30日内，完成验收。

（7）建设项目需要配套建设的环境保护设施经验收合格，该建设项目方可正式投入生产或者使用。若企业未严格执行"三同时"的规定，环保设施未在投产时使用，或未经验收合格就投入生产使用，可能会造成环保安全隐患。

需要配套建设的环境保护设施未建成、未经验收或者验收不合格，建设项目即投入生产或者使用，或者在环境保护设施验收中弄虚作假的，由县级以上环境保护行政主管部门责令限期改正，处20万元以上100万元以下的罚款；逾期不改正的，处100万元以上200万元以下的罚款；对直接负责的主管人员和其他责任人员，处5万元以上20万元以下的罚款；造成重大环境污染或者生态破坏的，责令停止生产或者使用，或者报经有批准权的人民政府批准，责令关闭。建设单位未依法向社会公开环境保护设施验收报告的，由县级以上环境保护行政主管部门责令公开，处5万元以上20万元以下的罚款，并予以公告。

（四）未依法排放污染物

十八大以来，习近平总书记高度重视环保问题，多次强调"绿水青山就是金山银山"。近年来，有关环保的法律法规、司法解释相继出台，两高针对环保问题先后发布了多起指导案例，国家对环境违法企业采取"零容忍"的执法态度。

根据《中华人民共和国环境保护法》（2014修订）《中华人民共和国水污染防治法》（2017修正）《中华人民共和国大气污染防治法》（2018修正）《排污许可管理办法（试行）》（2019修正）的相关规定，以及《固定污染源排污许可分类管理名录（2019版）》规定，企业事业单位和其他生产经营者应当按照名录的规定，在实施时限内申请排污许可证，并按照排污许可证明确的污染物种类、浓度、数量、总量等的规定排放污染物。

企业未取得或未按照排污许可证排放污染物可能会导致水体污染、空气污染及噪声污染等，进而对从业人员或周边居民造成人身安全损害。

除了存在被行政处罚的风险外，排污企业因污染造成环境损害的，应承担相应的环境污染责任，可能面临巨额赔偿。随着国家加大对污染环境行为的打击力度，排污企业可能触犯污染环境罪、非法经营罪、投放危险物质罪等罪名。

（五）擅自拆除或停止使用环境保护设施

建设项目中防治污染的设施，应当与主体工程同时设计、同时施工、同时投产使用。防治污染的设施应当符合经批准的环境影响评价文件的要求，不得擅自拆除或者闲置。禁止擅自关闭、闲置或者拆除工业固体废物污染环境防治设施、场所；确有必要关闭、闲置或者拆除的，必须经所在地县级以上地方人民政府环境保护行政主管部门核准，并采取措施，防止污染环境。产生环境噪声污染的企业事业单位，必须保持防治环境噪声污染的设施的正常使用；拆除或者闲置环境噪声污染防治设施的，必须事先报经所在地的县级以上地方人民政府环境保护行政主管部门批准。

防治污染的设施应当符合经批准的环境影响评价文件的要求，不得擅自拆除或者闲置。企业擅自拆除或闲置环保设施，属于违反《环保法》等法律法规的违法行为，企业和相关责任人应依法承担相应的法律责任。

三、安全生产管理法律风险分析

安全生产工作应当以人为本，坚持安全第一、预防为主、综合治理的方针。生产经营单位必须遵守有关安全生产的法律、法规，加强安全生产管理，建立、健全安全生产责任制和安全生产规章制度，改善安全生产条件，推进安全生产标准化建设，提高安全生产水平，确保安全生产。

因安全生产管理缺失而导致的法律责任承担涉及民事赔偿、行政处罚、刑事责任。具体表现为：①生产经营单位在安全作业管理缺失的情况下，可能需承担以财产责任为主的民事责任；②生产经营单位及主要负责人可能会被行政主管部门处以责令改正、责令停产停业整顿、责令停止建设、停止使用、责令停止违法行为、罚款、没收违法所得、通报批评、吊销证照、行政拘留的行政处罚；③情节严重构成重大责任事故罪、重大劳动安全事故罪、危险物品肇事罪、工程重大安全事故罪、消防责任事故罪、不报、谎报安全事故罪、大型群众性活动重大安全事故罪等犯罪的，还需承担刑事责任。上述刑事责任中，应特别关注"重大责任事故罪"，根据我国《刑法》第一百三十四条的规定，在生产、作业中违反有关安全管理的规定，因而发生重大伤亡事故或者造成其他严重后果的，处三年以下有期徒刑或者拘役；情节特别恶劣的，处三年以上七年以下有期徒刑。强令他人违章冒险作业，因而发生重大伤亡事故或者造成其他严重后果的，处五年以下有期徒刑或者拘役；情节特别恶劣的，处五年以上有期徒刑。

安全生产对于电力企业非常重要，关系到国家民生，本部分将予以重点论述。结合我国相关法律法规的规定，生产经营单位尤其是电力企业在安全生产过程中主要有以下法律风险：

（一）安全生产保障不到位

生产经营单位应当具备本法和有关法律、行政法规和国家标准或者行业标准规定的安全生产条件；不具备安全生产条件的，不得从事生产经营活动。安全生产保障主要体现为资金、人员配备、资质、劳动防护、培训、安全设备与工艺等方面。

1. 未投入必需资金

由于各行各业生产经营单位的安全生产条件千差万别，其安全投入标准也不尽相同。为了使安全投入的标准更符合实际，更具有操作性，《安全生产法》第二十条关于"生产经营单位应当具备的安全生产条件所必需的资金投入"的规定，明确了生产经营单位必须进行安全投入以及安全投入的标准。具备法定安全生产条件所必需的资金投入标准，应以安全生产法律、行政法规和国家标准或者行业标准规定生产经营单位应当具备的安全生产条件为基础进行计算。具备法定安全生产条件所需要的安全资金数额，就是生产经营单位应当投入的资金标准。如果投入的资金不能保障生产经营单位符合法定安全生产条件，就会导致资金投入不足，并应对其后果承担责任。

进行必要的安全生产资金投入，是生产经营单位的法定义务。生产经营单位的决策机构、主要负责人或者个人经营的投资人未依照法律规定保证安全生产所必需的资金投入，致使生产经营单位不具备安全生产条件的，将面临责令限期改正，提供必需的资金、生产经营单位停产停业整顿的风险。导致发生生产安全事故的，生产经营单位的主要负责人还可将被撤职处分，构成犯罪的，依照刑法有关规定追究刑事责任。由于安全生产所需资金不足导致的后果，即有安全生产违法行为或者发生生产安全事故的，安全投入的决策主体将要承担相应的法律责任。对于生产经营单位的决策机构、主要负责人、个人经营的投资人（包括实际控制人）未按规定缴存和使用安全生产风险抵押金的，未按规定足额提取和使用安全生产费用的，未投入国家规定的其他安全生产所必需资金的，则可能面临行政处罚的风险。

2．未配备安全生产管理人员

矿山、金属冶炼、建筑施工、道路运输单位和危险物品的生产、经营、储存单位，应当设置安全生产管理机构或者配备专职安全生产管理人员。其他生产经营单位，从业人员超过一百人的，应当设置安全生产管理机构或者配备专职安全生产管理人员；从业人员在一百人以下的，应当配备专职或者兼职的安全生产管理人员。

除配备必要的安全生产管理人员外，生产经营单位的安全生产管理机构以及安全生产管理人员应当恪尽职守，依法履行职责。生产经营单位的主要负责人和安全生产管理人员必须具备与本单位所从事的生产经营活动相应的安全生产知识和管理能力。

对生产经营单位未设置安全生产管理机构或者配备安全生产管理人员，虽已配备但未进行相应的安全考核、培训、教育、演练等违法行为的，将被责令限期改正，可处五万元以下的罚款；逾期未改正的，还面临被责令停产停业整顿，并处五万元以上十万元以下的罚款，对其直接负责的主管人员和其他直接责任人员处一万元以上二万元以下罚款的风险。

3．未对从业人员进行教育和培训

对从业人员进行安全生产教育和培训，是生产经营单位的法定义务，也是贯彻落实"安全第一、预防为主"方针的必然要求，更是关系到从业人员生命安全的大事，也是对人民群众生命和财产安全负责的重要体现。

根据《安全生产法》的规定❶，生产经营单位应当对从业人员进行安全生产教育和培训，保证从业人员具备必要的安全生产知识，熟悉有关的安全生产规章制度和安全操作规程，掌握本岗位的安全操作技能，了解事故应急处理措施，知悉自身在安全生产方面的权利和义务。未经安全生产教育和培训合格的

---

❶　参见《安全生产法》第二十五条、第二十七条、第四十一条和第四十二条。

从业人员，不得上岗作业；对被劳务派遣者、实习生也应当进行相应的安全生产教育和培训。生产经营单位的特种作业人员必须按照国家有关规定经专门的安全作业培训，取得相应资格，方可上岗作业。生产经营单位应当教育和督促从业人员严格执行本单位的安全生产规章制度和安全操作规程；并向从业人员如实告知作业场所和工作岗位存在的危险因素、防范措施以及事故应急措施。生产经营单位必须为从业人员提供符合国家标准或者行业标准的劳动防护用品，并监督、教育从业人员按照使用规则佩戴、使用。

生产经营单位必须保证上岗的从业人员都已经过安全生产教育和培训并合格，如果发现未经安全生产教育和培训合格的从业人员上岗作业，将被责令限期改正，可处五万元以下的罚款；逾期未改正的，还面临被责令停产停业整顿，并处五万元以上十万元以下的罚款，对其直接负责的主管人员和其他直接责任人员处一万元以上二万元以下罚款的风险。

4. 安全生产相关设备设施不符合要求

对于安全生产的设备，法律具有严格的要求，具体内容为：

（1）我国法律规定了企业必须设置安全警示标志的生产经营场所和设备、设施，企业设置的安全警示标志应该符合相关的规定。即企业应按照有关规定和工作场所的安全风险特点，在有重大危险源、较大危险因素和严重职业病危害因素的工作场所，设置明显的、符合有关规定要求的安全警示标志和职业病危害警示标识。安全警示标志和职业病危害警示标识应标明安全风险内容、危险程度、安全距离、防控办法、应急措施等内容，在有重大隐患的工作场所和设备设施上设置安全警示标志，标明治理责任、期限及应急措施；在有安全风险的工作岗位设置安全告知卡，告知从业人员本企业、本岗位主要危险有害因素、后果、事故预防及应急措施、报告电话等内容。企业应定期对警示标志进行检查维护，确保其完好有效。

安全警示标志能向作业人员警示工作场所或周围环境的危险状况，指导人们采取合理的行为预防危险，从而避免事故发生；当危险发生时，能够指示人们尽快逃离，或者指示人们采取正确、有效、得力的措施，对危害加以遏制。

（2）安全设备，主要是指为了保护从业人员等生产经营活动参与者的安全，防止生产安全事故发生以及在发生生产安全事故时用于救援而安装使用的机械设备和器械。安全设备的设计、制造、安装、使用、检测、维修、改造和报废，应当符合国家标准或者行业标准。

（3）生产经营单位必须对安全设备进行经常性维护、保养，并定期检测，保证正常运转。维护、保养、检测应当做好记录，并由有关人员签字。生产经营单位的安全生产管理人员应当根据本单位的生产经营特点，对安全生产状况进行经常性检查；对检查中发现的安全问题，应当立即处理；不能处理的，应当及时报告本单位有关负责人，有关负责人应当及时处理。检查及处理情况应当如实记录在案。生产经营单位的安全生产管理人员在检查中发现重大事故隐患，应向本单位有关负责人报告，有关负责人不及时处理的，安全生产管理人员可以向主管的负有安全生产管理职责的部门报告，接到报告的部门应当依法及时处理。

（4）生产经营单位使用的危险物品的容器、运输工具，以及涉及人身安全、危险性较大的特种设备，必须按照国家有关规定，由专业生产单位生产，并经具有专业资质的检测、检验机构检测、检验合格，取得安全使用证或者安全标志，方可投入使用。

生产经营单位未在有较大危险因素的生产经营场所和有关设施、设备上设置明显的安全警示标志，安全设备的安装、使用、检测、改造和报废不符合国家标准或者行业标准，未对安全设备进行经常性维护、保养和定期检测，未为从业人员提供符合国家标准或者行业标准的劳动防护用品，危险物品的容器、运输工具，以及涉及人身安全、危险性较大的特种设备未经具有专业资质的机构检测、检验合格，取得安全使用证或者安全标志，投入使用，或使用应当淘汰的危及生产安全的工艺、设备的，将存在被责令限期改正，处五万元以下的罚款的风险；逾期未改正的，还将被处五万元以上二十万元以下的罚款，对其直接负责的主管人员和其他直接责任人员处一万元以上二万元以下的罚款；情节严重的，将被责令停产停业整顿；构成犯罪的，依照刑法有关规定承担相应的刑事责任。

（二）建设项目安全控制不到位

《安全生产法》规定❶，生产经营单位新建、改建、扩建工程项目的安全设施，必须与主体工程同时设计、同时施工、同时投入生产和使用。安全设施投资应当纳入建设项目概算。矿山、金属冶炼建设项目和用于生产、储存、装卸危险物品的建设项目，应当按照国家有关规定进行安全评价。建设项目安全设施的设计人、设计单位应当对安全设施设计负责。矿山、金属冶炼建设项目和用于生产、储存、装卸危险物品的建设项目的安全设施设计应当按照国家有关规定报经有关部门审查，审查部门及其负责审查的人员对审查结果负责。矿山、金属冶炼建设项目和用于生产、储存、装卸危险物品的建设项目的施工单位必须按照批准的安全设施设计施工，对安全设施的工程质量负责。矿山、金属冶炼建设项目和用于生产、储存危险物品的建设项目竣工投入生产或者使用前，应当由建设单位负责组织对安全设施进行验收；验收合格后，方可投入生产和使用。

根据上述法律规定，在建筑施工现场施工之前应当进行安全评价，避免选用不安全的工艺流程和危险的原材料以及不合适的设备、设施。开工之后进行的评价，可查出施工中的缺陷和不足，及早采取改进和预防措施。建筑施工现场安全评价系统建成以后，在现场施工阶段进行的安全评价，可了解现场的现实危险性，为进一步采取降低危险性的措施提供依据。除此之外，企业还要提高施工作业人员的安全意识，建立施工安全应急预案，不断提高施工作业人员的安全防范能力，明确安全生产权利与责任关系，加强员工的安全管理、建立安全机制、完善安全管理体系。在日常生产施工过程中，通过加强施工安全教育，构建应对安全事故的应急反应预案，做到防患于未然。对于安全事故紧急情况，应该制定应急预案，确保突发安全事故能够得到有效的控制。

（三）未注意危险物品及重大危险源

危险物品是指易燃易爆物品、危险化学品、放射性物品等能够危及人身

---

❶　参见《安全生产法》第二十八条至第三十一条。

安全和财产安全的物品。重大危险源是指长期或临时生产、搬运、使用或储存的危险物品，且危险物品的数量等于或超过临界量的单元（包括场所和设施）。

生产、经营、运输、储存、使用危险物品或者处置废弃危险物品的，由有关主管部门依照有关法律、法规的规定和国家标准或者行业标准审批并实施监督管理。生产经营单位生产、经营、运输、储存、使用危险物品或者处置废弃危险物品，必须执行有关法律、法规和国家标准或者行业标准，建立专门的安全管理制度，采取可靠的安全措施，接受有关主管部门依法实施的监督管理。生产经营单位对重大危险源应当登记建档，进行定期检测、评估、监控，并制定应急预案，告知从业人员和相关人员在紧急情况下应当采取的应急措施。

《安全生产法》第九十八条规定，生产、经营、运输、储存、使用危险物品或者处置废弃危险物品，未建立专门安全管理制度、未采取可靠的安全措施的，或对重大危险源未登记建档，或者未进行评估、监控，或者未制定应急预案等情况的，责令限期改正，可以处十万元以下的罚款；逾期未改正的，责令停产停业整顿，并处十万元以上二十万元以下的罚款，对其直接负责的主管人员和其他直接责任人员处二万元以上五万元以下的罚款；构成犯罪的，依照刑法有关规定追究刑事责任。

（四）违法发包、出租

生产经营单位不得将生产经营项目、场所、设备发包或者出租给不具备安全生产条件或者相应资质的单位或者个人。生产经营项目、场所发包或者出租给其他单位的，生产经营单位应当与承包单位、承租单位签订专门的安全生产管理协议，或者在承包合同、租赁合同中约定各自的安全生产管理职责；生产经营单位对承包单位、承租单位的安全生产工作统一协调、管理，定期进行安全检查，发现安全问题的，应当及时督促整改。

生产经营单位将生产经营项目、场所、设备发包或者出租给不具备安全生产条件或者相应资质的单位或者个人的，将被主管行政机关责令限期改正，没收违法所得或处以罚款，其直接负责的主管人员和其他直接责任人员也将承担相应的责任，发生生产安全事故给他人造成损害的，生产经营单位应与承包方、承租方承担连带赔偿责任。

（五）未尽安全生产管理职责

安全生产管理职责承担的主体为生产经营单位的主要负责人和生产管理人员。这里不探讨安全监督行政管理部门的职责。

（1）生产经营单位的主要负责人对本单位安全生产工作负有下列职责：建立、健全本单位安全生产责任制；组织制定本单位安全生产规章制度和操作规程；组织制定并实施本单位安全生产教育和培训计划；保证本单位安全生产投入的有效实施；督促、检查本单位的安全生产工作，及时消除生产安全事故隐患；组织制定并实施本单位的生产安全事故应急救援预案；及时、如实报告生产安全事故。

生产经营单位的主要负责人未履行法律规定的安全生产管理职责的，其承担的法律责任是多层次的，且法律责任重大，具体内容为：被责令限期改正；逾期未改正的，处二万元以上五万元以下的罚款，责令生产经营单位停产停业整顿。生产经营单位的主要负责人有前款违法行为，导致发生生产安全事故的，给予撤职处分；构成犯罪的，依照刑法有关规定追究刑事责任。生产经营单位的主要负责人依照前款规定受刑事处罚或者撤职处分的，自刑罚执行完毕或者受处分之日起，五年内不得担任任何生产经营单位的主要负责人；对重大、特别重大生产安全事故负有责任的，终身不得担任本行业生产经营单位的主要负责人。

除上述规定外，生产经营单位的主要负责人未履行法律规定的安全生产管理职责，导致发生生产安全事故的，还将面临被安全生产监督管理部门处以罚款的法律风险，其中：发生一般事故的，处上一年年收入百分之三十的罚款；发生较大事故的，处上一年年收入百分之四十的罚款；发生重大事故的，处上一年年收入百分之六十的罚款；发生特别重大事故的，处上一年年收入百分之八十的罚款。

（2）生产经营单位的安全生产管理机构以及安全生产管理人员履行下列职责：组织或者参与拟订本单位安全生产规章制度、操作规程和生产安全事故应急救援预案；组织或者参与本单位安全生产教育和培训，如实记录安全生产教育和培训情况；督促落实本单位重大危险源的安全管理措施；组织或者参与本单位应急救援演练；检查本单位的安全生产状况，及时排查生产安全事故隐患，提出改进安全生产管理的建议；制止和纠正违章指挥、强令冒险作业、违反操作规程的行为；督促落实本单位安全生产整改措施。

除上述职责外，生产经营单位的安全生产管理人员应当根据本单位的生产经营特点，对安全生产状况进行经常性检查；对检查中发现的安全问题，应当立即处理；不能处理的，应当及时报告本单位有关负责人，有关负责人应当及时处理。检查及处理情况应当如实记录在案。生产经营单位的安全生产管理人员在检查中发现重大事故隐患，依照前款规定向本单位有关负责人报告，有关负责人不及时处理的，安全生产管理人员可以向主管的负有安全生产监督管理职责的部门报告，接到报告的部门应当依法及时处理。

生产经营单位的安全生产管理人员未履行法律规定的安全生产管理职责的，将被责令限期改正；导致发生生产安全事故的，还会被暂停或者撤销其与安全生产有关的资格；构成犯罪的，则依照刑法有关规定承担相应的刑事责任。

（六）未履行应急救援义务

安全生产的目的是为防止事故的发生，但当事故不可避免地发生时，为了减少事故损失，防止事故的扩大，参与事故抢救的部门和单位应当服从统一指挥，加强协同联动，采取有效的应急救援措施，并根据事故救援的需要采取警戒、疏散等措施，防止事故扩大和次生灾害的发生，减少人员伤亡和财产损失。生产经营单位发生生产安全事故时，单位的主要负责人应当立即组织抢救，并不得在事故调查处理期间擅离职守。因此，为了保障人民的生命财产安全，生产经营单位应当制定本单位生产安全事故应急救援预案，与所在地县级以上地方人民政府组织制定的生产安全事故应急救援预案相衔接，并定期组织演练。对于危险物品的生产、经营、储存单位以及矿山、金属冶炼、城市轨道交通运营、建筑施工单位，其应当建立应急救援组织；生产经营规模较小的，可以不建立应急救援组织，但应当指定兼职的应急救援人员。危险物品的生产、经营、储存、运输单位以及矿山、金属冶炼、城市轨道交通运营、建筑施工单位应当配备必要的应急救援器材、设备和物资，并进行经常性维护、保养，保证正常运转。

对于未按照规定制定生产安全事故应急救援预案或者未定期组织演练的，《安全生产法》第九十四条规定，责令生产经营单位限期改正，可以处五万元以下的罚款；逾期未改正的，责令停产停业整顿，并处五万元以上十万元以下的罚款，对其直接负责的主管人员和其他直接责任人员处一万元以上二万元以下的罚款。

四、网络与信息安全管理法律风险分析

随着社会经济的高速发展，企业不断推进信息化建设，在整个信息化建设过程中，信息安全保障体系又是不可替代的重要组成部分。随着企业信息化建设的不断深入，企业信息安全所面临的威胁已经渗入企业的生产、经营、生产资料采购、设备资产、管理信息等各个方面，应当从全局的高度构筑企业信息安全保障体系框架。网络与信息安全事件可能导致用户受骚扰、资源被盗用、不良信息泛滥、经济受损失、隐私被泄露、网络局部瘫痪，使企业的生产经营受到严重不利影响。

电力系统关系着人民生产、生活的方方面面，也是国民经济的命脉。电力数据网络信息化在电力企业中的应用已经成为必不可少的基础设施。电力数据网络信息系统安全、可靠、稳定、高效的运行，以及电网的安全可靠输电，直接影响着广大人民群众的日常生活。电力系统自动化水平的提高，越来越依赖电力数据信息网络来保障其安全、高效、稳定的运行，该信息网络出现任何信息安全方面的问题都可能波及电力系统的正常运行。

随着网络技术和信息技术的发展，网络犯罪也不断增加，电力企业的网络信息安全仍然存在较多安全隐患，保证电力系统中的信息安全变得尤为重要。目前电力企业网络信息系统的主要隐患存在于以下几个方面：

（一）恶意入侵

极少数人利用网络进行恶意入侵、非法操作，导致计算机网络中存在潜在

威胁。电力企业信息泄露会造成不良后果，甚至系统被恶意控制，给国家和人民财产造成重大损失。

（二）网络病毒的传播

病毒是通过数据进行传播的，其能够对计算机的软硬件造成破坏，而病毒的自我复制更加增强了其危害性。

（三）恶意网页的破坏

一些不法分子通过编写恶意代码形成网页病毒，无意中打开浏览恶意网页，可能导致计算机系统的崩溃、格式化，进而导致重大损失。

（四）信息传递的安全隐患

如果数据传输过程中，采用明文或安全级别较低的方式传送，其安全性就得不到保障，导致数据信息外泄。

（五）软件源代码不能独立控制

源代码意味着核心技术，当核心技术不能控制时，就存在着较大风险、安全漏洞。

（六）身份认证和访问控制不严

身份认证是网络安全的基石。在身份认证的基础上进行访问控制，有利于增强网络信息安全。

针对以上电力企业网络信息安全问题，建立网络安全防护体系，研究网络安全策略，制定网络的安全管理制度是确保电力系统安全的根本所在。要结合电力企业实际情况，统一规划，职工的安全意识、数据传输加密、身份认证、访问控制、防病毒系统、人员管理等方面均需要进一步加强。

第三节　安全管理法律风险防范

企业实施安全管理风险防范，是为保证企业安全生产的目标实现。本节将通过对消防安全管理法律风险防范、环保安全法律风险防范、安全生产管理法律风险防范三个部分作全面梳理提出防范建议，从而达到降低法律风险实现利益最大化的最终目标。

一、消防安全管理法律风险防范

随着城市化进程不断加快、城市人口不断增加、城市结构日趋复杂，消防救火工作的难度不断增加，消防安全检查可以从源头上排除、减少火灾安全隐患。消防安全是经济发展稳定和社会和谐进步的助力器和护卫舰。做好消防安全的法律风险防范，可以从以下几个方面入手：

（一）制定并完善消防安全管理制度

企业应制定消防安全管理制度，落实消防安全责任制。将相关职责载于相关人员的劳动合同，或作为规章制度实施。企业可以制作消防手册分发给员工，或将消防安全要点记载于员工手册。

（二）组织员工消防安全知识培训

企业应在员工入职培训时对员工进行消防安全知识的培训，并定期开展消防安全方面的法律培训、法律研讨、讲座等活动，提高企业员工消防安全防范的法律意识。

（三）加强日常消防安全管理

企业应加强日常消防安全管理，基于目前的法律法规，从流程节点上把控风险。企业应对消防设施进行定期检查，确保其能正常使用。企业应制定消防救援预案，并定期组织员工进行消防演练，提升员工应对火灾的能力。

（四）消除消防安全隐患，注意作业安全

针对日常消防检查及行政主管部门检查出的消防安全隐患，企业应积极面对，及时整改，以消除隐患，不得消极应对，让隐患变为实祸。生产经营单位相关部门应撰写整改报告，报行政主管部门审查并交公司备案。

（五）消防设计、施工符合法律规定

消防安全贯彻生产经营的始终，无论是生产经营单位最初进行工程建设时，还是在生产经营过程中进行改建时，均应按法律委托具有相关资质的设计施工方进行消防设计、施工，竣工验收时也应按照法律要求进行消防验收。租赁他人的房产进行生产经营的，应确保该房产的消防设计符合生产经营的需求；对租赁房产进行改造时，也应符合消防安全的法律要求。

（六）使用质量合格的消防产品

消防产品必须符合国家标准；没有国家标准的，必须符合行业标准，禁止使用不合格的消防产品以及国家明令淘汰的消防产品。使用假冒伪劣消防产品的违法行为，可能对国家和人民的生命健康、财产安全造成严重的损失。因此，企业在使用消防产品的过程中，应重点关注消防产品是否符合市场准入，是否具备强制性认证证书和"3C"标志，消防产品外观标识、结构部件、材料、性能参数、生产厂名、厂址与产地是否一致，以及消防产品的主要性能是否符合相关性能要求。

（七）建设工程进行消防验收、备案

国务院住房和城乡建设主管部门规定应当申请消防验收的建设工程竣工，建设单位应当向住房和城乡建设主管部门申请消防验收。除国务院公安部门规定的大型的人员密集场所和其他特殊建设工程外，按照国家工程建设消防技术标准需要进行消防设计的建设工程，建设单位应当在工程竣工验收合格之日起七日内报公安机关消防机构备案。

（八）做好与居住场所的隔离防护

生产、储存、经营易燃易爆危险品的场所不得与居住场所设置在同一建筑物内，并应当与居住场所保持安全距离。

消防安全管理法律风险防范应该贯彻在企业的日常管理中，例如：国家电网有限公司制定的《变电站（换流站）消防隐患治理及灭火应急能力提升工作要求》，从深化消防隐患治理、提升消防应急能力、强化消防安全管理等方面入手，切实提升变电站（换流站）消防安全水平，将法律风险防范内化成为企业的基石。

二、环保安全管理法律风险防范

根据《环境保护法》的规定，环境保护应坚持保护优先、预防为主、综合治理、公众参与、损害担责的原则，环保安全是环境保护工作的重要环节，也应贯彻落实环境保护的原则，环保安全必须防患于未然，重点要做好事前防控。做好环保安全管理法律风险防范，可以从以下几个方面入手：

（一）执行环境影响评价制度

企业应严格执行环境影响评价制度，依据《环境保护法》《环境影响评价法》和《建设项目环境保护管理条例》等法律法规，聘请有资质的环评中介机构制作环境影响评价文件并报批。

（二）建设单位应遵守"三同时"制度

环保设施应与主体工程同时设计、同时施工、同时投产使用。"三同时"制度适用的主体是所有从事对环境有影响的建设项目单位，包括从事一切新建、扩建、改建和技术改造项目的主体。

（三）制定环保安全的规章制度

企业应制定关于环保安全的规章制度，建立健全生产经营中的环保安全管理体系，明确企业内部环保部门的管理职责，并将责任具体落实到分级负责的人员。

（四）按照法律规定排放污染物

企业在生产经营中应按照《排污许可管理办法（试行）》的规定，在法定期限内申请排污许可证，并严格按照许可范围进行排污。企业应加强环保安全的日常管理，对排污的污染源、浓度、总量等情况进行实时监控，并对日常管理数据进行记录，对超标排放、超种类排放污染物等情况要及时整改。

（五）保障环保设施的正常使用

企业应确保环保设施的正常运行，不断完善环保安全设施，环保设施故障、损坏时，应及时修理或替换，不得擅自拆除或闲置环保设施。企业应在危险废弃物处放置警示标识。

（六）合法处置危险物，获取相应的许可

生产经营中产生的废水、废气、废物等污染物，均应按法律法规的要求进行预处理，达到排放标准后再排放，其中处置危险废物应按危险废物经营许可证的规定排放。违法违规排放、倾倒废水废物，不仅面临受侵害人的索赔，还面临公益诉讼的风险。若涉及犯罪，个人及单位更面临刑事处罚的风险。

（七）结合公司实际情况，制定突发环境应急预案

企业应整理归纳涉及自身的环境安全风险点，重点关注易燃易爆物体、氧

化剂、有毒品、腐蚀品的生产经营行为，确保上述物品的存储、使用、处置均符合安全要求。企业应制定突发环境应急预案，并组织员工进行定期演练，当发生突然性环境污染事故时，应按照预案内容开展疏散、救援工作。

三、安全生产管理法律风险防范

"安全第一，安全重于泰山"。安全生产是企业发展的重要保障，是我们在生产经营中贯彻的一个重要理念，应预先分析危险源，预测和评价危险、有害因素，掌握危险出现的规律和变化，采取相应的预防措施，将安全隐患消灭在萌芽状态。安全生产管理是企业管理中最重要的活动之一，在生产与安全的关系中，一切以安全为重，安全必须排在第一位。例如：国家电网有限公司在企业管理中颁布《电力安全工作规程》，将调相机、线路和变电操作规范化，将线路和变电操作安全管理要求各方面细化，将《电力安全工作规程》作为安全生产管理的根本，要求员工在工作前必须经过三级安全教育，通过专项的安全培训，并经过考试合格才能上岗，连续脱离生产岗位六个月需要重新考试合格才能上岗。

做好安全生产管理法律风险防范，可从以下几个方面入手：

（一）制定相应的公司规章制度，投入相应的资金

生产经营单位应依据《安全生产法》《刑法》等法律法规的规定，通过制定相关规章制度，落实安全作业法律义务的承担主体，将责任落实到具体部门及人员，并投入相应的安全生产保障资金。企业作业人员对不符合法律、公司规章制度的作业情况，有权向公司安全作业管理部门反映情况，安全作业管理部门应及时作出处理，对作出有效反映的员工应有相应奖励措施。

（二）落实责任主体

建立负责安全作业管理的部门，设定相应考核标准，定期对生产经营情况进行安全作业是否合法合规的检查，对不符合法律、公司规章制度的情况，要求责任部门及责任人员及时进行整改，并对责任部门、相关人员采取惩罚措施，如通报批评等。

（三）确保施工方具有相应资质，合法发包、出租

当建设项目涉及多个主体时，生产经营单位应负责管理各个施工主体安全

作业，确保施工方具备施工资质、其从业人员具备相关资格。生产经营单位将生产经营项目、场所、设备发包或者出租给第三方的，应核查其是否是具备安全生产条件或者相应资质的单位或者个人。

（四）提高安全作业人员风险防范的法律意识

企业应对从业人员进行安全作业相关法律、公司规章制度的培训，培训结束后，应对从业人员进行考核，未通过考核的人员不得从事生产工作。生产经营单位应定期组织安全作业方面的法律培训、案例研讨，从而提高作业人员风险防范的法律意识。

（五）分析安全作业风险点并制定应对方案

分析安全作业风险点时，应充分考虑到作业的不同环节、不同作业方各自的特点，应考虑外部环境的影响，比如作业人员在高温高湿、连续降雨、降雪、冰雹等极端天气中户外作业的安全风险将加剧。整理了上述安全作业风险点后，应制定处理方案，防微杜渐。

（六）建立生产安全事故处理机制

生产经营单位应当制定本单位生产安全事故应急救援预案，与所在地县级以上人民政府制定的生产安全事故应急救援预案相衔接，并定期组织生产安全事故演练。生产经营单位发生生产安全事故后，事故现场有关人员应当立即报告本单位负责人。单位负责人接到事故报告后，应当迅速采取有效措施，组织抢救，防止事故扩大，减少人员伤亡和财产损失，并按照国家有关规定立即如实报告当地负有安全生产管理职责的部门，不得隐瞒不报、谎报或者迟报，不得故意破坏事故现场、毁灭有关证据。

（七）采取措施防止安全事故扩大

发生安全事故后，企业应做好内部风险隔离，防止造成连环性事故。若系附近其他企业发生安全事故的，也应做好风险隔离，防止影响自身生产经营；发生情况严重的爆炸性事件，应及时疏散员工，考虑暂时停产，待确保安全后再生产。发生安全事故后，公司应立即进行整改，对安全事故的发生模拟复盘，分析祸源，生产经营单位应根据实际情况增加投入安全作业资金、升级安全设备、提升安全生产的工艺。公司安全作业管理部门应定期组织学习先进安全生产事故处理案例，改进安全事故应急救援预案。

（八）重视日常安全管理，设置警示标志

企业在项目完成后，应重视日常安全管理。若某些作业环境可能造成安全隐患但暂时无法整改的，应及时放置安全警示标志，标志损坏模糊的，应及时更换新的标志；当时机成熟可以整改后，应及时整改作业环境，消除安全隐患。

四、网络与信息安全管理法律风险防范

网络与信息安全建设系生产经营单位安全生产的重要内容以及重要的保障措施。企业在生产经营过程中，应夯实信息化基础建设，严格执行信息系统安全制度，不断提升信息安全理念，强化信息技术的安全管理和保障，加强对包括设备安全、网络安全、数据安全等信息化建设的安全管理，以信息化促进企业生产经营管理的科学化和精细化。

根据电力行业网络与信息安全联席会议第一次全体会议的精神，电力企业要深入贯彻落实习近平总书记网络强国战略思想，牢固树立正确的网络安全观，坚持"以安全保发展、以发展促安全"，依法治网、依法强网，认真落实企业网络安全主体责任，进一步完善网络安全监督管理体制机制，不断强化全方位网络安全管理和协同监督管理。要强化关键信息基础设施的安全保护，加强网络安全态势感知和网络安全基础设施建设，进一步完善电力监控系统安全防护体系，提升预警及应急处置能力，确保网络安全自主创新与安全可控，切实推动电力行业网络安全取得新发展。

第四节　典型案例评析

案例十七：消防设计缺少资质　建造工程合同无效

📋 案情简述

2016 年 6 月 12 日，原告陈某与被告 W 市 H 陶瓷厂签订《天然气梭式窑炉协议书》，被告 W 市 H 陶瓷厂将天然气梭式窑炉建造工程发包给原告陈某，

由原告负责进行窑炉工程建造施工，被告支付价款，双方之间形成定作合同关系。

协议签订次日，被告方依约支付给原告定金5万元。2016年7月1日、2日被告又分两次共支付给原告价款5万元，后原告陈某依约进场安装施工，2016年8月11日窑炉按期完工，双方未办理验收交接手续，原告即于当天将窑炉交付被告方调试、使用，被告方接收该窑炉后一直使用至今。2016年8月18日双方进行结算，被告方仍欠原告建窑款10万元，并由被告以"借款单"形式立据交原告存执。后被告方陆续向原告支付价款，至今尚欠6万元未付清。原告经催讨无果，遂于2018年7月2日诉至法院，诉讼请求为：①判令被告付还原告窑炉建造款6万元及该款利息损失（利息损失按年利率6%从起诉之日起计至判决确定还款之日止）；②诉讼费用由被告承担。

在诉讼过程中，W市H陶瓷厂于2018年8月15日提起反诉，反诉请求为：判令陈某向W市H陶瓷厂支付款项合计97040元以及相应的利息损失，并承担本案诉讼费、反诉费。

另法院查明：被告系个体户，建造讼争窑炉没有向相关行政主管部门办理审批，原告在建造讼争窑炉时也不具有相应的设计、施工资质。

法院经审理认为，原、被告双方违反相关法律的强制性规定，所签署的合同无效，对此双方均负有相应的法律责任。判决被告向原告支付价款6万元，驳回原告的其他诉讼请求，驳回W市H陶瓷厂的反诉诉讼请求。

⚖ 法律分析

因建造的窑炉使用天然气为燃料，而天然气属易燃易爆危险化学品，根据国务院《危险化学品安全管理条例》第二十八条规定："使用危险化学品的单位，其使用条件（包括工艺）应当符合法律、行政法规的规定和国家标准、行业标准的要求，并根据所使用的危险化学品的种类、危险特性以及使用量和使用方式，建立、健全使用危险化学品的安全管理规章制度和安全操作规程，保证危险化学品的安全使用。"《消防法》第二十三条第一款规定："生产、储存、运输、销售、使用、销毁易燃易爆危险品，必须执行消防技术标准和管理规定。"《W市燃气窑炉安全管理暂行办法》第九条规定："新建燃气窑炉单位报建时需提供设计图纸、安装技术资料、设计单位资格、安装单位资格等有关材料，由市劳动局会同建设、规划、公安消防机构审核批准，未经批准，不得施工。"

被告 W 市 H 陶瓷厂作为燃气窑炉新建单位，未依法办理报建审批手续，原告陈某旭作为设计、施工方，不具有设计、施工资格，双方的行为均违反了上述法律法规的强制性规定，依照《合同法》第五十二条第五项的规定，应认定为合同无效，对此双方均负有相应的法律责任。

🔖 启示建议

（1）《消防法》对建设工程的消防设计、施工必须符合国家工程建设消防技术标准作出了相应的规定。生产、储存、运输、销售、使用、销毁易燃易爆危险品，必须执行消防技术标准和管理规定。设计单位根据消防法规和国家工程建设消防技术标准进行消防设计，编制符合要求的消防设计文件，并承担消防设计的质量责任；施工单位应按照国家工程建设消防技术标准和经消防设计审核合格或者备案的消防设计文件组织施工，承担消防施工的质量和安全责任。

（2）我国《合同法》第五十二条规定了合同无效的五种法定情形，其中，违反法律、行政法规的强制性规定的，将构成合同无效。本案中，按规定应具备设计、施工资格而不具备的主体签订的相关合同因违反《消防法》的强制性规定，应认定为合同无效。

案例十八：经营场所如需改建　消防手续必不可少

🔍 案情简述

2015 年 11 月 2 日，Q 县公安消防大队监督人员在 B 茶叶公司检查时，发现该公司生产车间租赁他人厂房，且有部分改建，未进行消防设计备案和竣工验收消防备案，当场作出责令限期改正通知书，限其于 2015 年 11 月 6 日前整改。至 11 月 13 日，B 茶叶公司未整改。11 月 27 日，Q 县公安消防大队传唤 B 茶叶公司委托代理人了解情况，仍未整改。同年 12 月 11 日，Q 县公安消防大队作出行政处罚决定书，认为 B 茶叶公司生产车间未进行消防设计备案，未进行竣工验收消防备案，对 B 茶叶公司处罚款 9000 元。行政处罚决定于 12 月 16 日送达被处罚人。被处罚人 B 茶叶公司在法定期限内既没有申请复议或者向人民法院提起行政诉讼，也没有履行义务。2016 年 6 月 29 日，Q 县公安消防大队向 B 茶叶公司送达催告书，被处罚人 B 茶叶公司仍未履行缴纳罚款义务。

法律分析

《消防法》第十条、第十三条规定，对按照国家工程建设消防技术标准需要进行消防设计的建设工程，实行建设工程消防设计审查验收制度；国务院住房和城乡建设主管部门规定应当申请消防验收的建设工程竣工，建设单位应当向住房和城乡建设主管部门申请消防验收。前款规定以外的其他建设工程，建设单位在验收后应当报住房和城乡建设主管部门备案，住房和城乡建设主管部门应当进行抽查。依法应当进行消防验收的建设工程，未经消防验收或者消防验收不合格的，禁止投入使用；其他建设工程经依法抽查不合格的，应当停止使用。

B 茶叶公司生产车间未进行消防设计备案，违反了《消防法》第十条的规定；其未进行竣工验收消防备案，违反了《消防法》第十三条第一款第二项的规定。因此，根据 B 茶叶公司的违法事实以及上述法律法规的规定，Q 县公安消防大队作出行政处罚决定书，依据《消防法》第五十八条第一款的规定，对日新茶叶公司处以罚款 9000 元。

启示建议

（1）对于企业租赁的生产车间，应当按照《消防法》第十条的规定，根据建设工程消防设计审查验收制度的规定履行必要的消防设计备案手续。

（2）承租人对租赁厂房进行改建的，应当按照《消防法》第十三条第一款第二项的规定，履行竣工验收消防备案手续。

（3）未依法履行消防设计备案手续或竣工验收消防备案手续的，将面临被主管行政部门行政处罚的法律风险。

案例十九：消防隐患不可小觑　有效预防及时整改

案情简述

被告人朱某在担任无锡市 K 公司总经理（法定代表人）期间，于 1994 年 8 月将其下属无锡市服装机械厂旧厂房改建成无锡 J 市场（非独立核算，无法人资格，隶属于无锡市 K 公司）后投入营业。工程完工前后无消防部门出具的有关批准文件及验收报告。此后，消防监督机构就市场内存在的"无火灾自动报警系统和自动灭火喷淋系统"等火险隐患，于 1994 年 12 月 22 日至 1996 年 11 月 19 日间，4 次发出消防监督检查意见书、1 次发出火险隐患整改通知书，要求在期限内予以改正，被告人朱某以已列入项目、计划和资金困难、时间过短为由予以搪塞，拒绝执行。1997 年 10 月 15 日，消防监督机构再次发出火险隐患整改通知书，在送达时，被告人朱某以限期整改时间过短为由拒绝签收。1997 年 12 月 16 日凌晨，无锡 J 市场发生火灾，造成直接经济损失计人民币 595.9 万元。

检察院指控称：被告人朱某的行为触犯了《刑法》第一百三十九条之规定，已构成消防责任事故罪。

被告人朱某辩称：其对消防监督机构的限期改正意见是配合的，没有拒不执行。

朱某辩护人辩护称：朱某没有违反消防管理法规，对消防监督机构发出的整改意见是逐步进行整改的，没有拒绝执行，其不是 J 市场火灾的直接责任人员，故其不构成消防责任事故罪。

法院认为：被告人朱某身为防火责任人，违反消防管理法规，消防监督机构通知其采取改正措施而拒绝执行，造成严重后果，已构成消防责任事故罪。公诉机关指控被告人朱某犯消防责任事故罪的事实清楚，证据确实、充分，指控的罪名正确，予以采纳。被告人朱某辩称其没有拒绝执行消防监督机构的限期改正意见与事实不符，本院不予采纳。辩护人提出的朱某不构成消防责任事故罪的意见，不符合本案的事实和法律规定，不予采纳。鉴于被告人朱某在犯罪以后能妥善处理火灾善后事宜，有悔罪表现，依法予以从宽处罚。

🔖 法律分析

消防责任事故罪，是指违反消防管理法规，经消防监督机构通知采取改正措施而拒绝执行，造成严重后果的行为。犯本罪的，处三年以下有期徒刑或者拘役；后果特别严重的，处三年以上七年以下有期徒刑。被告人朱某身为防火责任人，违反消防管理法规，消防监督机构通知其采取改正措施而拒绝执行，造成严重后果，已构成消防责任事故罪。本罪侵犯的客体是公共安全和国家的消防管理制度。本罪在主观方面表现为过失，主要是指行为人对消防监督机构通知采取改正措施不以为然，或心存侥幸，认为不会发生火灾事故，结果造成事故后果。朱某正是如此。本罪在客观方面表现为违反消防管理法规，经消防监督机构通知采取改正措施而拒绝执行，造成严重后果的行为。

法院依照《刑法》第一百三十九条、第七十二条第一款、第七十三条第二款、第三款之规定，判决朱某犯消防责任事故罪，判处有期徒刑1年，缓刑1年。

🏅 启示建议

（1）消防安全应坚持预防为主，提前做好消防设计，备好消防设施，对消防部门检查时发现的消防问题，应积极应对、及时整改，不应消极应对处罚。

（2）机关、团体、企业、事业等单位应当履行法律规定的消防安全职责，对于消防设施、器材应定期组织检验、维修，确保其完好有效；对于存在的安全隐患应当及时予以纠正、排除，防止出现不利的后果。

（3）单位的主要负责人是本单位的消防安全责任人。对于本单位出现的消防违法行为，单位的主要负责人对该等违法行为承担相应的法律后果。

案例二十：明知无资质有过错　依法承担侵权责任

✍ 案情简述

常隆公司、锦汇公司、富安公司、施美康公司、申龙公司、臻庆公司系在T市经济开发区内从事化工产品生产的企业，在化工产品生产过程中产生副产盐酸、对羟基苯甲醚催化剂废硫酸、丁酸、二氧化硫、氯乙酰氯、氨基油尾气吸收液（以下简称副产酸）。

江中公司、祥峰公司、鑫源公司、全慧公司分别设立于2004年至2011年期间，经营范围分别包括危险化学品、化工原料批发、零售等，均领取《危险化学品经营许可证》，但没有固定组织机构和人员，也没有处理废酸等危险废物的经营许可证。

2012年1月至2013年2月间，常隆公司、锦汇公司、施美康公司、申龙公司、富安公司、臻庆公司违反法律规定，以每吨补贴 20 至 100 元不等的费用提供副产酸给无危险废物处理资质的主体偷排于如泰运河、古马干河，导致水体严重污染，损害社会公共利益。

T 市环保联合会对常隆公司等六家公司提起民事公益诉讼请求赔偿损失。请求判令常隆公司、锦汇公司、施美康公司、申龙公司、富安公司、臻庆公司以虚拟治理成本为基数，按照 4.5 倍支付赔偿金用于环境修复并承担本案的鉴定评估费用（10 万元）和诉讼费。

常隆公司等公司答辩：①T 市环保联合会成立时间尚不满一年，不具有诉讼主体资格。②常隆公司等公司生产的副产酸并非危险废物，而是依法生产经营的产品，其生产销售行为合法。③如泰运河、古马干河水质已经恢复，无须再通过人工干预措施进行修复，T 市环保联合会根据虚拟治理成本计算损失没有事实依据。④富安公司已经改进工艺，以树脂代替原工艺中的浓硫酸作为催化剂，生产中已无废硫酸产生。⑤请求驳回泰州市环保联合会的诉讼请求。

⚖ **法律分析**

本案的争议焦点为明知对方没有处理危险废物的资质，仍将危险废物出售给对方处理的是否应该承担侵权责任。法院认为，环境公益诉讼程序作为环境保护法的重要实施途径，应当在追究环境侵权责任的同时，采取有利于防治污染的环境司法政策，实现修复环境、预防污染的立法意图，使环境保护同经济建设和社会发展相协调，促进经济社会可持续发展，T 市环保联合会依法具备提起环境公益诉讼的原告资格，被告处置其生产的副产酸的行为与造成古马干河、如泰运河环境污染损害结果之间存在因果关系，依法应当就其造成的环境污染损害承担侵权责任。

虽然公司本身没有直接实施排放倾倒等污染环境的行为，但当其明知对方公司没有取得处理废酸的资质和能力，且知道自己支付的款项根本不足以支付正常处置危化废酸的费用时仍将污染物出售给对方处理，这种情况下，实际上等于给倾倒者提供了污染源，客观上使倾倒者获得了非法利益，其行为与造成环境污染之间具有事实上的因果关系，应承担相应的环境污染侵权责任。

⚫ 启示建议

（1）上述案件系社会组织为了保护环境，维护社会公共利益而提起的环境民事公益诉讼，其目的是发现污染环境行为，通过诉讼程序有序参与环境治理。近几年来，我国在环境公益诉讼领域进行了进步性的拓展，最高院发布了《关于审理环境民事公益诉讼案件适用法律若干问题的解释》（2015 年 1 月 7 日起施行）。企业应重视环保安全，环保安全不仅与企业及其周边群众息息相关，也受社会公众的持续监督。

（2）企业在生产经营过程中，将部分工序、业务外包或委托给第三方加工、处理的，应当对该第三方是否具有法律法规规定的资质进行必要的核查。对于明知其不具有相应的资质或者没有尽到必要核查、注意义务的，企业作为外包方或委托方存在相应的过错，对他人的生命、财产造成损害或损失的，将按照《侵权责任法》的规定承担相应的赔偿责任。

案例二十一：违法处置危险废物　许可证被依法吊销

✏ 案情简述

WZ 市 L 公司主要从事从电镀、钢管等企业收集含有重金属的电镀酸洗污泥（属危险废物）并进行无害化处理。2013 年 12 月，L 公司因技术改造，处于停产状态，但却没有停止从相关企业收集化学污泥，导致公司仓库储存不下。2014 年 4 月，为消化库存进行牟利，这家公司董事长、法定代表人江某以每吨60 元的价格将船运、倾倒化学污泥的业务承包给温某。而温某又将承包的业务转包给陆某，并雇人负责码头卸货、装船等工作。经查，2014 年 4—5 月，L公司将约 1800 吨化学污泥倾倒入瓯江。为逃避监管，2014 年 5 月，江某通过他人介绍，与福建某企业签订合同，将公司仓库里部分危险废物转给这家福建企业处理。同年 6 月，福建省这家企业因设备维修，不再具有消纳危险废物的能力，中断进货，导致 L 公司仓库再次"爆仓"。2014 年 6、7 月期间，L 公司向瓯江倾倒化学污泥约 2400 吨。

2016 年 7 月，经 WZ 市龙湾区人民法院一审判决，同年 WZ 市中级人民法院二审裁定，认定 WZ 市 L 公司及法定代表人江某等 11 人构成污染环境罪。

经浙江省环保厅调查，WZ 市 L 公司于 2014 年 4—7 月之间向瓯江非法倾倒电镀污泥尾渣约 4200 吨，已涉嫌不按照危险废物经营许可证规定非法处置危险废物。浙江省环保厅向 L 公司出具行政处罚决定书，认为根据《中华人民共和国固体废物污染环境防治法》第五十七条第二款"禁止无经营许可证或者不按照经营许可证规定从事危险废物收集、贮存、利用、处置的经营活动"的规定，L 公司已构成违法。就 L 公司不按照危险废物经营许可证规定非法处置危险废物行为，根据《固体废物污染环境防治法》第七十七条"无经营许可证或者不按照经营许可证规定从事收集、贮存、利用、处置危险废物经营活动的，由县级以上人民政府环境保护行政主管部门责令停止违法行为，没收违法所得，可以并处违法所得三倍以下的罚款。不按照经营许可证规定从事前款活动的，还可以由发证机关吊销经营许可证"的规定，吊销其危险废物经营许可证。

法律分析

根据《固体废物污染环境防治法》（2016 修正）第五十七条第二款"禁止无经营许可证或者不按照经营许可证规定从事危险废物收集、贮存、利用、处置的经营活动"的规定，L 公司已构成违法。根据《固体废物污染环境防治法》第七十七条"无经营许可证或者不按照经营许可证规定从事收集、贮存、利用、处置危险废物经营活动的，由县级以上人民政府环境保护行政主管部门责令停止违法行为，没收违法所得，可以并处违法所得三倍以下的罚款。不按照经营许可证规定从事前款活动的，还可以由发证机关吊销经营许可证"的规定，浙江省环保厅作出吊销 WZ 市 L 公司的危险废物经营许可证的行政处罚。

启示建议

（1）企业在从事危险废物收集、贮存、利用、处置的经营活动过程中，应严格按照法律法规的规定领取相应的经营许可证，并按照经营许可证许可的内容从事相应的经营活动。无经营许可证或者不按照经营许可证规定从事收集、贮存、利用、处置危险废物经营活动的，企业面临被依法吊销经营许可证、罚款的行政处罚，并可能构成环境污染罪。

（2）企业生产经营一定要坚持"保护优先、预防为主、综合治理、公众参与、损害担责"的原则。若企业在追求利益时摒弃了环境保护，进行违法的污染环境的行为，必将会受到民法、行政法、刑法的多方惩治。

案例二十二：污染环境触犯刑法　个人单位均需担责

🖊 案情简述

2012 年 12 月至 2013 年 7 月间，被告人肖某作为被告单位某纺织印染（绍兴）有限公司主管印染污泥处置的负责人，违反规定将某该公司的印染污泥交由没有处理资质的田某等人（已判决）处置，田某等人将该污泥先后分别倾倒于海宁、桐乡、杭州、湖州等地，共计 2700 余吨。经检测，污泥中分别检出腐蚀性、重金属等成分。

浙江省海宁市人民检察院指控，被告单位某纺织印染（绍兴）有限公司、被告人肖某明知他人随意倾倒含腐蚀性、重金属的印染污泥仍交由其处置，计 2700 余吨，严重污染环境，其行为应当以污染环境罪追究刑事责任。被告人肖某归案后能如实供述自己罪行，有立功情节，可依法从轻处罚。

🔨 法律分析

被告单位某纺织印染（绍兴）有限公司违反国家规定，结伙他人非法倾倒、处置含腐蚀性、重金属的污染物，共计 2700 余吨，严重污染环境，被告人肖某作为公司直接负责的主管人员，直接决定并加以实施，其行为均已构成污染环境罪。

依照《刑法》第三百三十八条，第三百四十六条，第二十五条第一款，第六十七条第三款，第七十二条第一、三款，第七十三条第二、三款及《最高人民法院、最高人民检察院关于办理环境污染刑事案件适用法律若干问题的解释》第一条第（十四）项之规定，判决被告人某纺织印染（绍兴）有限公司犯污染环境罪，判处罚金四万元；被告人肖某犯污染环境罪，判处有期徒刑九个月，缓刑一年，并处罚金二万元。

👤 启示建议

（1）根据刑法规定，污染环境罪系指违反国家规定，排放、倾倒或者处置有放射性的废物、含传染病病原体的废物、有毒物质或者其他有害物质，严重污染环境的。污染环境罪既是自然人犯罪也是单位犯罪，单位定罪的同时，单位的直接责任人和主管领导也要承担刑事责任。

（2）单位委托第三方处置含腐蚀性、重金属等污染物的，应核查该第三方是否具有相应的处置资质。明知其缺乏相应资质而仍然委托其处理的，则涉嫌共同犯罪。

案例二十三：工伤保险依法赔付　企业不免侵权责任

案情简述

建设项目 a 的开发单位系 A 公司，该项目 19 号楼土建工程系由 B 公司承建，而 19 号楼的电梯安装系由 C 公司承接安装。一审原告滕某到 C 公司电梯安装队工作。2011 年 10 月，滕某受 C 公司安装队负责人曹某指派，在 19 号楼电梯间底层采用无脚手架施工方式安装电梯作业。当时，B 公司架子班组架子工李某因放置钢管不当，使长 5.2 米的钢管滑入电梯井，砸中正在电梯轿厢顶上作业的滕某，造成其头部及肺部严重受伤。

另，2011 年 6 月，B 公司与 C 公司签订电梯设备安装合同，约定将建设项目 a 中的电梯安装工程承包给 C 公司，而 C 公司又与曹某安装队签订电梯设备安装劳务协议书一份，约定将建设项目 a 中的 8 台电梯发包给曹某安装队安装。建设项目 a 中 19 号楼电梯安装，C 公司系采用无脚手架施工，施工方案上报监理单位审批，监理单位未予通过，但在未同意该施工方案情况下，C 公司进场施工。C 公司无电梯安装资质。

滕某的诉讼请求为：判令由 A 公司、B 公司与 C 公司共同赔偿因本次事故造成的损失 9411871.48 元（其中医疗费 1245877.37 元、后续治疗费 480 万元、外购医疗费 48889.40 元、医疗辅助器具费和日常用品费 21436.95 元、住院伙食补助费 48100 元、营养费 83694 元、误工费 103789.35 元、护理费 211307.91 元、住宿费 112790 元、残疾赔偿金 757020 元、被抚养人生活费 209313 元、后续护理费 1603480 元、交通费 12673.50 元、精神损害抚慰金 150000 元、鉴定费 3500 元、公告费 300 元）。在审理中，滕某申请增加医疗费金额 18464.40 元。

滕某于 2012 年 9 月 4 日被下城区人力资源和社会保障局以杭人社（下城）认字〔2012〕第 577 号工伤认定决定书，认定其为工伤。

法院认为，关于各方当事人的责任认定问题，案涉事故属安全生产责任事故，事故发生的原因主要有以下几个方面：一是电梯安装企业未与总包单位签订安全生产管理协议，协调作业进度；在具体施工过程中未采取有效的安全措施，如电梯井道口防护不当，轿厢顶未作防护，无防坠落安全标志等；未对新进人员滕某进行专业的安全教育和培训等。二是总包单位未与分包单位进行有效衔接；公司员工李某在施工过程中对钢管处置不当，是事故发生的直接原因，用人单位应对李某的过错行为承担雇主责任，在这过程中该单位也存在对工人教育管理不当，对施工场地的安全生产未尽到管理义务的过错。三是案涉工程的建设单位未能有效协调总包单位和分包单位之间的关系，未及时落实好安全生产措施并提供电梯安装的安全作业环境，其在选任电梯安装企业时审查不严，存在选任过失。基于以上分析，上述主体在案涉事故中均有过错，且上述过错与事故发生均存在因果关系，依法应承担相应的法律责任。

⚖ 法律分析

法院认为，《安全生产法》第五十三条规定：因生产安全事故受到损害的从业人员，除依法享有工伤保险外，依照有关民事法律尚有获得赔偿的权利的，有权向本单位提出赔偿要求。但现有民事法律并未明确规定劳动者在享有工伤保险待遇的情况下仍可向用人单位主张损害赔偿；相反，《最高人民法院关于审理人身损害赔偿案件适用法律若干问题的解释》《人身损害赔偿司法解释》第十一条第三款、第十二条第一款规定，依法应当参加工伤保险统筹的用人单位的劳动者，因工伤事故遭受人身损害，劳动者或者其近亲属向人民法院起诉请求用人单位承担民事赔偿责任的，不适用司法解释的相关规定，应当按《工伤保险条例》的规定处理。因此，原判在滕某已被人力资源和社会保障部门认定构成工伤的情况下，对其要求用人单位 C 公司承担侵权损害赔偿责任的主张不予支持，于法有据。滕某应根据《工伤保险条例》的相关规定，向 C 公司另行主张权利。

另外，根据《侵权责任法》第十二条规定：二人以上分别实施侵权行为造成同一损害，能够确定责任大小的，各自承担相应的责任。《人身损害赔偿司法解释》第三条第二款规定：二人以上没有共同故意或者共同过失，但其分别实施的数个行为间接结合发生同一损害后果的，应当根据过失大小比例各自承担相应的赔偿责任。本案中的 A 公司、B 公司与 C 公司并不存在共同的故意或过失，也无意思联络，因此根据三者对案涉事故发生的原因力大小和各自的过错程度，酌情确定由 B 公司对滕某的合理损失承担 50% 的赔偿责任，A 公司承担 20% 的赔偿责任，C 公司承担 30% 的赔偿责任。

🏛 启示建议

（1）因生产安全事故受到损害的从业人员，被认定为工伤的，员工可以根据《工伤保险条例》的相关规定要求进行工伤赔付；即便被认定为工伤，侵权加害方还应承担相应的损害赔偿责任。

（2）建设项目常涉及多个主体，公司应对建设项目合作的各方的作业安全进行合理管理，避免与建设项目的合作方构成共同侵权。

案例二十四：发包无资质施工方　责任人酿大祸构罪

🏛 案情简述

2015 年 9 月，被告人郑某注册成立了 E 公司。2015 年 12 月 1 日，E 公司与某林场签订林地租赁经营合同，用于建设博览园。2015 年 9 月 28 日，郑某与无建筑资质的 F 公司法定代表人即被告人王某签订了工程承包合同。

2016 年 2 月，因 F 公司没有建筑施工相关资质，通过丁某的介绍，F 公司和邹某签订了《工程承包合同书》，F 公司将事故工程转包给邹某。

2016 年 4 月，事故工程未经过施工招投标，建设单位和施工方在未办理《国有土地使用证》《建设工程规划许可证》《建筑工程施工许可证》、安全监督、质量监督等手续的情况下，违法开工建设。

2017 年 3 月 27 日，博览园综合楼浇灌施工即将结束时，穿顶混凝土垮塌，造成现场施工人员 15 人被埋。经全力救援，仍造成 9 人死亡，二人重伤，直接经济损失 900 万元的重大事故。

湖北省组成的"3·27"建筑施工坍塌事故调查组认定，该事故是一起生产安全责任事故。事故原因有以下几点：①模板支架搭设不规范。②模板支架搭设材料不合格。③混凝土浇筑工序不当。④违反工程建设基本程序和规定。建设单位未按法规要求办理土地规划、施工许可等手续，未聘请监理单位监理，未委托设计单位设计。⑤施工管理缺失。

湖北省麻城市人民法院审理麻城市人民检察院指控的原审被告人郑某等人犯重大责任事故罪一案，于 2018 年 10 月 25 日作出（2017）鄂 1181 刑初 438 号刑事判决。被告人郑某等人在生产、作业中违反有关安全生产的规定，造成九人死亡，二人重伤的重大伤亡事故，其行为均已构成重大责任事故罪。被告人郑某、王某波等人对事故的发生负有主要责任，被告人伍某、余某等人对事故的发生负有次要责任，上述各被告人均系自首，可以从轻或减轻处罚。被告人姜某犯罪情节较轻，有自首情节，且与被害方达成刑事和解，可以免予刑事处罚。在诉讼过程中，经法院主持调解下，达成如下刑事调解协议：被告人郑某等人支付赔偿款 600 余万元，从其公司及其他资产变价款中优先支付。

⚖ 法律分析

在生产、作业中违反有关安全管理的规定，因而发生重大伤亡事故或者造成其他严重后果的，构成重大责任事故罪。处三年以下有期徒刑或者拘役；情节特别恶劣的，处三年以上七年以下有期徒刑。强令他人违章冒险作业，因而发生重大伤亡事故或者造成其他严重后果的，处五年以下有期徒刑或者拘役；情节特别恶劣的，处五年以上有期徒刑。

被告人郑某、王某波等人在生产、作业中违反有关安全生产的规定，造成九人死亡，二人重伤的重大伤亡事故，其行为均已构成重大责任事故罪。依照《刑法》第一百三十四条第一款、第六十七条第一款、第三十七条、第七十二条、第七十三条以及《刑事诉讼法》第二百七十七条、第二百七十九条之规定，判决被告人郑某、王某波等人犯重大责任事故罪。

⚙ 启示建议

（1）单位进行生产、建设项目等活动时，自身应具备法律法规要求的资质，具有与其从事的生产、建设的相应主体资格和能力，不超出公司经营范围和经营资质许可的具体内容进行经营。

（2）对于部分工程实行合法外包的，应尽其对承包者安全生产的管理职责，且不得违反安全生产法的相关规定，将项目承包给不具备安全生产条件的他人。否则，单位将承担因此造成的法律后果。

案例二十五：设施安全存在隐患　安全监管不容忽视

案情简述

2017 年 8 月 20 日晚，曹某因家中自来水停水，到距其家四、五百米的本村某村民家门口水井打水，被 G 供电公司立在水井旁的电杆拉线绊摔跌倒，致曹某受伤，右手第一掌骨基底部骨折脱位。在 2000 年左右，G 供电公司已在该村架设高压电杆拉线，并在拉线上套了一段红白相间提醒标志的 PVC 管，但事发时该标志不在拉线下方（地面），产权归被告公司所有。后来某村民在附近建房时在电杆拉线处挖了一口水井。曹某之前到过某村民家，知道其家门口水井旁边立有电杆拉线。曹某没有带照明工具到某村民水井取水，被水井旁边立有电线杆拉线绊倒受伤。

原告向法院提出诉讼请求：判令被告赔偿原告损失 21221.14 元，并承担本案诉讼费。被告 G 供电公司辩称，本案发生系由原告重大过错导致，其将所有赔偿责任归咎被告，缺乏事实及法律依据，不能成立：①原告本身具有重大过错。原告在诉称的事发地点距离 200 米左右的地方，拥有自建房屋，其与曹某及家人均认识，对于曹某家门口的地形应当清楚，而且其属于完全民事行为能力人，能够充分识别可能存在的风险。在原告发生伤害事件中，是其对于风险识别不足，预判不够导致。原告将受伤的责任完全归咎于被告，且不考虑其自身存在的重大过错，缺乏事实依据，不能成立。②并无强制规定，电杆拉线必须设立警示标志。

法律分析

某村民水井旁边电线杆拉线产权归被告 G 供电公司所有。虽然被告立电线杆在前，某村民建房挖水井在后，但是随着乡村建设的规划发展，被告的电力设施即电线杆拉线，成为影响他人出行的存在安全隐患的设施。被告作为该设施的所有权人、管理者应当即时对其改造维护，消除可能存在的安全隐患。根据电力法律法规的相关规定，被告对其所有的供电设施的运行负有定期检修和维护管理的义务。被告对其所有的供电设施未尽到必要的安全维护管理义务，存在一定过错，对曹某的受伤应承担一定的责任。曹某明知某村民门口水井旁立有电线杆拉线，晚上天黑却不带任何照明工具去水井取水。曹某作为一个完全民事行为能力人，应当充分意识到可能存在的风险，曹某未尽到必要的安全注意义务，其本身具有重大过错，曹某自己应承担主要责任。

启示建议

（1）单位在项目完成后，应重视日常安全管理。在可能产生安全隐患的地方放置安全警示标志，且警示标志应当醒目、突出，对存在的安全隐患，应予以及时发现、全面整改，彻底消除隐患。

（2）设施的所有权人、管理者对安全设施具有改造维护，消除可能存在的安全隐患的法定义务。未尽到定期检修和维护管理的义务的，对第三方造成侵害的，应当承担相应的侵权责任。

第七章　国有企业改革法律风险分析及防范

　　"国有企业属于全民所有，是推进国家现代化、保障人民共同利益的重要力量"❶。这一说法深刻阐明了国有企业的本质属性和根本使命。2015 年，中共中央、国务院发布了《关于深化国有企业改革的指导意见》，标志着新一轮国有企业改革的开端，国有企业改革是当前经济发展新常态下全面深化改革的重要内容之一，有助于激发国有企业市场竞争力，进一步推动经济社会全面协调可持续发展。电网企业作为影响国计民生的重要国有企业，在改革进程中可能存在各种各样的法律风险，需要企业进一步加强最新政策法规研判解读，依法合规稳妥推进改革进程，切实将风险化解在源头。本章主要对国有企业改革过程中的公司制改制和混合所有制改革进行研究，分析改革过程中的法律风险，提出相应的防范建议，为国有企业改革的实践操作提供一定的参考。

第一节　国有企业改革概述

　　国有企业改革，是指依法改变企业原有的企业性质、股权结构、组织形式、经营管理模式，使其在客观上适应企业发展新需要的行为或过程。对国有企业来说，改革是改变原有国有企业的体制和经营方式，以便适应于社会主义市场经济的发展，国有企业改革主要涉及公司制改制和混合所有制改革。

---

❶　具体参见：《中共中央　国务院关于深化国有企业改革的指导意见》（中发〔2015〕22 号），2015
年 8 月 24 日发布。

一、公司制改制的含义

国有企业公司制改制是按照建立社会主义市场经济体制的要求，从以往的放权让利、政策调整进入到转换机制、制度创新的阶段，在现代企业制度内改变企业的经营管理模式，是中央实施做大做强国有企业方针的重大战略步骤。推进国有企业公司制改制，有利于国有资本保值增值，有利于提高国有经济竞争力，有利于放大国有资本功能。国有企业公司制改制是传统国有企业在体制、机制以及管理制度等方面为适应社会主义市场经济体制而进行的改革。公司制改制的中心环节和核心内容是建立现代企业制度，增加国有企业活力，提高国有企业的经济效益。

国有企业改革的核心内容是公司制改制。公司制改制是指将全民所有制国有企业改制为《公司法》规定的企业法人，建立健全产权清晰、权责明确、政企分开、管理科学的现代企业制度，以完善的企业法人制度为基础，以有限责任制度为保证，以公司为主要形态，在改制过程中解决资产处置、股权设置、人员安置等问题。

二、公司制改制工作意义及工作要求

党中央、国务院高度重视国有企业公司制改制工作，2017 年，中央领导多次召开会议布置公司制改制相关工作，同时公司制改制对深化国有企业改革、建立中国特色现代国有企业制度、转换国有企业经营机制等都具有重大意义。

（一）公司制改制工作的意义

1．公司制改制是深化国有企业改革的需要

全民所有制企业在法律形式、履行责任、规范行为等方面还不能完全适应完善社会主义市场经济和建立现代企业制度的要求，不利于建立有效制衡的法人治理结构，必须要完成公司制改制，形成有效制衡的公司法人治理结构，才能参与灵活高效的市场化竞争。

2．公司制改制是建立中国特色现代国有企业制度的需要

习近平总书记在全国国有企业党的建设工作会议上强调，要把加强党的领导和完善公司治理统一起来，建设中国特色现代国有企业制度。而公司制是现代企业制度的有效组织形式，是建立中国特色现代国有企业制度的必要条件，之所以说公司制是必要条件，是因为落实总书记在讲话中对国有企业党委党组、董事会、经理层、监事会等治理主体如何有效发挥作用的要求，是必须基于公司制这一法定的形式。国有企业中全民所有制企业改制为公司制企业，依法建立符合现代企业制度要求的国有产权管理体系和法人治理结构，一方面有利于国资委通过董事会、监事会等法人治理结构规范履行出资人责任，依法将应由企业自主决策的经营管理权、管理事项归于企业；另一方面有利于明确董事会、监事会、经理层和党组织之间的权责边界，更好地发挥各治理主体的作用，加快建立中国特色现代国有企业制度。

增强国有企业内生活力，关键在于转换经营机制。一些国有企业市场的主体地位尚未真正确立、经营自主权仍未真正落实、企业三项制度改革还很不到位。有的企业还习惯于仅仅通过发文件、立项目来管理所属企业，企业内部不同程度存在人浮于事、平均主义、"铁饭碗""大锅饭"的现象。通过公司制改制，可以实现出资人所有权和企业法人财产权的分离，赋予企业独立的法人财产权，促使国有企业真正成为依法自主经营、自负盈亏、自担风险、自我约束、自我发展的独立市场主体，着力激发企业内生活力，切实转换经营机制，实现更好更快地发展。

（二）国有企业公司制改制工作要求

根据《国务院办公厅转发国资委关于进一步规范国有企业改制工作实施意见的通知》（国发〔2005〕60号）文件要求，国有企业改制中需要做好五个方面要求：严格制订和审批企业改制方案；认真做好清产核资工作；加强对改制企业的财务审计和资产评估；切实维护职工的合法权益；严格控制企业管理层通过增资扩股持股❶。

此外，公司制改制，对于国有企业来说，也是一次完善法人治理结构，建立现代公司制度的契机。要以推进董事会建设为重点，完善公司法人治理结构，

---

❶　详见《国务院办公厅转发国资委关于进一步规范国有企业改制工作实施意见的通知》（国务院发布〔2005〕60号）。

落实董事会依法行使重大决策、选人用人、薪酬分配等权利，实现权利和责任对等。要继续不断深化三项制度改革，建立健全与劳动力市场基本相适应、与企业经济效益、保障劳动生产力挂钩的工资激励和正常增长机制，真正形成管理人员能上能下、员工能进能出、收入能增能减的市场化用人机制。要把加强党的领导和完善公司治理统一起来，树立好党组织和其他治理主体的关系，明确权责边界，做到无缝衔接，形成各司其职、各负其责、协调运转、有效制衡的公司治理机制。

在公司制改制中，还要加强监督，防止国有资产的流失。必须坚守改制的底线，加强全流程的监督，严格履行审批程序，严防国有资产流失，改制后的监事会要担负起监事的重任，严格按照法律法规要求，规范操作，要按照有关规定，执行信息公开，直接接受内部、外部监督。

公司制改制，还必须加强党组织对改制工作的领导。坚持党对国有企业领导，是深化国有企业改革必须坚守的政治方向和政治原则，是建立中国特色现代国有企业制度的重要内容，也是国有企业的独特优势。在改制过程中要按照有关规定落实好党的建设同步谋划、党的组织及工作机构的同步设置、党组织负责人及党务工作人员同步配备、党的工作同步开展的"四同步"和体制机制制度工作的"四对接"。要充分发挥企业党组织的领导核心和政治核心作用，确保党的领导、党的建设在企业改制中得到充分体现和切实加强。

三、混合所有制改革的含义及发展进程

国有资本、集体资本、非公有资本等交叉持股、相互融合的混合所有制经济，是基本经济制度的重要实现形式❶。当前经济改革发展新形势下，发展混合所有制经济、推进国有企业混合所有制改革，是激发国有企业内生动力、实现各类所有制经济实现优势互补的重要举措，不仅具有重要的改革意义，也具备实践可操作性，势在必行。

---

❶ 具体参见：《国务院关于国有企业发展混合所有制经济的意见》（国发〔2015〕54 号），2015 年 9 月 23 日发布。

（一）混合所有制改革含义

国有企业混合所有制改革，是指国有企业通过引入非公有资本、集体资本、外资等多元化资本形式，将企业改革为公有制和私有制并存，各类资本共同参与企业经营管理，实现企业出资结构取长补短、相互促进、共同发展，建立真正意义上的法人治理结构和现代产权制度。

（二）混合所有制改革发展进程

混合所有制改革并不是一个新生事物，事实上，党的十一届三中全会在决定实行改革开放政策的历史大背景下，就同时提出了发展混合所有制经济，推进国有企业混合所有制改革的要求。1997年10月，中共十五大报告指出："公有制经济不仅包括国有经济和集体经济，还包括混合所有制经济中的国有成分和集体成分。"这是我国第一次正式提出混合所有制经济的概念。2013年11月12日，中共中央十八届三中全会审议通过了《关于全面深化改革若干重大问题的决定》，提出积极发展混合所有制经济，允许混合所有制经济实行企业员工持股，拉开了新一轮国企深化改革的序幕。对此，2015年9月，国务院发布《关于国有企业发展混合所有制经济的意见》，专题研究混合所有制的总体要求、工作推进以及组织实施。随后几年时间里，国务院各部委先后发布了《关于国有控股混合所有制企业开展员工持股试点的意见》《关于深化混合所有制改革试点若干政策的意见》等多项文件，进一步细化国有企业混合所有制改革的各项工作要求，并将混合所有制改革纳入"双百行动"，成为综合改革的重要突破点之一。2019年，国务院国资委印发《中央企业混合所有制改革指引》（国资产权〔2019〕653号），为中央企业所属各级子企业通过产权转让、增资扩股、首发上市（IPO）、上市公司资产重组等方式实施混合所有制改革（简称混改）提供了规范指引。

截至2018年底，国家发展改革委推动实施国企混合所有制试点累计达到50家，其中2018年增加31家；国有资本投资运营两类公司试点累计达到21家，其中11家为2018年底提出的。2018年，国资委推动"双百行动"改革试点，涉及国企达到404家，标志着国企混合所有制改革步伐加快、力度加大；2019年国资委将进一步推动2至3家央企集团层面实施混合所有制改革，改革

力度和深度将持续加强。❶

四、混合所有制改革工作要求

《国务院关于国有企业发展混合所有制经济的意见》是国有企业混合所有制改革的专项规范，对国有企业混合所有制改革提出了明确要求。

国有企业发展混合所有制经济的核心思路，可以简要概括为四个方面。一是分类分层改革，就是根据国有企业的不同情况，区分"已经混合"和"适宜混合"的国有企业，区分商业类和公益类国有企业，区分集团公司和子公司、中央企业和地方企业等不同层级，因企制宜发展混合所有制经济。二是支持各类资本参与，按照交叉持股、相互混合的原则，鼓励各类资本包括国有资本、非公有资本、集体资本、外资，以及企业员工出资入股等，参与发展混合所有制经济。三是健全治理机制，进一步确立和落实企业市场主体地位，建立健全混合所有制企业治理机制，推行混合所有制企业职业经理人制度。四是依法合规操作，要建立依法合规的操作规程，严格规范操作流程和审批程序，健全国有资产定价机制，切实加强监管。

从国有企业类型来看，可分为商业类和公益类，不同类型企业要立足实际采用不同的改革策略和方向。其中，商业类国有企业可分为三类：一是"主业处于充分竞争行业和领域"的企业，其混改方向为"原则上实行公司制股份制改革，积极引入其他资本实现股权多元化，使混合所有制企业成为真正的市场主体；国有资本可以绝对控股、相对控股或参股"。二是"主业处于关系国家安全、国民经济命脉的重要行业和关键领域、主要承担重大专项任务"的企业，其混改方向为"保持国有资本控股，支持非国有资本参股"。三是"处于自然垄断行业"的企业，其混改方向为"以'政企分开、政资分开、特许经营、政府监管'为原则积极推进改革；根据不同行业特点实行网运分开、放开竞争性业务，促进公共资源配置市场化"。与商业类国有企业不同，公益类国有企业主要"涉及提供公共产品和公共服务的行业及领域，例如水电气热、公共交通、公共

---

❶ 具体参见：任腾飞，《国企"混改"的新趋势》，《国资报告》杂志。

设施等",因此按照不同行业的特点,准确把握改革条件和时机,实施分类指导,并同步加强政府监管。其混改方向"可以采取国有独资形式,具备条件的也可以推行投资主体多元化,还可以通过购买服务、特许经营、委托代理等方式,鼓励非国有企业参与经营"。

总而言之,国有企业混合所有制改革并不是一刀切、一阵风式的全面铺开,要坚持"宜改则改、宜混则混"的总体原则,严格程序、规范操作,不搞全覆盖、不设时间表,因企施策,稳妥推进,切实做到规则公开、过程公开、结果公开,防范国有资产流失,确保改革稳妥有序进行,营造良好的改革生态氛围。

第二节　国有企业改革法律风险分析

国有企业改革的过程并不是一帆风顺、一蹴而就的,可能存在各种各样的法律风险,特别是在公司制改制以及混合所有制改革的推进过程中,因为涉及原有企业性质、股权结构、组织形式、经营管理模式的变化,必须在改制和改革前对法律风险开展提前研判与分析,为企业改革发展及经营管理筑牢"防火墙",下面对公司制改制中存在的五类典型风险及混合所有制改革中存在的四类典型风险进行详细论述。

一、公司制改制法律风险分析

（一）公司治理结构法律风险

公司制改制后,公司治理结构由原来的企业负责人制改为现代公司治理制度,但是在实际操作中,新的法人治理结构建设还不够彻底。公司制改制后,健全法人治理结构重点是推进董事会建设,建立健全权责对应、协调运转、有效制衡的决策执行监督机制;规范董事长、总经理行权行为,充分发挥董事会的决策作用。董事会对股东会负责,《公司法》第四十六条规定了董事会行使的十一项职权,涉及重大决策、选人用人、薪酬分配三方面。如果公司治理结构不健全,董事长拥有绕开董事会单独行权的权利,董事会未按规定召开,或者董事会的决议违反法律、行政法规或者公司章程、股东大会决议,将可能给公司带来重大风险。目前，部分国有企业改制后变为国有一人有限公司，没有建立董事会，由执行董事代替执行董事会的权利，由于执行董事职权过大，会有不小的风险发生。

（二）公司资产管理法律风险

1. 划拨土地变更处置的风险

根据原《国有企业改革中划拨土地使用权管理暂行规定》（原国家土地管理局令第 8 号），国有企业改为国有独资公司的，保留划拨用地方式的期限不超过五年，之后应采取出让、租赁或国家作价出资（入股）方式进行调整。根据财政部、税务总局《关于继续实施企业改制重组有关土地增值税政策的通知》（财税〔2018〕57 号），企业改制重组有关土地增值税优惠政策继续实施，执行期限为 2018 年 1 月 1 日至 2020 年 12 月 31 日。土地获得方式的调整变更，一方面会给电网建设等投资计划带来土地难取得、获价不确定等风险；另一方面在划拨土地变更处置过程中会产生巨额税费，增加公司的资金负担。因此如果国有企业不抓住优惠期办理土地变更，在税收及费用方面将发生不小的风险，增加企业经营成本。

2. 经营成本增加的风险

公司改制涉及的税种主要包括：企业所得税、土地增值税、契税和印花税等。相关的税收均有一定的优惠时间，如契税方面，《财政部、国家税务总局关于进一步支持企业事业单位改制重组有关契税政策的通知》（财税〔2015〕37 号）规定，非公司制企业改制为有限责任公司或股份有限公司的，对改制（变更）后公司承受原企业土地、房屋权属，免征契税。该文件执行期限为自 2015 年 1 月 1 日起至 2017 年 12 月 31 日。又如印花税方面，《财政部、国家税务总局关于企业改制过程中有关印花税政策的通知》（财税〔2003〕183 号）规定，实行公司制改造的企业在改制过程中成立的新企业（重新办理法人登记的），其新启用的资金账簿记载的资金或因企业建立资本纽带关系而增加的资金，凡原已贴花的部分可不再贴花，未贴花的部分和以后新增加的资金按规定贴花。评估增值的企业所得税方面，《财政部、国家税务总局关于企业改制上市资产评估增值企业所得税处理政策的通知》（财税〔2015〕65 号）规定，国有企业 100%

控股（控制）的非公司制企业、单位，在改制为公司制企业环节发生的资产评估增值，应缴纳的企业所得税可以不征税入库，作为国家投资直接转增改制后公司制企业的国有资本金。该文件执行期限为自 2015 年 1 月 1 日至 2018 年 12 月 31 日。如果国有企业当时没有在税收优惠期内完成业务办理，将会增加企业的经营成本，给企业带来不必要的损失。

3．国有资产登记的风险

《企业国有资产产权登记管理办法》第二条规定："本办法所称企业国有资产产权登记，是指国有资产管理部门代表政府对占有国有资产的各类企业的资产、负债、所有者权益等产权状况进行登记，依法确认产权归属关系的行为。"其第四条规定："企业产权归属关系不清楚或者发生产权纠纷的，可以申请暂缓办理产权登记。企业应当在经批准的暂缓办理产权登记期限内，将产权界定清楚、产权纠纷处理完毕，并及时办理产权登记。"

企业国有资产产权登记是各级国有监督管理机构代表各级人民政府对占有、使用国有资产的企业产权状况进行登记，依法确认产权关系的行为。产权登记记载了企业实收资本中国有资本从占有、变动到注销的全过程，是监督管理产权变动行为，明确各方主体职责、权利和义务的重要方式。然而在实际工作中，由于企业重视程度不够、产权登记的内容及范围欠科学、合理等原因，造成了企业未办、缓办产权登记，存在资产实际归属与登记不一致等情况。根据《企业国有资产产权登记管理办法》，国有资产的产权归属以产权登记为准，在企业改制后，由于产权登记还没有进行变更，从法律上来说不能明确认定产权为改制后公司的资产，根据《公司法》第二十五条"有限责任公司章程应当载明股东的出资方式、出资额和出资时间"，在产权登记不一致的情况下，容易出现出资不实的法律风险。此外，公司制改制后，母公司将子公司资产无偿划转至新公司或登记在其他分公司名下，易产生股东资产与所出资的一人有限公司资产混同问题，如划转资产属于注册资本中的实物出资，在未履行减资程序前进行划转，还将会涉嫌抽逃出资。

（三）职工权益保护的法律风险

企业改制中，要严格按照有关法律法规和政策处理好改制企业与职工的劳动关系。改制后继续聘任的职工需要与新公司依照《劳动合同法》的规定重新签订劳动合同。不能被改制后的企业继续聘用的职工，应当按照职工安置方案进行安置，解除劳动合同的应当依法给予经济补偿。

目前，国有企业在改制过程中，可能存在职工安置方案未经过职代会或职工大会审议通过、未按照法定标准向解除劳动合同职工支付补偿金或者挪用补偿金、不补缴欠缴的职工社会保险费等侵害职工权益的违法现象，导致职工群体成为企业改制的阻力。

（四）分、子公司管理模式不同的风险

国有企业的子企业改制，一般改为上级企业的分公司或者子公司，虽然在改制后都受到上级企业的管理，但在法律关系上发生了很大的变化。

根据《公司法》及《中华人民共和国企业法人登记管理条例》可以得知，分公司是总公司的分支机构，与总公司是同一法人实体，不具有独立法人人格，没有营业执照的分公司还不能独立对外承担民事责任，没有自己独立的财产，没有自己的章程，没有董事会等经营决策机构，营业范围也不能超过总公司。而对于子公司来说，具有独立法人人格，可以依法独立对外承担民事责任，有自己独立的财产，有自己的章程，有董事会等公司经营决策机构，有自己的营业执照，经营范围也不受母公司经营范围的限制，因此在管理模式上，分公司和子公司也不尽相同，需要加以区别。

另外，由于分、子公司的管理模式上的不同，分、子公司的税收的政策也不相同，因此对于分、子公司的共同上级企业来说，需要在规章制度上区别对待，也需要明确区分。

（五）制度管理方面的风险

部分国有企业在公司制改制之前规定下级企业直接执行上级企业的规章制度，在公司制改制后，仍规定改制后的子公司直接适用母公司规章制度。但是根据法律的规定，子公司与母公司在诉讼主体与责任主体上都具有独立性，母公司的规章制度对于其子公司并非当然有效，子公司如果直接适用母公司制度，可能会在诉讼阶段被法院以相关制度不符合法律法规的规定而被判决没有相应的规章制度。而分公司不具有独立的主体地位，但也可拥有属于自己的不同于

总公司的规章制度。

因此，子公司作为独立的法人主体，其规章制度应按照子公司规章制度生效的法定程序产生。以《安全生产法》为例，生产经营的子公司应建立安全生产规章制度，如果直接适用总公司的安全生产通用制度就会存在法律风险。另外，与员工切身利益相关的制度还应按照《劳动合同法》的规定履行民主程序和公示程序。下级单位在适用劳动类规章制度时，如尚未按《劳动合同法》的规定履行民主程序和公示程序，则存在规章制度对劳动者无效的法律风险。

二、混合所有制改革法律风险分析

混合所有制改革的风险是多方面、综合性的，在改革过程中，可能存在国有资产交易行为无效、国有资产流失以及员工持股权利得不到保障等多方面的问题。为稳妥推进改革进程，需要对可能产生的各种风险进行提前预判与科学分析，确保改革进程稳妥推进。

（一）国有资产交易行为无效的法律风险

发展混合所有制经济，支持引入非国有资本参与国有企业改革，鼓励各类资本通过证券市场、产权市场等平台，以出资入股、股权收购、认购可转债、股权置换等多种方式，参与国有企业混合所有制改革。国有资产交易行为的法律效力是国有企业混合所有制改革成败的关键，如果资产交易行为不符合法律规定的程序，可能导致交易被叫停或宣布无效。

1. 未经有权审批机构批准导致交易行为无效

国有企业转让其对企业各种形式出资所形成权益的行为属于企业国有资产交易，对此我国法律法规有明确的程序性要求。《企业国有资产法》（主席令第5号）第五十三条规定，"国有资产转让由履行出资人职责的机构决定。履行出资人职责的机构决定转让全部或者部分国有资产，致使国家对该企业不再具有控股地位的，应当报请本级人民政府批准。"国有资产监督管理机构根据本级人民政府的授权，代表本级人民政府对国家出资企业履行出资人职责，监督管理企业国有资产。因此，转让方应当向本级国有资产监督管理机构提交转让申请、报批转让方案，在获得同意转让的批复后，方能继续后续交易行为。如果转让方案未经国有资产监督管理机构批准，或转让交易导致国家不再对企业具有控股地位，但未经本级人民政府批准的，转让方与受让方签订的转让合同可能会被认定为违反法律强制性规定，导致股权交易被叫停或者被宣布无效。

2. 未公开进场交易导致交易行为无效

国有资产转让遵循等价有偿和公开、公平、公正的原则。《企业国有资产法》第五十四条规定，"除按照国家规定可以直接协议转让的以外，国有资产转让应当在依法设立的产权交易场所公开进行"。《企业国有资产交易监督管理办法》第三十一条规定，"以下情形的产权转让可以采取非公开协议转让方式：（一）涉及主业处于关系国家安全、国民经济命脉的重要行业和关键领域企业的重组整合，对受让方有特殊要求，企业产权需要在国有及国有控股企业之间转让的，经国资监管机构批准，可以采取非公开协议转让方式；（二）同一国家出资企业及其各级控股企业或实际控制企业之间因实施内部重组整合进行产权转让的，经该国家出资企业审议决策，可以采取非公开协议转让方式"。由此可见，国有股权交易以进场公开交易为一般原则，以协议转让为例外，协议转让视情况应当经国资监管机构批准或国家出资企业审议决策。在规定的协议转让情形之外，未公开进场交易的产权转让行为可能导致交易行为无效。

（二）国有资产流失的法律风险

非国有资本入股国有企业是国有企业混合所有制改革的核心内容，通常会涉及国有股权的稀释或转让，各类弄虚作假和合谋行为存在较大的操作空间，如果未按法定的交易程序、机制和流程进行交易，严格把关方案报批、资产评估、公开交易等关键环节，可能会产生暗箱操作、利益输送等违规行为，最终导致国有资产流失。

1. 未依法完成国有资产评估导致国有资产流失风险

"国有资产定价机制，是指对将要处置的国有资产进行价格确定的过程和方法，其实质是对国有资产产权人权利的定价，包括对股权、实务资产、无形资产、或有权利等定价。"❶《企业国有资产评估管理暂行办法》第六条规定了各

---

❶ 国家发展改革委体改司，《国企混改面对面》，人民出版社，2015，第 164 页。

级国有企业及其子企业应当进行资产评估的十三种情形，其中包括产权转让，资产转让、置换，收购非国有单位的资产，接受非国有单位以非货币资产出资等行为。由此可见，资产评估是国有资产转让交易的必经程序，如果未经评估直接进行交易，可能被人民法院确定为交易行为无效。国有资产评估遵循真实性、科学性、可行性原则，依照国家规定的标准、程序和方法进行评定和估算。如果国有企业对资产评估的认识不够全面，未委托专业的合法中介机构进行独立评估，在评估过程中未按要求全面真实地提供资料；对企业商标、专利等无形资产未进行评估或评估不足，甚至弄虚作假进行关联交易、利益输送等违法违规行为，可能导致评估价值过分低于企业国有净资产，造成国有资产流失，产生法律纠纷或诉讼。

2. 对外资产交易信息披露不完整导致国有资产流失风险

《企业国有资产法》第五十四条规定，国有资产转让应当遵循等价有偿和公开、公平、公正的原则。转让方应当如实披露有关信息，征集受让方；征集产生的受让方为两个以上的，转让应当采用公开竞价的交易方式。《国务院关于国有企业发展混合所有制经济的意见》要求，国有企业产权和股权转让、增资扩股、上市公司增发等，应在产权、股权、证券市场公开披露信息，公开择优确定投资人，达成交易意向后应及时公示交易对象、交易价格、关联交易等信息，防止利益输送。为保障资产受让方公平竞争的权利，防止国有资产的流失，国有资产交易采取信息预披露和正式披露相结合的方式，国有企业应当通过产权交易机构网站按时分阶段对外披露资产交易信息，公开征集受让方。股权转让过程中未在转让方和标的企业内容公开信息，未向中介服务机构提供真实完整的信息，甚至故意隐匿应当纳入评估范围的资产，或者向中介机构提供虚假会计资料导致评估结果失真，会造成评估不实、导致国有资产流失。

（三）公司治理结构不健全的法律风险

实行混合所有制改革，建立健全公司治理结构，是建立现代企业制度的重要内容，更是企业成为自主经营、自负盈亏、自我约束、自我发展的重要保障。混合所有制企业如果未能切断行政干预，理顺股东与企业的正当关系，就无法形成权责对等、运转协调、制衡有效的现代企业法人治理结构，后续可能会产生一系列法律风险。《国务院关于国有企业发展混合所有制经济的意见》要求，落实董事会对经理层成员等高级经营管理人员选聘、业绩考核和薪酬管理等职权，维护企业真正的市场主体地位。董事负有忠实义务和勤勉义务，应当遵守法律、行政法规和公司章程，不得利用职权收受贿赂或者其他非法收入，不得侵占公司的财产。

1. 国有股东不当行使权利产生的法律风险

混合所有制改革允许各类资本交叉持股、相互融合，试点探索企业员工持股，对平等保护出资人的产权提出了新的要求。混合所有制企业内，可能存在国有、集体、民营和外资等不同性质的股东，其中，国有股东与其他出资人享有同等的法律地位和股东权益，可以根据法律法规及公司章程行使权利，通过向公司委派董事、监事等方式对企业进行监督。《国务院关于国有企业发展混合所有制经济的意见》要求，政府不得干预企业自主经营，股东不得干预企业日常运营。混合所有制企业要建立健全现代企业制度，明晰产权，同股同权，依法保护各类股东权益。《公司法》第三十七条规定了股东会的十一项职权，国有股东如果超越法定范围行使权利，以各种方式、理由、借口绕过公司治理结构、干预公司日常经营、侵害其他股东合法权益，将会扰乱公司治理机制，损害企业法人财产权。

2. 董事会决策作用发挥不到位产生的法律风险

健全法人治理结构重点是推进董事会建设，建立健全权责对应、协调运转、有效制衡的决策执行监督机制，规范董事长行权机制，充分发挥董事会的集体决策作用。我国《公司法》第四十六条规定了董事会行使的十一项职权，涉及重大决策、选人用人、薪酬分配三方面。《国务院关于国有企业发展混合所有制经济的意见》要求，要落实董事会对经理层成员等高级经营管理人员选聘、业绩考核和薪酬管理等职权，维护企业真正的市场主体地位。董事会对股东会负责，是沟通股东会和经理层的中间环节，要依法规范行权，充分发挥决策作用，倘若公司治理结构存在漏洞，董事长可以不按规定程序召开董事会，绕开董事会单独行权；或者董事会的决议违反法律法规、公司章程、股东大会决议，将会给公司带来重大风险。董事对公司负有忠实义务和勤勉义务，应当遵守法律、行政法规和公司章程，倘若公司集体决策监督不到位，董事或董事长有机会利用职权收受贿赂或者其他非法收入，侵占公司的财产，则同样会给公司正常经营带来负面影响并造成国有资产流失。

（四）违规实施员工持股的法律风险

员工持股计划（Employee Stock Ownership Plan）是企业为了吸引、留住和激励员工，通过让员工持有企业的一定股份而使员工享有剩余所有权的利益分享机制和拥有经营决策权的参与机制，它是一种特殊的激励计划❶。党的十八届三中全会明确提出"允许混合所有制经济实行企业员工持股，形成资本所有者和劳动者利益共同体"。探索混合所有制企业员工持股具有积极意义，通过把员工的切身利益和企业的长远发展紧密结合，有助于建立完善的长效激励约束机制，进一步优化国有企业股权结构，增强企业运转活力和市场竞争力。但同时，如果没有保持谨慎的态度稳妥推进员工持股，可能会因操作不当产生利益输送问题，给企业生产经营带来严峻的法律风险。

1. 不符合试点要求开展员工持股产生的法律风险

探索实行混合所有制企业员工持股，要坚持激励和约束相结合的原则，通过试点稳妥推进员工持股。《国务院关于国有企业发展混合所有制经济的意见》对试点实施员工持股的企业与人员均作出了明确规定，"优先支持人才资本和技术要素贡献占比较高的转制科研院所、高新技术企业和科技服务型企业开展试点，支持对企业经营业绩和持续发展有直接或较大影响的科研人员、经营管理人员和业务骨干等持股"。因此，试点企业要处于充分竞争领域和行业，如果在国有企业改革中大范围全面推进员工持股，超越员工持股的规定领域，突破员工持股的规定范围，或者一刀切、搞平均的人人持股、福利持股，可能导致混合所有制企业员工持股的效力存在瑕疵。

根据《关于国有控股混合所有制企业开展员工持股试点的意见》规定❷，党中央、国务院和地方党委、政府及其部门、机构任命的国有企业领导人员不

---

❶　具体参见：国家发展改革委体改司，《国企混改面对面》，人民出版社 2015 年版，第 140 页。

❷　《关于国有控股混合所有制企业开展员工持股试点的意见》（国资发改委〔2016〕133 号），2016 年 8 月 2 日发布。

得持股。外部董事、监事（含职工代表监事）不参与员工持股。如直系亲属多人在同一企业时，只能一人持股。如果违规向依法不能持股的人员派发股权，或者全面推行员工持股大搞平均，不仅无法达到提高企业经营活力和市场竞争力的根本目的，也可能产生股权无效的法律风险。

2. 员工出资不合法产生的法律风险

根据《国务院关于国有企业发展混合所有制经济的意见》，试点推进混合所有制企业员工持股要采取增资扩股、出资新设等方式，这两种方式都是直接向企业投资，因此，目前混合所有制企业员工持股主要采取增量带动方式，并不涉及存量资产❶。国务院国资委《关于规范国有企业职工持股、投资的意见》规定❷，国有企业不得为职工投资持股提供借款或垫付款项，不得以国有产权或资产作标的物为职工融资提供保证、抵押、质押、贴现等；不得要求与本企业有业务往来的其他企业为职工投资提供借款或帮助融资。

在我国，目前国有企业员工主要以现金入股，科技型企业员工根据有关规定可通过专利技术等知识产权出资入股。根据已发布员工持股计划的上市公司公示信息，员工采用自筹资金购买股份的占绝大部分。然而，在现行法律法规下，员工自筹资金来源渠道相对较窄，实践中一些改制国企违规动用企业自有资金，采用大股东无偿捐赠、定向转让等方式，为职工垫付股金或提供借款，一方面可能造成国有资产流失，另一方面也将导致员工的出资股权无效，无法达到建立长效约束激励机制的作用。

第三节　国有企业改革法律风险防范

国有企业改革法律风险防范，是为了使国有企业在改革过程中更加高效规范的建立现代企业制度，本节从公司制改制法律风险防范和混合所有制改革法

---

❶ 具体参见：国务院国资委研究中心，《〈关于深化国有企业改革的指导意见〉百题问答》，中国经济出版社，2016年版，第162页。
❷ 《关于规范国有企业职工持股、投资的意见》（国资发改委〔2009〕49号），2009年3月24日发布。

律风险防范两个方面出发，根据前文所罗列的改制过程中的风险点进行逐一的防范，为公司制改制和混合所有制改革工作提供参考。

一、公司制改制法律风险防范

（一）公司治理结构方面

1. 继续坚持党的领导在国有企业中的地位

坚持党的领导、加强党的建设是国有企业的独特优势。要明确党组织在国有企业法人治理结构中的法定地位，将党建工作总体要求纳入国有企业章程，明确党组织在企业决策、执行、监督各环节的权责和工作方式，使党组织成为企业法人治理结构的有机组成部分。充分发挥党组织的领导核心和政治核心作用，领导企业思想政治工作，支持董事会、监事会、经理层依法履行职责。

2. 推进董事会、监事会等现代治理结构的建立

积极推进董事会、监事会的建立，对暂时不具备设立董事会和监事会的企业，采用执行董事、监事的过渡政策，倒排时间计划，逐步建立董事会和监事会责任制，建立现代企业制度。

3. 完善工会和职工代表大会制度

国有企业改制方案必须提交职工代表大会或职工大会审议，职工安置方案必须经过职工代表大会或职工大会审议通过。因此，为了让广大职工群体理解改革、支持改革，促进改制工作平稳有序推进，企业应该及时向广大职工群体公布企业公司制改制的有关情况，将改制方案提交职工代表大会或职工大会审议。如果有职工安置方案的，关系到职工的切身利益，必须要提交职工代表大会审议通过。

（二）公司资产管理方面

《公司法》规定，对作为出资的非货币财产应当评估作价，核实财产，不得高估或者低估作价。《企业国有资产法》第四十二条规定，企业改制应当按照规定进行清产核资、财务审计、资产评估，准确界定和核实资产，客观、公正地确定资产的价值。《国务院办公厅转发国务院国有资产监督管理委员会关于规范国有企业改制工作意见的通知》（国办发〔2003〕96号）规定，国有企业改制，必须依照《国有资产评估管理办法》（国务院令第91号）聘请具备资格的资产评估事务所进行资产和土地使用权评估。《国有企业清产核资办法》（国务院国有资产监督管理委员会令第1号）第八条规定，企业分立、合并、重组、改制、撤销等经济行为涉及资产或产权结构重大变动情况的，需要进行清产核资的，由企业提出申请，报同级国有资产监督管理机构批准。

因此，全民所有制企业改制为国有一人有限公司，以上一年度经审计的净资产值减去不可转增部分作为改制后企业的注册资本的，首先应当依法进行清产核资，其次应聘请具备资格的资产评估事务所进行资产评估。如果《中央企业公司制改制工作实施方案》相配套的法规另有规定，则依据新的规定执行。

此外，《国有企业改革中划拨土地使用权管理暂行规定》（原国家土地管理局令第8号，自2019年7月24日起失效）第五条规定，企业改革涉及的划拨土地使用权，有下列情形之一的，应当采取出让或租赁或作价出资方式处置：（一）国有企业改造或改组为有限责任公司、股份有限公司以及组建企业集团的……。该文件第八条规定，国有企业改造或改组为国有独资公司的，经批准可以采取保留划拨方式处置，保留划拨用地方式的期限不超过五年。在公司制改制过程中，如涉及划拨土地使用权的，一般应当通过出让或租赁方式处置。即使经批准保留划拨，保留期限不超过五年；如公司继续使用土地的，应以土地出让或租赁或作价出资方式取得相应的土地使用权。

（三）公司资产流失方面

在改制中，国有企业应该多措并举，防止资产流失。一是合法合规选择信誉、业绩、能力良好、有资质的中介机构开展审计和评估。二是改制资产要经过严格的清查核资和评估程序。清产核资要全面客观，企业的专利权、非专利技术、商标权、商誉等无形资产必须纳入评估范围。清产核资与评估结果经产权持有单位审核认定。三是改制前后要及时履行国有资产产权的占有、变动、注销登记。四是发挥内部审计监察机构在企业改制中的监督与服务职能。改制前，进行审计调查和询证工作，防止改制前企业私分转移国有资产等现象发生；

改制实施时，对改制全过程进行监督，防止在改制中低估、漏估、不估或非法处置国有资产。

（四）职工权益保护方面

在改制中，应该强化工会的作用，保护好职工权益。一是企业改制方案应充分听取职工意见，其中，改制安置方案需经企业职工代表大会或职工大会审议通过后方可实施改制。二是要按照有关政策处理好改制企业与职工的劳动关系。改制企业拖欠职工的工资、医疗费和挪用的职工住房公积金以及企业欠缴的社会保险费等要按有关规定予以解决。三是改制企业与职工解除或终止劳动关系的，应依法支付经济补偿金；职工继续在改制企业工作，应变更劳动合同，连续计算工作年限，不支付经济补偿金。四是改制后的企业要按照有关规定按时足额交纳社会保险费，及时为职工接续养老、失业、医疗、工伤、生育等各项社会保险关系。

（五）分子公司管理方面

针对分子公司法律地位不同的情况，需要上级企业针对分子公司设立不同的管理制度，同时上级企业也需要在管理方面有所侧重，需要更多地规范分公司的经营管理情况，同时，在税收政策有优惠的地区，可以将分公司登记注册为子公司，逐步实现公司的统一管理。

（六）规章制度适用方面

子企业在改制为子公司后，应及时对规章制度进行梳理，特别是直接适用母公司的规章制度，在满足内部规程的前提下，单独制定有关安全、员工权益方面的规章制度，需要经过职工代表大会讨论的，也必须经过职工代表大会讨论通过，使规章制度成为真正有效的规章制度。

此外，子公司还应该充分发挥董事会和总经理的作用，根据实际情况制定相应的规章制度，使公司更符合现代公司的特征，根据《公司法》第四十六条"董事会对股东会负责，行使下列职权：（十）制定公司的基本管理制度"、第四十九条"有限公司可以设经理，由董事会决定聘任或者解聘。经理对董事会负责，行使下列职权：（五）制定公司的具体规章"的规定，董事会和总经理可以依职权制定相关规章制度，不断降低公司经营过程中的法律风险。

二、混合所有制改革法律风险防范

国有企业混合所有制改革是一个庞大、复杂的系统性工程，涉及人员多、周期时间长、各类程序复杂，同时需要兼顾各类出资人、债权人、企业和职工等多方利益。因此，为顺利推进改革进程，企业要树立依法合规意识和程序管控意识，规范推动改革进程，切实防范改革中可能出现的各类风险。

（一）国有资产交易行为无效法律风险防范

1．提前开展法律法规适用研判

国有企业混合所有制改革相关的法律法规种类繁多，层级复杂，各地要求也不尽相同。因此，要提前开展法律法规适用研究，除了要全盘考虑混合所有制改革所涉及的全部法律法规、司法解释，还要深入研究各级国资委下发的国有企业混合所有制改革文件，分析、确定本企业改革所适用的法律、法规、政策，注意相关政策法规的废改立情况，避免因法律依据选择错误导致资产交易行为被法院认定为无效，产生不必要的法律风险。

2．规范开展国有资产交易操作流程

根据《中央企业混合所有制改革操作指引》，央企各所属子企业实施混改应履行六项规定的操作程序：可行性研究、制定混合所有制改革方案、履行决策审批程序、开展审计评估、引进非公有资本投资者、推进企业运营机制改革❶。产权转让及增资扩股行为作为国有资产交易行为，应遵守《企业国有资产交易监督管理办法》规定的等价有偿和公开公平公正的原则，在依法设立的产权交易机构中公开进行，达成交易意向后及时公示交易对象、交易价格等信息，防止利益输送。虽然《企业国有资产交易监督管理办法》也规定了非公开协议的交易方式，但由于国有企业引入的大部分属非公有资本、集体资本、外资等非国有资本，因此通常仅有增资扩股能够在经同级国资监管机构批准的情况下进

---

❶ 以新设企业、对外投资并购、投资入股等方式实施混合所有制改革的，履行中央企业投资管理有关程序。

行非公开协议交易。

3．加强国企混改方案的程序把关

国有企业实施混合所有制改革前，应提前制定改革方案，重点关注社会资本质量、合作方历史经营情况与业绩、相关债权债务等内容，要科学设计混合所有制企业股权结构，充分向非公有资本释放股权。混合所有制改革方案制定后，中央企业应按照"三重一大"决策机制，履行企业内部决策程序，报相应级别政府或企业审批❶，重要国有企业改制后国有资本不再控股的，应报同级人民政府批准。同时，要充分保障企业职工对国有企业混合所有制改革的知情权和参与权，涉及职工切身利益的要做好评估工作，职工安置方案要经过职工代表大会或者职工大会审议通过。

（二）国有资产流失法律风险防范

1．高度重视国有资产评估工作

国有企业混合所有制改革之前必须对国有资产进行审核和评估，只有通过合法中介规范、有效、透明地解决国有资产评估、定价、产权交易等关键问题，才能够使国有企业混合所有制改革更为依法合规，从而避免国有资产流失。国有资产转让应当以依法评估的、经履行出资人职责的机构认可或者由履行出资人职责的机构报经本级人民政府核准的价格为依据，合理确定最低转让价格。对国有资产定价进行监管的主要目的是防止国有企业资产交易过程中可能存在的非法关联交易与合谋行为，监管重点是建立让市场发挥决定性作用的制度框架，保证交易过程的公平，防止国有资产流失。

2．引入合法中介机构进行资产评估

国有独资企业、国有独资公司和国有资本控股公司合并、分立、改制、转让重大财产、以非货币对外投资、清算或者有法律、行政法规以及企业章程规定应当进行资产评估的其他情形的，应当按规定由有资质的资产评估机构进行

---

❶　根据《中央企业混合所有制改革操作指引》，拟混改企业属于主业处于关系国家安全、国民经济命脉的重要行业和关键领域、主要承担重大专项任务子企业的，其混合所有制改革方案由中央企业审核后报国资委批准，其中需报国务院批准的，由国资委按照有关法律、行政法规和国务院文件规定履行相应程序；拟混改企业属于其他功能定位子企业的，其混合所有制改革方案由中央企业批准。

评估❶，并以评估结果作为定价依据。在资产评估过程中，应特别注意两点，一是转让方应提前与资产评估机构签订委托书，明确评估机构应承担的法律责任，避免承担因评估价格偏离价值造成的法律责任❷。二是转让方应当按照要求向产权交易机构提供披露信息内容的纸质文档材料，并对披露内容和所提供材料的真实性、完整性、准确性负责，不得与资产评估机构恶意串通，引导评估机构故意高评或低评资产价值。

3. 加强对外资产交易信息披露

在企业国有产权（股权）转让、增资扩股、上市公司增发等过程中，除国家有规定外，都应在产权、证券等多层次资本市场公开披露信息，发挥价格发现功能，择优确定投资人。企业混合所有制改革方案确定后，转让方可合理选择信息发布时机，及早披露相关信息。根据《中央企业混合所有制改革操作指引》，产权转让项目正式信息披露时间不少于 20 个工作日，涉及企业实际控制权转移的应进行信息预披露，时间不少于 20 个工作日。增资扩股项目信息披露时间不少于 40 个工作日。通过股票市场实施混合所有制改革的，要通过信息披露切实防控内幕交易。

（三）公司治理法律风险防范

1. 全面维护各类股东合法权益，特别是中小股东利益

国有企业混合所有制改革，不仅要防止国有资产流失，也要加强对非公有制经济合法权益的保护，实现所有出资人按出资比例和公司章程规定共担风险、共享权益。一方面，混合所有制企业，是以股份形式和出资比例确定出资者享有的产权地位，要按照占有资本的多少享有相应的权利，以其股份资本为限承担相应责任。要充分发挥非公有资本股东的积极作用，依法确定非公有资本股东提名和委派董事、监事的规则，促进非公有资本股东代表能够有效参与公司

---

❶ 根据《中央企业混合所有制改革操作指引》，中央企业应当采取差额竞争方式在本企业评估机构备选库内选聘评估机构。选聘的评估机构应具有与企业评估需求相适应的资质条件、专业人员和专业特长，近 3 年内没有违法、违规执业国有资产评估项目记录；掌握企业及所在行业相关的法律法规、政策、经济行为特点和相关市场信息；与混合所有制改革相关方无经济利益关系。

❷ 国家电网公司经济法律部：《国家电网公司企业改制法律风险防范指引》，中国电力出版社 2016 年版，第 112 页。

治理。另一方面，要依法平等保护出资人的知识产权权益。《公司法》规定，自2014 年 3 月 1 日起，设立企业时知识产权出资比例不受限制，公司股东自行协商知识产权出资比例及时间，知识产权出资比例最高可达 100%。要科学评估知识产权价值，合理确定知识产权投资人在混合所有制企业中的股份，减少混合所有制改革中可能出现的资产流失和法律纠纷。要防范故意排除国有企业的商标、专利等无形资产评估的违规行为，避免降低国有资产评估价值。

2．依法行使股东权利，严格履行股东义务

混合所有制改革中，要依法保障企业自主经营权，突出章程在公司治理中的基础性作用，明确股东的法律地位和股东在企业重大决策、选任管理者、资本收益等方面的权利。根据《中央企业混合所有制改革操作指引》，政府不得干预企业自主经营，国有股东不得干预企业日常经营，更不能损害企业法人财产权。在现代企业制度框架下，国有股东以股东角色和身份参与企业决策和经营管理，通过股东（大）会表决、推荐董事和监事等方式行使股东权利；通过加强股权董事履职支撑服务和监督管理，来确保国有股权董事行权履职体现出资人意志。国有股东要坚持守法诚信，规范运作，切实履行社会责任，维护资本市场健康发展。

3．强化合法合规意识，规范履行董事义务

一方面，要完善公司法人治理结构，大力推进规范董事会建设，制订加强外部董事队伍建设的规范性文件，加强出资人机构与董事会的沟通制度化，建立健全外部董事独立报告、董事会述职并接受质询、董事会决策失误问责追责、董事会内部制衡等制度，加快形成权责对等、运转协调、有效制衡的决策执行监督机制。另一方面，董事会、经理层在研究决定有关员工工资、福利、安全生产以及劳动保护、劳动保险等涉及员工切身利益的问题时，应当事先听取公司工会和员工的意见，并邀请工会或员工代表列席有关会议。董事会在研究决定生产经营的重大问题、制定重要的规章制度时，应当经过集体决策程序，听取公司工会和员工的意见，保护员工合法权益、实现企业民主管理。

（四）试点企业员工持股法律风险防范

混合所有制企业探索实行员工持股一定要慎重，应该有选择、有限制、有步骤地实施，并严格、规范地操作。首先选择符合条件、基础较好的企业先行先试，在取得经验的基础上再稳妥推进，有序扩大范围。试点企业的确定应该向履行出资人机构提出申请，经审核同意后确定试点企业名单。

1. 严格遵循试点要求，健全审核程序

在推进混合所有制企业员工持股的过程中，首先要确保企业符合试点的基本要求，一是主业处于充分竞争行业和领域的商业类企业。二是股权结构合理，非公有资本股东所持股份应达到一定比例，公司董事会中有非公有资本股东推荐的董事。三是公司治理结构健全，建立市场化的劳动人事分配制度和业绩考核评价体系，形成管理人员能上能下、员工能进能出、收入能增能减的市场化机制。四是营业收入和利润90%以上来源于所在企业集团外部市场。其次，要规范编制员工持股方案，对持股人员的范围、持股的比例和期限、资金和股份的来源以及日常管理机构等作出明确规定，普遍征求普通员工、内外部董事意见，并在企业内部充分披露。最后，要建立健全审批管理制度，规范履行内部审批及决策程序，做好重大决策前的合法性、合规性审核，并报同级履行出资人职责机构备案。增资扩股的方式主要是员工直接投资入股企业，最终将会扩大混合所有制企业的资本金。企业增资属于重要事项，必须经过股东（大）会决议，需经代表三分之二以上表决权的股东通过，增加的注册资本要经过会计师事务所验资，同时变更公司章程，并办理相应的变更登记手续。

2. 正确把握出资方式、买入价格、股份管理、持股比例等关键问题，确保企业员工入股依法合规

《关于国有控股混合所有制企业开展员工持股试点的意见》对企业员工入股的人员、出资、入股价格、持股比例作出了明确规定。

第一，关于员工范围。参与持股人员首先必须是与公司签订正式劳动合同的正式员工，持股员工应当是在关键岗位工作的科研人员、经营管理人员和业务骨干，并对公司经营业绩和持续发展有直接或较大影响的。但同时必须注意，党中央、国务院和地方党委、政府及其部门、机构任命的国有企业领导人员；外部董事、监事（含职工代表监事）这两类特殊人员，不得参与员工持股。如直系亲属多人在同一企业时，只能一人持股。

第二，关于员工出资。员工入股应主要以货币出资，并按约定及时足额缴纳。如果员工以科技成果出资入股的，则应当提供所有权属证明并依法评估作价，及时办理财产权转移手续。上市公司回购本公司股票实施员工持股，须执行有关规定。但同时，必须注意，员工出资应当是员工个人合法财产出资，试点企业、国有股东不得向员工无偿赠予股份，不得向持股员工提供垫资、担保、借贷等财务资助。持股员工不得接受与试点企业有生产经营业务往来的其他企业的借款或融资帮助。

第三，关于入股价格。在员工入股前，应按照有关规定对试点企业进行财务审计和资产评估，入股价格不得低于经核准或备案的每股净资产评估值。国有控股上市公司员工入股价格按证券监管有关规定确定。

第四，关于持股比例。员工持股比例没有统一的要求，要在确保国有股东控股地位的基础上，结合企业规模、行业特点、企业发展阶段等因素确定，实施员工持股后，国有控股股东的持股比例不得低于公司总股本的34%。原则上，员工持股总量不高于公司总股本的30%，单一员工持股比例原则上不高于公司总股本的 1%。同时，企业可采取适当方式预留部分股权，用于新引进人才。国有控股上市公司员工持股比例按证券监管有关规定确定。

第五，关于持股方式。持股员工可以个人名义直接持股，也可通过公司制企业、合伙制企业、资产管理计划等持股平台持有股权。通过资产管理计划方式持股的，不得使用杠杆融资。持股平台不得从事除持股以外的任何经营活动。

3. 保障股权分红，健全退出机制，加强企业员工股权管理

员工持股企业应处理好股东短期收益与公司中长期发展的关系，合理确定利润分配方案。持股员工与国有股东、其他股东享有同等权益，不得优先于国有股东和其他股东取得分红收益。同时，要处理好员工退出的问题，一般来讲，非上市公司员工所持股份应在企业内部封闭运行，不适宜对外转让。根据《关于国有控股混合所有制企业开展员工持股试点的意见》，持股员工因辞职、调离、退休、死亡或被解雇等原因离开本公司的，应在 12 个月内将所持股份进行内部转让。转让给持股平台、符合条件的员工或非公有资本股东的，转让价格由双方协商确定；转让给国有股东的，转让价格不得高于上一年度经审计的每股净

资产值。员工持股企业破产重整和清算时，持股员工、国有股东和其他股东应以出资额为限，按照出资比例共同承担责任。

第四节 典型案例评析

案例二十六：公司改制重组被诉　涉嫌侵占集体资产

🔍 案情简述

2015 年，某市国有资产监督委员会决定对 H 集团公司等 3 家企业（包括 1 家集体企业）进行资产合并重组，组建 J 公司（国有企业），原 3 家公司的债权债务、人员安置由 J 公司承担。H 集团下属改制目标企业职工 50 人起诉，认为 H 集团公司的改制重组行为侵占了集体资产、侵犯了集体企业职工的合法权益，请求人民法院判决 H 集团和 J 公司侵占集体资产并承担退赔等侵权法律责任。

一审法院以诉争事项属于国有资产监督管理部门对所属企业单位的行政管理行为，不属于人民法院受理民事案件的范围为由裁定驳回原告起诉。原告不服一审裁定上诉后，二审法院裁定驳回上诉，维持原裁定。

⚖ 法律分析

最高人民法院于 2013 年 1 月 3 日颁行实施了《最高人民法院关于审理与企业改制相关的民事纠纷案件若干问题的规定》，其中第三条规定，政府主管部门对企业国有资产进行行政性调整、划转过程中发生的纠纷，当事人向人民法院提起民事诉讼的，人民法院不予受理。本案中，H 集团公司的改制重组行为属于政府主管部门对企业国有资产进行的行政性调整、划转，是实现国有企业产权重组的一种重要方式，是国有资产监督管理部门对所属企业单位的行政管理行为，不属于人民法院受理民事案件的范围。因此，人民法院不予受理。

💡 启示建议

国有企业、集体企业改制一定要符合国家政策法律规定的改制企业的范畴，改制行为要得到企业主管部门的认可或审批，改制过程中的有关资产处置等行为不属于人民法院受理的范围。

改制中如果涉及全民所有制企业与集体所有制企业之间的资产重组，应予以充分重视，通过清产核资将产权界定清晰，资产处置要充分保护各利益相关方的权益。

案例二十七：未能依法进场交易　国有股权转让无效

案情简述

2007 年，上海 Z 公司委托 J 拍卖公司处置其持有的 G 银行 1698.532 万股国有法人股，B 投资有限公司参与拍卖并通过竞拍方式取得上述股权，分两次向 J 拍卖公司支付了股权转让款 5265.4492 万元，并与上海 Z 公司签订了《G 银行法人股股权转让协议》。后续，上海 Z 公司根据主管机构意见，决定中止银行股权变更手续，拒绝转让 1698.532 万国有股份。因此，B 投资有限公司提起诉讼，要求上海 Z 公司继续履行股权转让协议，配合完成过户并进行工商变更。

法院经审理认为，讼争股权的性质为国有法人股，属于企业国有资产的范畴。企业国有产权转让应当在依法设立的产权交易机构中公开进行，企业国有产权转让可以采取拍卖、招投标、协议转让等方式进行。由于上海 Z 公司在转让讼争股权时，未依照国家规定依法处置，擅自委托 J 拍卖公司拍卖，并在拍卖后与 B 投资有限公司订立股权转让协议，其行为不具有合法性，双方签订的《G 银行法人股股权转让协议》无效。

法律分析

本案的争议焦点是为上海 Z 公司转让讼争股权是否符合法律规定的转让企业国有资产的程序和方式，其与 B 投资有限公司的转让行为是否合法有效。针对该争议焦点进行分析如下：

（1）上海 Z 公司转让讼争股权的方式不符合法律规定。《企业国有资产法》第五十四条规定，除按照国家规定可以直接协议转让的以外，国有资产转让应当在依法设立的产权交易场所公开进行。《企业国有资产交易监督管理办法》第三十一条规定，"以下情形的产权转让可以采取非公开协议转让方式：（一）涉及主业处于关系国家安全、国民经济命脉的重要行业和关键领域企业的重组整合，对受让方有特殊要求，企业产权需要在国有及国有控股企业之间转让的，经国资监管机构批准，可以采取非公开协议转让方式；（二）同一国家出资企业及其各级控股企业或实际控制企业之间因实施内部重组整合进行产权转让的，经该国家出资企业审议决策，可以采取非公开协议转让方式"。上海 Z 公司转让的讼争股权性质为国有法人股，属于国有资产的范畴，应当在依法设立的产权交易场所公开转让，其擅自委托 J 拍卖公司进行拍卖的行为不符合国家法律规定。

（2）上海 Z 公司与 B 投资有限公司签订的《G 银行法人股股权转让协议》无效。国有股权在实施转让行为时，应当按照国家法律法规和行政规章所规定的程序和方式进行。规定企业国有产权转让应当进场交易的目的，在于通过严格规范的程序保证交易的公开、公平、公正，最大限度地防止国有资产流失，避免国家利益、社会公共利益受损。《企业国有资产交易监督管理办法》第五十六条规定，国资监管机构发现转让方或增资企业未执行或违反相关规定、侵害国有权益的，应当责成其停止交易活动。《合同法》第五十二条第（四）、（五）项规定，损害社会公共利益，违反法律、行政法规的强制性规定的合同无效；第五十六条规定，无效的合同或者被撤销的合同自始无法律约束力。上海 Z 公司与 B 投资有限公司签订的《G 银行法人股股权转让协议》违反了《企业国有资产法》《企业国有资产交易监督管理办法》等国家法律法规规定的交易程序和方式，根据《合同法》相关规定，该协议无效。

⊕ 启示建议

混合所有制改革中涉及企业国有产权转让的，应当按照国家法律法规和行政规章所规定的程序和方式进行。

（1）企业国有产权转让要严格规范操作流程和审批程序，应当聘请有资质的中介机构开展资产评估、产权界定等工作，借助多种市场化定价手段科学界定国有资产价值，重视专利、商标、土地使用权等无形资产评估，确保提供资料的完整性、真实性和准确性，防止出现内部人控制、利益输送造成国有资产流失。

（2）企业国有产权交易以进场公开交易为一般原则，以协议转让为例外，除法定的协议转让情形外，企业国有产权转让应当在依法设立的产权交易机构公开进行，公开披露信息，公开择优确定投资人，达成交易意向后应及时公示交易对象、交易价格、关联交易等信息，确保交易过程公开、公平、公正，防止恶意串通、利益输送、暗箱操作等违法违规行为。

第八章 国有企业常见刑事法律风险分析及防范

随着市场经济的建立和不断完善，国有企业的法律风险防范意识需要不断加强。市场经济是法治经济，任何从事市场活动的企业都时刻面临着法律风险。因此，建立健全企业法律风险防范机制，是社会主义市场经济体制不断完善、法治建设不断健全的必然要求，也是提高企业依法经营管理、提高竞争能力的迫切需要。本书前七章分析了企业在人财物等七个方面的法律风险，主要关注民事和行政方面的法律风险，没有上升到刑事的层面，而本章将着重于国有企业常见刑事法律风险防范。企业刑事法律风险，是指企业及其工作人员在执行职务过程中存在的触犯刑事法律规范，应受刑罚惩罚的风险。刑事法律风险是企业面临的最严厉的法律风险，无论是企业主动犯罪还是企业被动遭遇犯罪，均会对企业的发展产生重大的影响。因此，防范刑事法律风险的重要性对于企业而言是不言而喻的。

第一节 国有企业常见刑事法律风险概述

刑事责任的主体不仅有自然人，也有公司、企业、事业单位、机关、团体，对于国有企业来说，因为其是公有制经济主体，处于国民经济支柱的特殊地位，防范刑事法律风险更为重要。

一、国有企业常见刑事法律风险概念

企业管理中的法律风险，主要来自民事、行政和刑事这三方面，民事和行

政的法律风险在本书的前几章中有详细的介绍。企业刑事法律风险，是指企业及其工作人员在执行职务过程中存在的触犯刑事法律规范，应受刑事处罚的风险。其特征是：一是犯罪主体是特定的，即都是公司、企业或者公司、企业的工作人员。二是侵犯的客体较为复杂，有的犯罪侵犯了社会的公共安全；有的侵犯了市场经济秩序；有的侵犯了国家的税收征管；有的侵犯了集体财产，特别是在国民经济中占主导地位的国有企业，如涉及刑事犯罪，其社会危害性巨大，不仅会造成国民经济的重大经济损失，也可能会危害公共安全，危害公民生命、健康甚至是国家声誉。

二、国有企业常见刑事法律风险

本书前七章分析了企业在人财物管理、合同管理、知识产权等七个方面的法律风险。但对于刑事法律风险，在现实生活中一般人都会觉得离自己很遥远，很多企业及其工作人员也不例外，因此在企业日常的生产经营管理过程中，往往意识不到某些行为已经触碰了法律的底线，构成了刑事犯罪。例如在人力资源管理中，及时发放工资是企业的义务，当然国有企业几乎没有欠薪事件发生，但有些法治意识薄弱的中小型民营企业认为拖欠工资最多会受到行政处罚，并且经过行政部门责令支付后，有些企业仍然没有意识到其行为可能导致的后果，依然拒不支付工资，最终构成了拒不支付劳动报酬罪，从行政处罚变为刑事处罚，不仅企业负责人会面临牢狱之灾，而且企业今后的发展亦会受到冲击，对于抗风险能力弱的企业，一旦被刑事处罚，相当于宣布了该企业的"死亡"。因此，企业在生产经营管理过程中，除了要防范因经济活动所产生的民事法律风险，也要守住法律底线，不触及刑事犯罪，做好刑事法律风险防范工作。对于国有企业，常见的刑事法律风险有：

（一）签订、履行合同失职法律风险

国有公司、企业、事业单位直接负责的主管人员，在签订、履行合同过程中，因严重不负责任而被诈骗，致使国家利益遭受重大损失的，可能会构成签订、履行合同失职被骗罪。该罪名常见于在企业合同管理中，特别是在签订合同时因不了解对方情况、不调查客户信誉情况、盲目与外商成交或擅自作经济

担保，结果被诈骗造成重大经济损失。

（二）贪污侵占企业资产法律风险

在物力资源管理方面，如果出现了刑事法律风险，往往是"侵占"这一行为所导致的。对于一般的自然人来说，对于保管的他人物品实施侵占行为，即利用保管这一便利条件对他人物品进行侵占，会构成侵占罪。对于一般的民营企业，其工作人员利用职务上的便利侵占了企业的财产，会构成职务侵占罪。而对于国有企业的工作人员来说，利用职务便利侵占了企业的财产，虽然从行为外观上更像是侵占或者职务侵占，但是因为国有企业不同于一般的经济主体，其工作人员具有国家工作人员的身份属性，一旦出现利用职务便利侵占企业财物的行为，往往会构成贪污罪，从处罚力度的角度来看，贪污罪的处罚力度更大，最高可能被判无期徒刑甚至死刑。

（三）侵犯知识产权法律风险

在知识产权管理中，侵犯知识产权罪是国有企业的主要刑事法律风险点。侵犯知识产权罪并不是一个具体的罪名，其包含了假冒注册商标罪、销售假冒注册商标的商品罪、非法制造、销售非法制造的注册商标标识罪、假冒专利罪、侵犯著作权罪、销售侵权复制品罪、侵犯商业秘密罪等罪名，国有企业因为具有"公"属性，在国民经济中占有主导地位，在市场竞争中本身就具有一定的优势，一般不会出现主动侵犯他人知识产权的行为，在知识产权领域的刑事法律风险，往往是要预防他人对自身知识产权的侵害。在本书的第五章知识产权管理法律风险防范中，已经对知识产权类的法律风险及其防范有详细分析，本章节将不再赘述。

（四）国有资产处置不当法律风险

国有企业改革的步伐不断加快，但是有些国有企业中的一些单位主管人员损公肥私、集体私分国有资产，有的国家机关、国有事业单位、人民团体也以各种名义私分其所经手、管理、使用的国有资产，造成国有资产的大量流失。

（五）劳动安全生产事故法律风险

企业在生产过程中，要做好安全监督工作，特别是从事矿业、电力行业等企业，如果安全监管不到位很容易引发安全事故。如因安全生产设施或者安全生产条件不符合国家规定，而发生重大伤亡事故或者造成其他严重后果的，会对造成重大责任事故负有直接责任的主管人员或其他直接责任人员处以刑事处罚。

第二节　国有企业常见刑事法律风险分析

企业及其工作人员一旦涉及刑事犯罪，一方面会造成企业自身的重大损失，另一方面也会导致企业管理出现严重问题，因此对企业刑事法律风险进行分析是十分有必要的，这有助于企业认清在生产经营管理过程中哪些问题会导致刑事法律风险。

一、签订、履行合同失职法律风险分析

国有企业在生产经营过程中，签订合同是对外开展经济活动的基础之一。某些时候由于合同诈骗犯罪具有一定隐蔽性、欺骗性，再加上被诈骗企业的有关人员疏忽大意、严重不负责，往往会导致在签订合同、履行合同时失职被骗。一旦构成本罪，刑法根据犯罪的后果，规定了两档刑罚：致使国家利益遭受重大损失的，对其直接负责的主管人员，处三年以下有期徒刑或者拘役；致使国家利益遭受特别重大损失的，处三年以上七年以下有期徒刑。

本罪最主要的原因是"严重不负责任导致被骗"，主要表现在以下几个方面：

（一）未审查合同相对方的资质条件

具体表现为在签订合同时，被对方表现所迷惑，误认为对方具有一定的财力条件；或者对合同相对方的资质不进行调查，盲目相信对方所提供的资质文件，既不进行资信调查，也不进行实地考察，在没有认真审查签约方的主体资格、资信情况、履约能力以及担保情况和货源情况的情况下草率签订合同。

（二）未审查合同己方的履约能力

负责合同审批的人员，在审批合同过程中严重不负责任，对自身的履行能力不加以审查，有些企业为争取生产项目，不顾及自身的生产经营能力，签订自己根本没有履行能力的合同而落入对方的合同陷阱；或为承揽工程而支付巨

额的工程保证金，而被对方诈骗等。

（三）贪图个人私利

有些负责对外签订合同的企业负责人员，为获得个人私利，在选择合同相对方时，在质量上舍优择劣，在价格上舍低择高，在货源上舍公择私等，都会导致利用合同进行诈骗的一方有机可乘。

（四）制度不健全

有的企业缺乏有效的合同审批、管理、监督机制，在合同签订、履行过程中缺乏事先预防、事中监管、事后救济机制。

二、贪污侵占企业资产法律风险分析

国企高管人员出现贪污，其内在成因是多方面，既有高管人员自身的原因，也有国企经营管理制度及权力监督机制滞后的客观原因。具体而言，主要为：

（一）国企高管人员自身法律意识严重不足

国企高管人员是国有资产的委托管理者，在这种角色定位下，国企高管人员更应秉承"奉公为民"的理念，以善良管理人的义务，确保国有资产的保值增值。然而，利益的诱惑以及自身廉洁修养的不足，加之国有企业对国民经济命脉的垄断地位，高管人员所掌握的经济控制权极易成为权力寻租谋利的手段。国企高管人员腐败型犯罪的易发充分反映了其刑事风险防范意识严重不足或还存在侥幸心理。

（二）国企内部管理中刑事风险防范机制缺失

由于企业负责人刑事风险防范意识普遍薄弱，即使企业设立了法务部门或法务人员，其工作也主要局限于合同审查、出具法律意见、处理民商事诉讼等民商事法律风险防控事宜，鲜有为刑事风控的需要而设置专门刑事风险防控人员。在企业的日常管理中，也极少进行刑事合规性审查或制定刑事风险防控制度。当企业经营活动或企业管理人员涉嫌刑事犯罪被公安司法机关调查时，方才匆忙补救，此时往往错过了防控的最佳时期。

（三）国企高管人员经济管理权与权力监督亟待加强的矛盾

发展壮大国有经济，需要赋予国有企业更大的经营自主权。由于我国市场经济并不完善，在许多行业国有企业仍处于垄断地位，国企高管人员特别是负责人通常拥有类似于政府官员的经济控制权，这种权力极易异化为个人谋取私利的工具，滋生权力寻租的土壤。

贪污犯罪不仅会造成国有资产的流失，也会大大地抹黑国企形象，不利于企业发挥其社会职能，因此，我国对贪污罪零容忍，一旦涉及贪污犯罪往往会处以有期徒刑，数额特别巨大的，甚至会判处死刑。

三、国有资产处置不当法律风险分析

私分国有资产是造成国有资产流失的原因之一。对国有企业而言，国有资产是指单位实际拥有并能够控制的经济资源。国有企业违反国家规定，以单位名义将国有资产集体私分给个人就是私分国有资产。在企业管理的过程中，由于监管不到位等因素，私分国有资产往往通过以下几种隐蔽的方式进行：

（一）截留收入

一是收入不报账、不记账，单位正规账务上没有任何记录，形成单位账外账。常见截留收入的方法有：白条收款、收据代替发票、非法票据收款、涂改收款票据、隐匿或销毁收款票据、分填收款票据等。二是利用应收应付科目隐蔽收入，采取虚列应付款、不记或少记应收款等往来科目，再通过往来科目来回倒账，混淆对应关系，伺机套出隐蔽的收入款，形成单位账外账。

（二）虚列开支

一是虚增费用，通过虚增采购材料的单价、数量，或编造虚假的财务支出用途，虚构经济交易事项，以堂而皇之的"正当理由"套出公款，形成单位账外账。在账务处理方面多表现为以不真实的财务凭证报账，如假合同、假发票、假采购、假入库、假领料、假业务招待费用、假设备维修费用、假低值易耗品费用、假加工费用等等。二是虚增工程成本，虚增采购材料的单价和数量，虚增劳务成本等。三是设账外物资，将账内的部分物资材料移送到账外，置于企业生产经营的体外，方便随意操作和私分。

（三）侵吞公款

单位隐瞒资产、工程结余款、应上缴款、赞助款、提成回扣、劳务费、业

务奖励等不支付或不上缴，通过一定途径转账或私存私放，形成单位账外账。一是低估资产价值或隐瞒资产，利用改制之机，采取欺骗手段故意低估资产价值或隐瞒资产，将大量国有资产据为己有。二是侵吞工程余款。企业将工程预算做大，实际与施工单位结算数小，侵吞余款私分。三是本企业职工履行本企业职务或者以企业名义开展业务所得的销售折扣、折让、佣金、回扣、手续费、劳务费、返利、进场费、业务奖励等收入不上缴，私自发放。

私分国有资产罪属于单位犯罪，犯罪主体是国有企业等国家机关单位，但同时也会对直接负责的主管人员和其他直接责任人员，处三年以下有期徒刑或者拘役，并处或者单处罚金；数额巨大的，处三年以上七年以下有期徒刑，并处罚金。

四、劳动安全生产事故法律风险分析

企业在生产经营活动中做好安全生产防护措施，可以避免造成人员伤害和财产损失的事故发生，不仅可以保障从业人员的人身安全与健康，设备和设施免受损坏，环境免遭破坏，也可保证生产经营活动得以顺利进行。企业在生产作业过程中，出现重大劳动安全事故，主要有以下几点原因：

（一）安全意识不到位。

一些企业在贯彻执行安全生产方针政策、法律法规时不认真、不负责。少数企业管理不到位，企业负责人及安全监督人员责任意识淡漠、思想麻痹，对安全生产和劳动安全没有足够的重视。

（二）防范和内部监管不到位

在实际案件中，办案机关对于发生重大责任事故的企业进行调查时都会发现这些企业对安全风险防范只是做了表面文章，而没有真正落实到位。一些企业对容易发生安全事故的岗位操作不进行技术培训和安全知识培训，没有安全事故应急预案和演练，没有制定切实可行的防范措施和管理制度等，致使对重大安全责任事故防范不到位。一些企业缺乏负责安全生产的监管部门，或者有监管部门但形同虚设，未及时监督生产人员正确操作或作业，导致事故的发生。

安全生产大于天，当发生重大劳动安全事故时，如果构成了本罪，直接责任人最高将会被处以七年的有期徒刑。

第三节　国有企业常见刑事法律风险防范

企业对刑事法律风险防范，有利于企业合法合规运营，前文我们分析了企业常见刑事法律风险产生的原因，本节将着重分析企业如何对刑事法律风险进行防范，从而达到降低乃至避免刑事法律风险转化为对企业的实害。企业刑事法律风险防范，离不开内因和外因的共同作用。企业运行离不开人，加强思想教育和法律意识建设，是所有风险防范的内因控制手段，只有在人的意识里时刻保持警惕，恪守法律底线，才能减少主动犯罪的法律风险；同时加强外因建设，就是企业要建立一套完整的风险防范机制，在制度的源头上杜绝刑事风险的产生。

一、签订、履行合同失职法律风险防范

（一）加强职业道德教育，增强责任心

具体表现为在合同签订和履行过程中，应当认真了解和掌握市场变化的情况，对市场深入调查之后做好可行性分析；在选择交易对象时，对合同对方当事人的资格、信用进行深入的调查，包括对对方当事人资格的审查，对对方的履约能力和以往履约信用进行审查，对对方经营范围和有关经济活动项目、支付能力和生产能力以及技术水平等情况进行审查，仔细研究合同条款的内容，不盲目轻信对方当事人的意思表示，注意完成合同本身所应该具备的形式要件。在合同履行过程中，发现对方当事人有欺诈行为时应立即终止合同履行，并采取有效的法律手段，避免国家利益遭受损失；对对方不按合同规定履行义务的行为应及时追究法律责任。

（二）提高合同签订、履行相关人员的法律素质

在合同签订履行过程中，主要负责人员和相关人员，要提升自身的法律素质，建立完善的知识体系。能在合同签订和履行过程中及时发现不符合约定或法定条件的情况，从而防止损失的出现或进一步扩大。

（三）加强科学管理，建立预防机制

在企业中建立严格的签订审批制度和履行监督制度，做到事先防范、事后堵漏，即能在合同签订和履行的过程中及时发现问题，加强对合同签订人员的监督，防止出现不负责任或损公肥私的情况。当出现实际损害后果时，应及时移交公安，及时止损，减少企业的损失。

二、贪污侵占企业资产法律风险防范

（一）加强建设企业的廉政文化

企业要进一步加强建设企业的廉政文化，在全体党员、职工群体中普及党风廉政文化，开展各种主题教育。应该加大向企业宣传廉政教育、党风建设的力度，利用教育增强影响力；在企业的文化建设中高效地融入党风建设、廉政教育等文化，使之成为企业文化的一部分，加强教育感染力；需将廉政文化、党风建设的建设领域拓宽，在班子、部门、岗位、家庭中开展企业廉政文化建设，使活动开展全面，使党风建设、廉政教育的渗透力得到增强，从根本上铲除腐败滋生的土壤。开展廉政文化建设，逐步建立诚实守信、遵纪守法的企业文化，为预防、惩治腐败奠定深厚基础、提供重要载体，让职工自觉养成自律廉政、积极向上的良好品貌。

（二）加强企业同级和上级纪委的监管

在企业生产经营过程中，越是关键环节往往也最容易滋生腐败。企业生产经营的重点领域需重点关注，同级纪委要积极参与，发挥监督作用。对重大的决策、工程的建设、项目的招投标、产权的交易、设备物资的采购、中介机构的选聘、废旧物的折价处置、重大的开支、人事任免等要全程监管，并签署监督意见。监督意见在企业内向职工予以公开。企业纪委应定期向上级纪委书面报告监督情况。上级纪委对企业生产经营中的重大事项应派人介入进行监督，起到威慑作用，及时防范腐败的发生。

（三）开展三项制度，加大对管理者的监督力度

在企业中开展"巡视、评议、谈话"工作。通过这项制度的实施，定期对企业党员干部、领导者进行定期的"廉政检查"，及时发现问题，采取有效措施

对症下药。另外还要结合实际情况，采取更为有效灵活的方法，让廉政监察工作更为制度化、规范化、常态化。与此同时，企业应该授予职工群众更多的知情权、监督权、参与权等，企业的重大决策必须接受群众的监督，为企业管理层的党员干部营造更为"健康"的环境，借助群众监督的力量，使领导者不犯错误、少犯错误。

（四）建立健全的约束机制

建立健全与现代企业制度相适应的企业人员管理制度办法，使约束与激励相结合，以此来提高人性化管理水平。从制度健全、环境优化、利益调整等方面为预防腐败滋生提供了保障，充分发挥激励与约束有机结合的保障作用。为了有效地预防腐败，要完善国有企业的组织架构，合理授权和监控相关部门、管理人员，合理调配权利、监管、利益，有效防范非法商人和机构为获取利益，在企业相关生产经营过程中私下向企业管理人员行贿。

三、国有资产处置不当法律风险防范

（一）强化法治和廉洁教育，筑牢思想防线

懂法是守法的基础，可以自觉地遵守法律和监督他人遵守法律，营造良好的守法环境，并且有针对性地加强对"高危人群"如单位及部门负责人、财务人员的警示教育、廉政教育，把私分国有资产的想法消灭在萌芽状态。

（二）建立内部核查制度

严格会计操作规程和凭证制度，会计部门严格复核、审批制度，特别是严格奖金、福利发放审批手续。严格内部审计，通过对企业内部经济活动的监督和评价，帮助企业及时发现问题并堵塞漏洞，加强企业内部管理，加大对经营者的监督力度，认真清理"小金库"和"账外账"，保护国有资产的完整。

（三）健全制度，规范改制程序

首先要制定完善的改制政策和措施，加强对改制工作的监督和管理，防止急功冒进。其次要完善管理制度，依法照章改制。逐步建立、健全国有企业改制中的各种监督配套机制，增强企业改制工作的透明度，规范企业管理者的行为。制定关于国有单位产权收益处理、资产评估、资产剥离等问题可

操作性强的细则规定。最后要严格把好产权交易关。进一步完善产权交易平台，采取公开竞价、平等竞争、公开拍卖等方式进行产权交易，防止暗箱操作。

四、劳动安全生产事故法律风险防范

（一）加强安全思想和法治教育

企业要通过普及安全知识和法律法规，不仅使安全岗位人员始终绷紧安全生产这根弦，更重要的是还要让非安全生产岗位人员理解安全生产的重要性所在，要清楚地懂得没有安全，效益再好也等于零的道理，从而使企业内部形成一个齐抓共管的安全生产防线；而在政府职能部门和监管机构也要时刻将安全意识贯彻始终，不能够掉以轻心，对在安全生产工作中发现的安全隐患要及时给予纠正和整改，以防止安全事故的发生，从而形成一个企业、职能部门、监管机构共同重视安全生产的新局面。

（二）自查自纠，查漏补缺，健全安全制度

企业及其内部的监督管理部门要时刻对企业内部自身安全管理工作、管理制度和监督制约机制等方面自查自纠，随时随地发现存在的安全漏洞和存在的安全风险隐患。企业安全生产监督管理部门要制定科学严谨的管理制度。其次，要充分发挥企业监督管理部门中内部纪检监察部门的监督制约职能，使每个部门、每个人员的权力都有人和组织监督，都有人敢于监督，逐步建立起有效防止权利滥用的监督制约网络机制，从源头上遏制和减少失职渎职职务犯罪的滋生蔓延，杜绝重大安全责任事故的发生。

第四节　典型案例评析

案例二十八：签订合同未尽调查　失职被骗最终获刑

案例简述

2014 年 6 月，苗某在担任 A 公司总经理，兼贸易部总经理、合同管理领导

小组组长、风险防控领导小组组长期间，在 A 公司与 B 公司签订合同中，不按照规定安排相关部门开展立项调研、资信审查、并落实具体谈判人员等相关工作，致使公司在该合同签订过程中被诈骗。2014 年 11 月，苗某发现被骗后，没有及时采取合法手段追缴被骗款项，而是轻信 B 公司实际控制人田某（诈骗犯罪嫌疑人）的承诺，从而失去更多的挽回经济损失的机会。最终给公司造成 1760 万元的经济损失。

2014 年 8 月，苗某在未经调查即审批同意了 A 公司与 C 公司签订的 1560 万元的甲醇购销合同。2014 年 10 月，在上次合同中 C 公司尚未回款的情况下，违反规定，再次与其签订了价值 2460 万元的甲醇购销合同，造成 A 公司被诈骗的事实。最终给 A 公司造成 3770 万余元的直接经济损失。

⚖ 法律分析

《刑法》第一百六十七条规定了签订、履行合同失职被骗罪，该罪具有三方面的特征：

（1）构成本罪的人员必须具有国有企业、事业单位直接负责的主管人员的身份。

（2）直接负责的主管人员在签订、履行合同过程中，因严重不负责任被诈骗。在实践中，诸如未对合同相对方的主体资格、资信情况或者履约能力进行审查导致被骗；欲以权谋私导致被骗；无视企业的规章制度，擅自越权签订或者履行合同导致被骗；不经审查盲目吸收投资或引资导致被骗等，均是"严重不负责任被诈骗"的表现形式。

（3）构成本罪还必须致使国家利益遭受重大损失。

本案中，苗某身为国有公司负责贸易的直接主管人员，在签订、履行合同过程中，严重不负责任被诈骗，致使国家利益遭受特别重大损失，应当以签订、履行合同失职被骗罪追究其刑事责任。

👤 启示建议

无论是民营企业还是国有企业，合同是对外开展经营活动的基础，特别是国有企业，肩负着国民经济发展的重任，对外签订合同时应当更加审慎审查，尽职尽责确保合同的正常履行，避免给国家造成损失。

案例二十九：贪污腐败莫要伸手　一旦伸手必定被捉

案例简述

2000年6月6日，中共太白县委办公室和县政府办公室联合下发《关于成立"太白县姜眉公路建设协调领导小组"的通知》，成立了"太白县姜眉公路建设协调领导小组"，组长由时任太白县县委副书记、县长的杨某某兼任，领导小组成员由太白县交通局、土地局、计经局、财政局、林业局、水利局等有关政府部门领导组成。领导小组下设办公室，时任太白县交通局局长的杨某任协调办主任，太白县财政局干部乔某和土地局干部谢某某任该办副主任（均另案处理）。同年8月，杨某与乔某、谢某某在得知太白县广电局有五套在建的职工集资住宅单元房向外出售时，三人商议以协调办的名义购买这五套房。后被告人杨某指使协调办出纳向某于同年9月25日、10月25日、11月20日，三次从协调办账户上向县广电局各转款10万元，共30万元作为购房首付款，广电局给协调办开具了"购房集资款"的收款收据。2001年6月，在广电局催要购房款的情况下，杨某又与乔、谢二人商议，指使向某将协调办在姜眉公路征地拆迁补偿费中以虚构补偿人和补偿项目、签订虚假补偿协议方式套出的84015元中的5万元再次付给县广电局作为购房付款，广电局开具了5万元收据。同年11月，为了应付财务审计，杨某与乔某、谢某商议，以与广电局签订虚假广电杆线迁改协议的形式，支付广电局广电杆线修复款的名义将30万元的集资购房款做账处理。后与广电局签订广电杆线再次迁改协议，并将该虚假协议的签订日期提前为2000年9月15日，由广电局给协调办出具了三张各10万元的"姜眉公路广电线路修复款收款收据"，换回原开具的30万元的集资购房款的收款收据。后该收据由杨某报太白县姜眉公路建设协调领导小组副组长、太白县人民政府副县长宫某某签字核报后，杨某交协调办出纳向某做账处理。同年底，杨某与乔某、谢某商议，将五套住房除每人一套外，其余两套分给太白县交通局纪检委书记苟某某和向某各一套，并具体确定了房屋。2002年2月，广电局催交剩余房款，杨某经与乔某、谢某商议，明确了已付35万元购房款的各自份额，杨某、乔某、谢某、向某某为7.75万元，苟某某4万元。后在房屋交付前，五人分 6 万自缴了余款。同年 4 月，五人与广电局补签了《出售集资房的协议》，并出具由广电局盖章的个人向广电局交纳全部集资购房款的收款收据，向房屋管理机关申请办理房屋产权登记，领取了个人房屋产权证。此外，杨某还利用职务上的便利，为他人谋取利益，先后 16 次收受他人财物，共计 6.12 万元。案发后，杨某全部退回了上述私分款和受贿款。

法院经开庭审理认为，杨某身为国家工作人员，伙同他人，利用其管理国家建设专项资金职务上的便利，采取虚构事实的方法，将国家公路建设专项资金用于为自己和少数人谋取私利，非法占有国家公路建设资金，其行为构成贪污罪。且贪污数额巨大，情节严重，依法应予严惩。

✍ 法律分析

本案中，杨某的行为构成贪污罪，但其行为又存在私分国有资产罪的一些特征，但最终定性为贪污罪，主要有以下三点原因：

第一，实施主体方面。私分国有资产罪是单位犯罪，贪污罪则是自然人犯罪。不能因为刑法规定仅处罚相关责任人员以及非为单位谋取利益，而否认私分国有资产罪是单位犯罪，认定是否单位犯罪的关键在于行为的实施是否以单位的名义，代表单位的意志。

第二，行为方式方面。私分国有资产罪一般表现为本单位领导集体研究决定并由单位统一组织实施，尽管往往需要采取一定的欺骗手段以逃避有关部门的监管，但就本单位内部而言是相对公开的，因而具有较大程度和较大范围的公开性；贪污罪表现为行为人利用职务便利，以侵吞、窃取、骗取等不为人所知或者他人不知实情的方式实施，除了行为人或者共同行为人之外，其他人并不知情，因而具有相当的秘密性和隐蔽性。

第三，受益人员的数量、构成方面。私分国有资产属于集体私分行为，表现为单位多数员工甚至所有员工均实际分取了财物，在受益人员的数量上具有多数性特征，而且，一般不以某一特定层面为限，在受益人员的构成上具有广泛性特征。在私分国有资产行为当中，决策和具体执行的人员可以不是实际受益人，但是，实际受益人员不能仅仅局限在决策和具体执行等少数人员。贪污罪属于个人侵占行为，分取赃物人与贪污行为人是直接对应的，具有一致性。

在共同贪污犯罪中，分取赃物人仅限于参与决策、具体实施贪污行为以及为贪污行为提供帮助等共同犯罪人。实践中也存在部分共同贪污犯罪人未分取赃物或者将赃物交给共同犯罪人之外的其他人的情形，但这属于赃物的事后分割和处理问题。

🔖 启示建议

作为国家工作人员，利用职务上的便利损公肥私，会构成贪污罪，要预防贪污行为，国企工作人员，特别是高管人员，不仅要加强自身的廉洁意识，也要提高法律素养。

案例三十：擅自私分国有资产　损公肥私终担刑责

🔖 案例简述

曾某、宁某和刘某系重庆某事业单位员工。2018 年 5 月，该单位设网络中心，任命曾某为网络中心副主任，主持全面工作，宁某为网络中心员工。2018 年 7 月，刘某大学毕业后也分到该网络中心工作，全网络中心员工共三人，具有相对独立的管理权限。2018 年 10 月网络中心对外开放，并收取适当上网费，即每小时一元，收费后上缴单位设备处，再由设备处上缴单位财务处。此间，因网络中心工作量增加，且其他科室有收费提成的情况，曾某、宁某和刘某以网络中心名义向单位领导请示提成部分费用由网络中心支配。在尚未得到单位明确答复提成比例的情况下，宁某向负责人曾某建议将部分上网费先予以分发。曾某即与宁某、刘某共谋，由曾某决定将部分上网费以发奖金的名义分发，宁某负责记账，三人均在宁某记录的账本上签字领钱。至 2018 年 10 月止，曾某、宁某各分得人民币 49400 元，刘某分得人民币 47400 元，以上共计所分人民币 146200 元。2018 年 11 月 25 日，某区人民检察院以曾某、宁某和刘某构成共同贪污为名，向某区人民法院提起公诉。最终被判私分国有资产罪。

🔖 法律分析

根据我国《刑法》第三百九十六条第一款的规定，私分国有资产罪是指国家机关、国有公司、企业、事业单位、人民团体，违反国家规定，以单位名义将国有资产集体私分给个人，数额较大的行为。私分国有资产罪是 1997 年刑法修订中新设罪名之一。在此以前，这种私分国有资产行为是按照贪污罪处理的。在刑法新设私分国有资产罪以后，私分国有资产罪与共同贪污犯罪如何正确辨析，一直是司法实务中的难点。本案中，嫌疑人最终被判处私分国有资产罪，原因如下：

第一，在犯罪对象上。私分国有资产罪的犯罪对象是国有资产。贪污罪的犯罪对象是公共财物。公共财物的外延范围更大，不仅包括国有资产，而且还包括其他公共财产。

第二，在犯罪客观方面。私分国有资产一般在本单位是以公开的、表面合法的形式集体私分给个人，即以单位名义进行私分，所谓"以单位名义"，是指经单位领导、负责人或者单位决策机构集体研究决定或者是单位全体成员共同议定后，由单位统一组织进行私分。所谓"集体私分给个人"，是指将国有资产分配给单位的全体成员或者大多数成员，该"私分"具有一定的公开性。如果是少数人暗中进行分配，则应定贪污罪。

第三，在犯罪主体上。私分国有资产罪是单位犯罪，犯罪主体是国家机关、国有公司、企业、事业单位、人民团体。贪污罪的犯罪主体是自然人，具体来说，是指国家工作人员，以及受国家机关、国有公司、企业、事业单位、人民团体委托管理、经营国有财产的人员。

第四，在犯罪主观方面。在私分国有资产案件中，有些客观上参与私分国有资产的人员，在主观上并不明知自己取得的财物是非法的，他们只认为是单位发放的合法财物。而贪污案件的行为人在主观上对侵吞公共财物都是明知的，具有共同犯意联络。

第五，在刑事处罚上。私分国有资产罪虽然是单位犯罪，但处罚的是直接负责的主管人员和其他直接责任人员。贪污罪是个人犯罪，处罚的是参与贪污的行为人。

本案中，曾某等人所在的网络中心性质为业务科室，虽隶属设备处，但具有相对独立的管理权限，即该网络中心具有相对的独立性，而私分国有资产罪的主体可以是法人也可以是自然人，根据我国罪刑法定和有利于被告人的原则，本案中的网络中心可以被认定为私分国有资产罪的适格主体。此外，曾某等人的私分行为具有一定的公开性和集体性。第一，从网络中心上网费的截留和私分决定的形成上看，该截留和私分决定的形成都是由网络中心全体员工共同研究决定的，由网络中心统一组织进行私分的；第二，从本案截留和私分的名义上看，曾某等人在截留和私分这些财产时，都是以本部门奖金提成的方式进行截留和私分的，并以员工具体参与网络中心工作量的大小进行平均计量分配；第三，从截留和私分的形式上看，曾某等人对上网费的截留和私分都作了详细的记载。因此，本案应当被视为以登记造册的方式对网络中心的上网费进行私分，具有明显的公开性。所以本案中，曾某等人的行为符合我国刑法关于私分国有资产罪的规定。结合曾某等人在主观上一直认为其所分得的财产都是自己应当分得的奖金、加班费或者奖金提成，并不认为该财产是非法的，从而排除了非法占有单位财产的故意的分析，故曾某等人的行为不构成贪污罪，而是构成了私分国有资产罪。

🏛 启示建议

私分国有资产罪的设立，对防止国有资产流失、保证国有资产的保值增值无疑具有重要意义，对于国有企业来说，要加强法治宣传，普及法律知识，增强法治观念；同时要完善管理制度，强化监督机制。要针对单位存在的各种漏洞，健全、完善管理制度并严格各项财经制度。

案例三十一：严重忽视生产安全 造成重大责任事故

🏛 案例简述

2014 年 8 月 2 日 7 时 34 分，某公司组织员工在 4 号厂房（抛光车间）进行抛光作业时，发生重大铝粉尘爆炸事故，共计造成 146 人死亡，114 人受伤，直接经济损失达 3.51 亿元。

2015 年 2 月 10 日上午 10 点，某市人民法院依法对该爆炸事故责任人某公司法定代表人、董事长吴某某，总经理林某某、安全生产主管吴某宪进行公开审理。公诉人认为，某公司的安全生产设施和安全生产条件不符合国家规定，导致发生重大伤亡事故，情节特别恶劣。被告人吴某、林某某系直接负责的主管人员，被告人吴某宪系其他直接责任人员，其行为均触犯了《刑法》第一百三十五条的规定，均应当以重大劳动安全事故罪追究其刑事责任。

法律分析

2019 年 4 月 16 日，国家应急管理部、公安部、最高人民法院、最高人民检察院联合印发《安全生产行政执法与刑事司法衔接工作办法》。《办法》明确了七种案件为涉嫌安全生产犯罪案件，其中第三种就是重大劳动安全事故罪。根据《刑法》第一百三十五条规定，重大劳动安全事故罪是指单位的安全生产设施或者安全生产条件不符合国家规定，因而发生重大伤亡事故或者造成其他严重后果的行为。对直接负责的主管人员和其他直接责任人员，处三年以下有期徒刑或者拘役；情节特别恶劣的，处三年以上七年以下有期徒刑。

法条中的"安全生产设施"，一般包括：①具有防护功能的设备和用品，用于保护劳动者的人身在劳动生产中免受损害，如防毒面罩、安全防护网等。②具有警示功能的设备，用于提醒劳动人员危险的存在，防止事故的发生，如信号灯、逃生指示标志等。③具有救助功能的装置或用品，用于排除事故危险，帮助劳动人员逃生，如消防设备、疏散楼梯等。

而"安全生产条件"侧重于对人员、场所和资金的要求，包括：①责任要求。主要负责人应制定生产安全方面的制度和规章，特殊职业的从业人员要经过专门的培训和考核等。②场所要求。例如投入生产经营的厂房、设施等要符合国家法律、法规设置的要求。③资金要求。必须保证必要的资金用于安全生产，否则要对产生的不利后果承担法律责任。

本案中，根据专家组出具的《特别重大爆炸事故调查报告》可知，事故发生的主要原因是：某公司的安全生产条件不符合国家法律的规定，并违法违规组织项目建设和生产。本案中爆炸的系抛光车间，众所周知抛光作业过程中会产生大量粉尘，企业应当做好除尘工作以防止粉尘爆炸，而某公司的安全生产事故车间的除尘系统较长时间未按规定清理，铝粉尘集聚，爆炸发生后，又因为没有泄爆装置，爆炸产生的高温气体和燃烧物瞬间经除尘管道从各吸尘口喷出，导致全车间所有工作操作人员直接受到爆炸冲击，造成群死群伤。上述的行为与导致的危害结果，符合重大劳动安全事故罪的构成要件；因此，某公司法定代表人、董事长吴某某、总经理林某某、安全生产主管吴某宪作为某公司的直接负责的主管人员、直接责任人员，构成重大劳动安全事故罪。

启示建议

安全生产事故，往往是人为因素导致的"人祸"，人为责任事故最终多归结于安全管理问题。这就需要各层级强化安全管理，堵塞管理漏洞，提高全员安全素养，改善现场作业环境，及时纠正安全执行偏离，控制人为因素导致的安全事故。

参 考 文 献

[1] 石先广. 企业人力资源管理法律风险防范与操作实务 [M]. 北京：中国法制出版社，2012.

[2] 陈桂芳. 法治视角下劳动关系与劳务关系辨析 [J]. 经济师，2019，8：49.

[3] 刘婉含，易彦平，张鹏. 企业多元化用工形式的探讨 [J]. 人力资源管理，2014，3：62.

[4] 国家电网有限公司. 国家电网有限公司劳动争议典型案例集 [M]. 北京：中国电力出版社，2019.

[5] 国家电网有限公司. 国家电网公司法治企业行为指引财务管理 [M]. 北京：中国电力出版社，2017.

[6] 黄东东. 知识产权基础 [M]. 北京：人民大学出版社，2018.

[7] 吴汉东. 知识产权法学 [M]. 7 版. 北京：北京大学出版社，2019.

[8] 景国勋，杨玉中. 安全管理学 [M]. 2 版. 北京：中国劳动社会保障出版社，2016.